为什么是马云？

阿里帝国称霸电商世界的商业真相

Wei Shen Me
Shi Ma Yun

孙清源◎编著

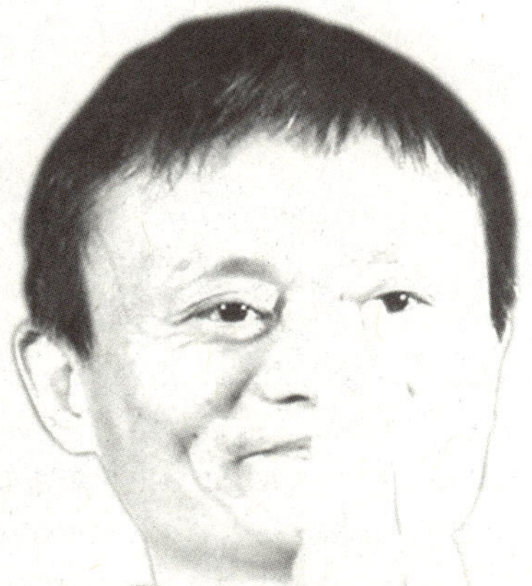

SPM
南方出版传媒
广东经济出版社

图书在版编目（CIP）数据

为什么是马云？阿里帝国称霸电商世界的商业真相/ 孙清源编著. —广州：广东经济出版社，2016. 6
ISBN 978 - 7 - 5454 - 4585 - 5

Ⅰ. ①为…　Ⅱ. ①孙…　Ⅲ. ①马云 - 企业管理 - 经验Ⅳ. ①F279. 23

中国版本图书馆 CIP 数据核字（2016）第 117082 号

出 版 人：姚丹林
责任编辑：郑秋瑛
责任技编：许伟斌

出版发行	广东经济出版社（广州市环市东路水荫路 11 号 11 ~ 12 楼）
经销	全国新华书店
印刷	中山市国彩印刷有限公司（中山市坦洲镇彩虹路 3 号）
开本	787 毫米 × 1092 毫米　1/16
印张	20
字数	307 000 字
版次	2016 年 6 月第 1 版
印次	2016 年 6 月第 1 次
印数	1 ~ 5 000 册
书号	ISBN 978 - 7 - 5454 - 4585 - 5
定价	43. 00 元

如发现印装质量问题，影响阅读，请与承印厂联系调换。
发行部地址：广州市环市东路水荫路 11 号 11 楼
电话：（020）38306055　37601950　邮政编码：510075
邮购地址：广州市环市东路水荫路 11 号 11 楼
电话：（020）37601950　营销网址：**http：//www. gebook. com**
广东经济出版社新浪官方微博：**http：//e. weibo. com/gebook**
广东经济出版社常年法律顾问：何剑桥律师

前言

商业社会，拼的是智慧和格局，更拼的是意志和勇气。

当我们看到马云在台上无限风光的时候，我们不会想起他在杭州居民楼里的卧薪尝胆；当我们细数阿里人拥有富可敌国的财富时，不会想他们也曾经败走京城，“十八罗汉”于长城上的壮士泪奔，更不会想起他们也曾经无米下锅，东挪西腾……

不要因为别人成功了，我们就将成功的标签贴在他们身上，将他们封神，成为自己追逐和景仰的榜样。这个世界没有“神”，有的只是那一股永不服输、永不停止追逐的热血。这一腔血在每个人心中，你把它煮沸腾了，你也就成为了自己的“神”，你也是你自己的榜样。

马云如此，每一个立志成功的人士都该如此。这是关于信念和执着的时代，这是一个商业社会为勇于竞争的人士写就的最好的脚本。于是，这是一个最好的时代，也是一个最坏的时代，如此变化无常，如此机遇多多，成功和失败将谱写不同的人生篇章。我们都要学会为自己代言。

这是我们写作本书的目的，也是我们剖析马云商业传奇背后的感悟。我们需要静下来，认真看懂马云的每一个瞬间，了解他的思想、行动、情感，这里面有着一个其貌不扬的男子最为伟岸的精神英姿。

他，相貌平平，在杭州小巷里长大，却是首位登上美国《福布斯》杂志封面的中国内地企业家；他，创业之初只有东拼西凑的50万元启动资金，却用短短15年时间，打造了一个市值接近2000亿美元的帝国神话；他，不懂电脑技术，只会浏览网页、收发邮件，却是世界互联网行业的新一代领军人物，被誉为IT行业的“下一个比尔·盖茨”；他，高中复读3年才勉强上了一个普通大学，也没有光鲜亮丽的留学经历，却多次应邀参加世界知名大学的活动，并多次发表演讲，引得万人追捧。

每年都有无数的创业者，他们踏实肯干、吃苦耐劳；他们高学历，曾经成就辉煌；他们甚至比创业时的马云有钱多了。但是这些创业者中为什么大半都失败了？难道这里面真的如马云自己所说的只是沾了一点好运气吗？本书不但能够为您解答这些问题，还能让您产生共鸣，受到启发。

本书以马云的商业经验为基础，分别从目标、企业文化、领导方式、团队建设、财富智慧分享、企业生存模式、行动力、沟通技巧、创新能力、进取精神、营销、合作、财富分配和使用、服务客户、竞争策略、危机意识十六个方面对其商业模式、思考方式和行动法则进行了深入翔实的解读。在解读马云的商业哲学时，笔者融入了一些著名企业和企业家的案例进行论证，以供读者更加深入地思考关于商业世界中的每一个疑问。

在本书的编写过程中，编者参考了一些国内外的有关书籍和相关信息，在此向这些作者表示感谢！另外，在编写过程中还得到了诸位同事的鼎力支持，也对他们表示衷心的感谢！

由于时间仓促和编者的水平有限，错误和疏漏在所难免，希望读者能够批评指正！

作　者

2016 年 4 月

目录

CONTENTS

第 14 课　服务哲学——优先满足客户的利益需求

将客户当成上帝一样精心服务，企业才能获得长久的支持与信赖；在客户最困难的时候，雪中送炭，尽力帮助客户渡过难关，如此，客户才会永远追随自己。

第 15 课　竞争哲学——心中无敌，则无敌于天下

竞争，讲的是一种策略、一种气度。我们不但要跟别人比，更要跟自己比，当你无所畏惧，心中无敌时，你便可以无敌于天下。

第 16 课　危机哲学——危机是自我蜕变的机遇

面对危机，我们看到的应该不仅是危险，更是机遇。只有善于在危机中寻找机会，才能让企业活得更长久。

第 01 课

目标哲学——有憧憬才能有未来

▬ 阿里巴巴一贯的想法是要么成为第一，要么打败第一，要么跟第一合作！这就是马云，不管什么事，只要认准了，就勇往直前，向着第一前进。

追逐梦想，是对未来的一次展望

在硅谷，我们看到了美国梦想，因为这些梦想，使我们也希望在中国建立这样的梦想，我们希望在中国未来十年发展中也能创造出这样的公司。

——马云

这是一个革新的时代，这是一个群雄逐鹿的时代，多少商业巨子一夜之间站在了财富之巅。面对互联网下的经济变化，更多的人纷纷投身于创业大潮中，追逐财富，向往成功，但他们中的许多人往往摔得遍体鳞伤。

英特尔公司创始人安迪·格鲁夫曾经说过："唯有偏执狂才能生存。"这句话揭示出，真正的成功者往往是那些看得更远，更为执着的人。

马云的精彩故事

马云在2009年香港股东大会上演讲时，激情澎湃地说："我在美国做了两场演讲，我说10年以前我跟蔡崇信先生两个人到了美国硅谷，想去要VC风险投资，那时候只要几百万美金，我们见了很多VC，他们觉得中国不可能发展互联网。但我们看到了美国硅谷的梦想，那时候美国硅谷每天晚上灯火通明，技术人员挑灯夜战，很多技术人员告诉我们，他们的技术冲击着世界。我们发现礼拜六、礼拜天很多大楼里面都是人，根本找不到停车位，在那里，我们看到的是硅谷的激情和梦想。我们看到了美国梦想，因为这些美国梦想，使我们回到中国的时候也希望在中国建立这样的美国梦想，我们希望在中国未来10年的发展中也能创造出这样的公司。但是10年以后我们回美国发现他们找不到梦想，他们想的是下个月怎么办。有一些非常有名的IT公司的工程师在讲产品的时候不是讲这个产品会影响多少人、帮助多少人，他会告诉你这个产品能赚多少钱。如果连一个公司的工程师都在告诉你赚多少钱的时候，你就知道问题出在哪里了。看了以后我们更有信心，假如冬天的时候你失去信心、失去梦想、失去对未来的憧憬，这家公司就像死人一样。我们去美国看的几家公司，我可以告诉大家有几家公司一定不会在21世纪存在，即使存在也像行尸走肉一样，因为他们没有了对未来的展望。

“如果没有对未来的展望，一个人只有钱而没有理想和想法会怎么样？一家公司没有使命、没有对未来的展望，我觉得这家公司活着还不如死了呢。我想告诉大家，通过这十几天的考察，回来以后我们对中国的信心、对自己的信心、对未来的信心越来越大。当然，信心必须建立在脚踏实地的基础上，如果有愿景、有使命，但是使命和愿景都是用来说给别人听的，而不是自己把组织人才落实到点点滴滴，那么就都是空话、都是不值钱的。所以，回来以后我们又做了大量的改造，今天阿里巴巴刚刚过了10年，今年9月10日是阿里巴巴10周年，这10年我们从18个人、用一个梦想，证明在中国能够有电子互联网存在，10年来我们证明了互联网在中国能够发展、电子商务在中国有市场，今天淘宝网有1.2亿用户，支付宝有1.79亿用户，这样的市场被我们证明了。”

商业的哲学智慧

孙正义曾经这样评价马云：“马云之所以能够成功，就是因为他有一个别人都不敢想的梦。”而马云本人也曾说过：“因为我有梦，所以我知道自己要什么，应该做什么。”

宏大的展望辅以格局高远的行动便会成就非凡的人生，不仅马云如此，细数许多成功的企业家，无不如此。

一个烈日炎炎的下午，一个汗流浃背的小伙子正拎着两大盒领带，奔走在香港尖沙咀旅游区的一条服装街上。他已经跑了十几家店铺，却毫无所获。

当他拎着领带盒子走进一家高档洋服店时，老板像见到瘟神一样，恶狠狠地大声吼叫着把他赶了出去。看到自己像乞丐一样遭人呵斥，被人驱赶，百感交集的他不禁流出了眼泪，一阵阵酸楚涌上他的心头："这么大的服装街一定有人需要我的领带。"想到这里，他擦去眼角的泪花和额头的汗水，鼓起勇气走进了另一家时装店。

一次又一次的拒绝没有挡住他前进的步伐，锲而不舍的他终于成了海内外知名的领带大王。他就是香港金利来集团主席曾宪梓。

一个人能有多大的成就通常取决于他的目标有多高。

马云曾经在自己的一次"靠价值观打天下"的演讲中说过："阿里巴巴的目标是走102年，因为我觉得任何一个目标必须非常明确，单纯一个口号没有实际意义，必须说清楚到底多少数字是你要的。我们公司诞生于1999年，在20世纪活了1年，这个世纪打算活100年，下世纪再活1年，横跨3个世纪。我们今天做的任何事情都是让公司活102年。在企业里面我们从来不讲自己成功，因为我们还有90年要走，未来每一天都可能会死掉，每一天都有可能遇到大灾难。我们对自己既乐观，又很小心。"

正是确立了102年这个明确的目标，马云才在公司发展过程中的每一步都走得踏实有力。

商业的现实思考

马云说："我们是坚持理想的人，所以能走到今天。我们没有放弃第一天的理想，我们还要走下去。"创业者有确信自己能够成功的自信心以及与之匹配的目标理想，并为之坚守，才能离成功更近一步。

你的使命感决定你能走多远

员工必须坚持理想、使命感、价值观，一代代地传承下去。像 DNA 一样，这个公司的人可以老去，但是这个企业的文化必须继承下来，一代代传下去，才能不断地创新。

——马云

许多创业者从一开始就缺少使命感，也并不在意企业价值观的塑造，认为做企业只是做生意，低进高卖的过程，这样的思维方式深刻地影响着企业的发展。没有使命感，也就无所谓团队凝聚力，企业又怎么可能走得远呢?

马云的精彩故事

阿里企业文化的核心内容是它的使命感，即让天下没有难做的生意。马云曾经说过阿里的目标有三个：第一个是做 102 年的公司；第二个是做世界 10 大网站之一；第三个是只要是商人，一定要用阿里巴巴。当一个企业确立了目标之后，就需要进入下一个思考：什么是那些伟大企业走下去的重要原因?

2003 年的时候，阿里巴巴已经在 B2B 领域发展得很好了。对于阿里的未来，马云感到迷茫。他说："当你站在第一的位置时便不知道该往哪里走。因为第二、第三可以跟着第一走，但是第一没有参照。那时我凭什么做出一系列决定？就是凭着使命感。阿里巴巴的使命是：让天下没有难做的生意。我们做任何事情都是围绕这个目标，任何违背这个使命感的事情都不许做。所以有人会很奇怪地问我们：'你们凭什么做出这样一个决定啊?'我说：'我们凭我们的使命感。'我们推出一个产品，首先要考虑的是这个产品是否有利于做生意。我们推出支付宝也是这个原因。”

使命感是一个企业的员工对社会所赋予企业的使命的一种感知和认同。一个企业要想在市场竞争中立于不败之地，就必须有自己的使命感和价值观作为后盾。世界500强企业CEO谈得最多的是使命感和价值观。下面是马云在自己的员工大会上所发表的一段有关使命感的演讲：

“成为世界500强之一，成为世界最佳雇主之一，成为世界互联网公司3强之一，这是共同目标。为这个目标去工作，这是我happy（乐意）的，你不要说是为了老板工作。大家几千人为一个目标，为一个使命工作，大家维护这个价值观的时候，这个公司才能做得好。很多人刚进入阿里巴巴，觉得我们的价值观 、使命感比较虚，但只要马云在一天，这就是一个天条。应该讲我什么东西都可以容忍，但是背叛共同的目标和价值观不能容忍。很多公司尔虞我诈，导致很好的公司败掉了，这个我不会改变的。讲得严重一点，我将来的成功，都是要为价值观、使命感而战，这样才能做得好。往东走？往西走？我是CEO，需要我承担责任。这个错误谁干的？马云干的，拖出来。但我们肯定不能让公司危害社会，任何贪赃枉法的事情谁做谁一定进监狱去。”

商业的哲学智慧

因为有着让天底下没有难做的生意这一使命驱动着员工不断为之奋斗、努力，阿里巴巴才有了今天的辉煌成就。放眼观之，那些世界知名企业都有着伟大且不凡的使命。

丰田公司的服务宗旨是让全世界都懂得尊重，这也是丰田公司员工内心的使命感。有一个很知名的事例，在芝加哥的一个大雨天，路上一辆TOYOTA车子的雨刮器突然坏了，司机傻在那里，不知道怎么办。突然从雨中冲出一个老人，趴到车上去修雨刮器。司机问他是谁，他说他是丰田公司的退休工人，看见他们公司的产品坏在这边，他觉得有义务把它修好！这就是强大的使命感和企业文化。只有在这样的使命感的驱动下，才会诞生伟大的企业。

现实生活中，有很多人对自己的人生境况感到不满意，他们不明白自己究竟喜欢怎样的生活，更不用谈确切的价值观和使命感了。事实上，一个人只有确定了自己的价值观和使命，才会有明确的努力方向。

在一段废弃的铁轨上，一个瘦子和一个胖子在比赛走枕木，看谁走得更远。

瘦子心想：我一定能赢，因为我的耐力比胖子好得多。开始时的确是这样，瘦子很快就将胖子落下了一大截。

可是，渐渐的，瘦子走不动了，他眼睁睁地看着胖子稳健地向前，然后追了上来，并超过了他。瘦子想继续努力超过胖子，可终因精疲力竭而放弃了。

赛后，瘦子向胖子请教他获胜的秘诀。胖子说："你走枕木时，只是看着自己的脚，所以走不多远就跌倒了。而恰恰因为我太胖了，根本看不到自己的脚，只能看着铁轨上稍远的地方，一直不停地朝前走。"

随后胖子说了句很有哲理的话："如果你向下只看自己的脚，你所能见到的只是铁锈和发出异味的植物；而当你看到铁轨远处时，你就能在心中看到胜利。"

商业的现实思考

马云这样说道，成功的经营者从创业之初就明确自己的使命感，这样才能从开始就凝聚力量，并内化为企业的软实力。如果刚开始只注重企业效益，在面临困境时再想到企业使命感，那就回天乏术了。

真正的使命，是帮助别人

在我的一生中，我能够做些事，影响许多人，影响中国的发展。当我成就理想时，我会认为自己是放松的，幸福的，并且有了一个好的结果。

——马云

从一开始就定位为为小企业服务的阿里集团，之所以如此成功，是因为它推出的每一个设计，每一个产品，每一项服务都认真考虑到对其他企业的影响，以及是否违背自己的使命感。在马云看来，懂得为其他企业着想，才能实实在在地发展自己。

马云的精彩故事

2001 年，马云应邀到纽约参加世界经济论坛，在那里，他听世界 500 强的 CEO 们谈得最多的就是企业的使命感和价值观。一天早上，马云有幸参加了克林顿夫妇的早餐会。在一起吃早餐的时候，马云和克林顿夫妇进行了一次使他深受启发的交流。

克林顿说，虽然美国在很多方面是领导者，但有时领导者不知道该往哪儿走，因为他们没有榜样可以效仿。

马云就问克林顿是什么让他做出了决定，克林顿说："是使命感。"

马云说："如果你谈使命感和价值观，他们认为你太虚了，不跟你谈。今天我们的企业缺乏这些，所以我们的企业不会变大。"

从美国回来之后，马云认识到那时中国的互联网公司都在模仿雅虎、亚马逊等国外大公司而没有自己的创新能力，他意识到阿里巴巴要想做强做大，就必须独树一帜，走自己的道路，而不是成为一个复制品。他正式宣布："阿里巴巴只能跟着使命感走。"

而后，马云进一步确立了阿里巴巴的使命：让天下没有难做的生意、倾听客户的声音，满足客户的需求。这是阿里巴巴生存与发展的根基。任何违背这个使命的事情，马云都不会去做。当阿里巴巴推出一款产品时，首要考虑的是这款产品是否有利于生意，是否有利于企业的使命感。

马云在一次内部讲话中说道："有多少人真知道你们在这儿所做的每个产品，每一项服务会影响到多少企业？我坐在后面想，10 年以前我们十几个人的时候，那时候没有销售，18 个人当中，可能我是最了解创业者，了解这些小企业的痛苦的。所以我们设计那时候的 Offer，无论中文站点还是英文站点，一切围绕小企业能拿到订单、能够生存下去在做，努力帮它渡过难关。我们以前的产品尽管简单，但是实用，今天在座有多少人真正了解小企业的痛苦，创业者的痛苦？真正了解痛苦的是那些直销人员，他们一家一家去敲门，最为辛苦，但是他们没办法把信息反馈回来或者没办法参与后台建设。后台产品越来越多，但是到底有多少是真正能够帮助到小企业的？我有时候去看那些小企业，确实挺难过的，他们每天有希望、有期待，我们每次的服务出来，他们总是在用，希望能够给自己多带点订单，希望给自己多带几个客户，这不是儿戏，这是他们生存的命根子。希望大家知道这不是一份工作，因为你的每一个程序，你的每一项功能，你的每一条编辑真正影响到别人的家庭，影响到别人的收入，影响到别人的企业能不能生存、能不能发展，我们真正做企业，就要真正帮助别人。”

商业的哲学智慧

马云在领导阿里巴巴的过程中，十分重视对公司员工灌输帮助他人这一使命，他懂得人之所以过得快乐，生活得有意义，是因为他舍得付出，而不是处心积虑地想去如何占有。有舍，后才有得。积极的付出，将能使一个人获得心灵上的满足。

在一个风雪交加的夜晚，一位名叫克雷斯的年轻人的汽车抛锚了，他被困在车里。就在他无计可施的时候，正巧有一位骑马的男子经过。骑马的男子见此情景，二话不说便用马拉上克雷斯的汽车来到了小镇上。

事后，克雷斯为了表示感激，便拿出不菲的美钞给他作为酬谢。这位男子却说：“我不需要回报，只要你能给我一个承诺：当别人面临困难的时候，你也要尽力给予帮助。”克雷斯被感动了。

于是，在以后的日子里，克雷斯主动帮助了许多有困难的人，并且在帮助后，都会向所有被他帮助的人转述那句同样的话。

多年后的一天，克雷斯去海上游玩而被突发的洪水困在一座孤岛上。这次，有一位冒着被洪水吞噬的危险的少年救了他。在他对少年表示感谢时，当年的那句话又从少年的嘴里传了出来。

一股暖流在克雷斯的胸中翻涌起来：“这根由我穿起的关于爱的链条，周转了无数的人，没有想到在最危难的时刻经过少年又还给了我，原来，我一生中做的这些好事，全都是为我自己所做!”

付出终有回报，有的时候帮助他人其实等于是帮助自己，尽管你不知道为他人付出到底有没有回报，但是只要你切实地按这样的准则去做了，回报总会以最惊喜、最意想不到的方式来到你身边。

商业的现实思考

像马云那样，把麻烦留给自己，尽自己的努力去帮助自己的生意伙伴，将帮助别人作为企业的使命，那么，你所收获的则不仅仅是利润，还有别人的信赖。

客户第一，员工第二

在公司里，最核心的问题是根据市场去制定你的产品，关键是要倾听客户的声音。碰到灾难时第一个想到的是你的客户，第二想到你的员工，其他才是想对手。

——马云

对于企业经营者来说，客户更像他们的衣食父母，有客户支持，企业才能平平稳稳地发展下去，一旦失去客户，企业员工的待遇和工作热情势必会受到影响，进而影响到公司股东的利益，因此，客户利益必须放在企业发展的第一位。

马云的精彩故事

马云善于从金庸的小说中总结自己的管理企业之道，他形象地把自己的经营理念比作“六脉神剑”，而这六脉神剑中的第一剑就是“客户第一”。他不但把“客户第一”作为公司核心的经营理念，还规定，只有接受“客户第一”理念并认真奉行的求职者才能加入阿里团队。

有一个阿里巴巴业务员，向山东的一位房地产商许诺说，阿里巴巴能把他的房子卖到全世界，以此为诱饵，他顺利做成了这位客户的生意。然而，尽管他的这一谎言给阿里巴巴带来了6位数的收入，但阿里巴巴仍然坚持把钱退给客户，并辞退了这名员工。事后，阿里巴巴B2B总裁卫哲解释说：“为什么说把客户利益放在第一位？如果按照股东的利益这个钱该收。但是，按照客户利益第一的原则，阿里巴巴这样做就是在欺骗客户！阿里巴巴根本就无法把房子卖到全世界，这显然是业务员夸大了阿里巴巴的能力。”

阿里巴巴有2万多名员工，马云说：“我们不能保证每个员工都能够把客户利益放在第一位，但是我们训练的时候必须要这样。”

在阿里巴巴公司的大厅里，挂着一张公司关系表，最上面是客户，然后是直接面对客户的员工，再往后才是股东，最后才是CEO、CFO等领导人。马云说：“客户是企业的衣食父母，只有客户第一了，我们才有钱赚，因为客户是给钱的呀！”

商业的哲学智慧

马云坚信，机遇总会眷顾那些坚持“客户第一”并身体力行的企业。懂得付出，终有回报。而这一商业法则，也成就了无数的商业奇迹，使得许多人由此开拓了自己的商业帝国。

一天夜里，已经很晚了，一对年老的夫妻疲惫地走进一家旅馆，他们想要一个房间休息。前台侍者回答说：“对不起，我们的旅馆已经客满了，一间空房也没有剩下。”但看着这对老人疲倦的神情，侍者不忍心深夜让这对老人出门另找宿处，而且在这样一个小城，恐怕其他的旅店也早已客满打烊了，这对疲惫不堪的老人难道要在深夜流落街头？于是好心的侍者将这对老人引领到一个房间，说：“也许它不是最好的，但现在我只能做到这样了。”老人见眼前是一间既整洁又干净的屋子，就愉快地住了下来。

第二天，当他们来到前台结账时，侍者却对他们说："不用了，因为我只不过是把自己的屋子借给你们住了一晚，祝你们旅途愉快!"原来，侍者自己一晚没睡，在前台值了一个通宵的夜班。两位老人十分感动。老人说："孩子，你是我见过的最好的旅店经营人，你会得到报答的。"侍者笑了笑，说这算不了什么。他送老人出了门，转身接着忙自己的事，把这件事情忘了个一干二净。

直到有一天，侍者接到一封信函，打开一看，里面有一张去纽约的单程机票并有简短附言，附言中聘请他去做另一份工作。他乘飞机来到纽约，按信中所标明的路线来到一个地方，抬眼一看，一座金碧辉煌的大酒店耸立在他眼前。原来，几个月前的那个深夜，他接待的是一个有着亿万资产的富翁和他的妻子。富翁为这个侍者买下了一座大酒店，深信他会经营管理好这个大酒店。这就是全球赫赫有名的希尔顿饭店首任经理的故事。

正是因为侍者内心深处的善良让他懂得客户第一，以帮助客户为己任，从而为自己结下了非常的际遇。事实上，所有成功的商业人士都具有这种商业品质。花旗银行副总裁程耀辉一直秉持这个信念，不管往来人的职位高低，他总是尽量帮助别人，把自己所知道的尽可能和大家一起分享，所以大家总是知道："有事找 Roman 就对了。"

商业的现实思考

商业社会是一个服务和被服务的社会，如何摆正自己的服务者心态，并且真心实意地为客户创造价值决定了企业的高度和发展前景，这也是众多企业经营者需要学习的第一课。

诚实正直，言出必践

诚信绝对不是一种销售，更不是一种高深空洞的理念，它是实实在在的言出必行、点点滴滴的细节。

——马云

诚信是一个企业基本的道德修养，同时它也是阿里巴巴“六脉神剑”的第四剑，它的内容有：诚实正直，言出必践；胸怀坦荡，对事不对人；言行一致，不受利益或压力的影响；勇于承认错误，敢于承担责任；不传播未经证实的消息，不背后不负责任地议论事和人；坚持原则，不随意承诺或妥协。

马云的精彩故事

阿里巴巴从成立之初就十分重视企业诚信建设问题，那时，马云就已经对他的员工提出了“简单、可信、亲切”的要求。

诚信也是阿里巴巴在招聘员工时的一个硬性门槛。很多人认为，像今天阿里巴巴这样的大企业，招聘员工要求一定很高，一般人不容易进入。可马云却认为，阿里巴巴的员工队伍欢迎任何有才能的人加入，即使一个人没有很强的工作能力，但他只要有潜力，公司便会尽心尽力地培养。只有诚实正直这一原则不容许半点更改。

权力可以让人口服，但只有人格才能让人口服心也服。宽以待人，严以待己的人才会有让人心服口服的魅力。马云不仅要求员工必须诚实正直，他自己也是诚实的典范。如果他没有这种魅力，他怎么可能在北京创业失败后，还有追随者同他一起到杭州重新开始？怎么会在单元楼那样的办公条件和500元自己给自己发工资的窘迫中不离不弃，甚至在关键时刻为马云两肋插刀呢？如果不是因为诚实守信，马云提前跑到南方做翻译，那么他怎么可能会有创办阿里巴巴的机缘，怎么会有今天的成就？与其说是天时地利人和成就了马云，不如说是马云自己成就了自己。诚信不能空喊口号，更要实实在在地落实到每一天一点一滴的行动中。对于一个人、一个企业来说，还有什么比得到别人的信赖更加珍贵？

马云十分欣赏犹太人的经商理念，他说："我认为做生意最重要的是讲诚信，刚开始创业时，我被几个深圳老板骗得晕头转向，人家把我当3岁小孩耍。可是今天我马云的企业还存在，并且活得很好，而那几个人连同他们的企业早已销声匿迹。"

商业的哲学智慧

马云从白手起家到创立阿里帝国，这和他凭诚实守信、言出必践的性格所树立起来的威信是分不开的。在商业社会中，除了个人的实际能力以外，是否能实现承诺、拿出一个圆满的结果是获得他人尊重、体现个人价值的关键因素。

黄克斌是一位普通退休工人，他信守承诺还债的事情被各大新闻媒体广泛报道。他承担了一个工程项目，不料工程中途出现资金问题，417名农民工的工程工资发不出，总共欠着400多万元的工资。一般来说，拿不到工程款的工程承包人一般是不会偿还农民工工资的，但他决定自己来买单，不管多难都要还清417名农民工的工资。

讨要工程款无果的黄克斌，决定把家里准备过年用的钱全部拿出来，并把一些值钱的东西典当出去，然后将凑得的5.1万元全部交给了最困难的农民工。随后，他的几个孩子把房子卖掉替父亲还债，总共还了26.2万元。全家四代人节衣缩食偿还农民工的工钱。

尽管400多名农民工就住在他家附近，但从来没有一个工人上他家讨债，他家也从来没有被工人们堵过门口，工人们、村里的人对他依然很信任。"他们相信我的为人，他们都知道，我不还钱不是我家有钱不还，主要是我确实没有拿到钱。我一直都是这么做的：只要拿到工程款，我首先支付给他们，我没有留着花。我不是不考虑我个人的损失，我也考虑。但我想，做人要有原则。”

黄克斌打算再干一番事业，仍然有工人愿意给他打工，因为工人们完全相信黄克斌的为人，对他有着强烈的信任，知道他是一个“说话算数”的人。

可见信守承诺之人，即使一无所有，人们也会尊重他、跟随他，这是比物质财富更为宝贵的人生财富。

商业的现实思考

马云曾说道：“商业社会其实是一个很复杂的社会，但是只有一样东西，能够让自己把握起来，就是诚信。”诚信，让复杂的事情变得简单。要解决的问题越复杂，越需要讲究诚信。

完善自我，迎接大挑战

永远告诉自己一句话：从创业的第一天起，你每天要面对的是困难和失败，而不是成功。我最困难的时候还没有到，但有一天一定会到。困难不能躲避，不能让别人替你去扛。

——马云

选择创业，就选择了一条风险与机遇并存的道路。探究成功的创业故事，我们发现，成功者都有从容面对打击和失败的心态，并通过积极地完善自我，迎接每一次挑战。

马云的精彩故事

2011年6月，阿里高层围绕拆分淘宝讨论了诸多方案，争论很多，大家主要是担心拆分淘宝带来的风险太大。面对大家的争论和质疑，马云用他非凡的勇气和坦然的心态给员工做了一次内部讲话，为员工扫清了疑惑，也清晰地展示了马云对于阿里集团的发展思路。

马云说："这次拆分，我们把淘宝拆分为三家公司，第一家公司为淘宝网，继续围绕C2C，小B2C发展，整个机制结构是总裁加董事长，总裁是姜鹏，董事长由陆兆禧担任，第二家公司是淘宝商城（即现在的天猫商城），总裁由张勇出任，向董事长曾鸣报告；第三家公司是一淘，总裁由吴泳铭出任，董事长是彭蕾……今天的分，会让整个中国商业发生很大的变化，让整个中国电子商务格局发生很大的变化。我希望我们能改写商业历史，创造商业历史，而不是我们成为被别人改写的历史。

"我前几天看了一本书，是关于野战排的，里面有一个很有意思的故事。有一个人退休了，"二战"结束后，回到家里，孙子问，爷爷，你是不是英雄？爷爷说我不是英雄，但我和英雄一起战斗。我们这批人没有一个人是英雄，但是我们的同伴，坚守这些信念的人是英雄。

"B2B，long way to go，淘宝也一样。祝福大家，祝福阿里。

"今年树欲静而风不止，反正已经到这个样子了，让风暴来得更大一点，谢谢大家。"

在阿里内部，不仅马云有面对挫折选择泰然处之的态度，和他一起工作的员工们也都在马云的感染下形成了挫折当前面不改色的壮士气魄。

一淘的董事长彭蕾说："马总刚才讲树欲静而风不止，我还想到一句话。12年前我们说光脚的不怕穿鞋的，12年之后貌似我们穿了一双球鞋，大概也就是解放牌球鞋。跟我们未来想去的那个地方比，我觉得就是一双解放牌球鞋，穿这双鞋有时候还不舍得脱，老是有这样的担心，那样的顾虑。包括今天的拆分，包括今天支付宝面临的问题。但是我的看法是，如果我们太受制于我们脚上的这双鞋，那未来我们真的什么都做不了。今天马总也说了，树欲静而风不止，暴风雨来了，就让它来得更猛烈一些。只有在猛烈的暴风雨当中，我们阿里集团的文化，我们团队的能力才能真正培育出一种叫泰山崩于前而不变色的定力。这个时候是考验我们整个组织部，考验我们整个阿里团队的时候，大家一起努力。谢谢大家！”

马云接着说：“拥抱变化，与其等变化过来不如我们自己变化在变化之前。希望大家还是抱着玩的心态，把这个工作做好。我希望不要超过36个月，我们就能看到一张整个行业发展的图，整个阿里巴巴的图，整个中国商业版图发生变化的图。谢谢大家！”

商业的哲学智慧

在商业社会中，与其让不可预知的未来随时吞噬自己，不如选择在在变化之前首先改变自己。面对未来的需要，主动学习，主动求变，让自己适应变化，并努力去争取自己想要的结果，这是马云的商业哲学，也是众多商业人士的行动准则。

有个年轻人去微软公司应聘，但是微软公司在近期内并没有刊登过招聘广告，因而对他的行为感到疑惑不解，准备拒绝。这时，年轻人用不太娴熟的英语解释说自己碰巧路过这里，感觉公司挺不错的，就贸然进来了。这个回答让总经理感觉很新奇，想到他可能是个人才，就破例让他试一试。然而，面试的结果让总经理非常失望——年轻人表现糟糕。看到总经理失望的表情，年轻人说是自己的水平比自己的表现要好得多，因为事先没有准备，才没有发挥好。总经理认为他这么说是在给自己找台阶，就随口说：“既然如此，等你准备好了再来吧。”

出乎意料的是，一个星期后的一个早晨，年轻人再次敲开微软公司的大门，接受总经理的面试。这一次，他依然没有成功，并依然做出了没有准备好的解释。总经理见他的表现比上一次好多了，就安慰他说：“没关系，等你准备好了再来。”

如此，年轻人在几个月的时间内先后5次踏进微软公司的大门，最终被微软录用，成为微软的重点培养对象。

年轻人的幸运和成功并非偶然，而是他面对挑战时，不断自我完善——“我不是没有能力，只是没有准备好；准备好了，我就可以成功。”当一个人具有这样的精、气、神时，就可以促使自己更积极地迎接挑战和面对未来。

商业的现实思考

在创业中最艰难的时候往往是距离胜利最近的时候。如果能够在最艰难的时候泰然处之，自我激励，不抱怨，以积极乐观的心态寻求解决问题的方法，那么你就能激发自身无限的潜能，就能成功地迎接每一次挑战。

做好自己，从容面对外部环境

外部形势好跟你没多大关系，外部形势不好跟你也没多大关系，经济形势好的时候也有很烂的公司破产，经济形势不好也有很伟大的公司，不要埋怨外部，改变自己，做出行动。

——马云

很多创业者在创业时总是喜欢将自己的主要精力放在研究外部环境的好坏上，在马云看来，外部环境虽然对创业有或多或少的影响，但强化自身才是决定创业能否成功的关键因素。命运永远掌握在自己手中，与其抱怨外部环境，不如改变自己，适应环境。

马云的精彩故事

2008 年一场由美国开始的金融危机波及世界，因金融危机的影响，整个商业社会都受到不同程度的冲击，马云和他的阿里巴巴集团自然也不能幸免。企业内部、公司股东面对这样萧条的外部环境时纷纷抱怨。然而，马云在面对不利环境时，自己先淡然处之，然后用自己的魅力去影响自己的员工变得乐观，最终使阿里集团渡过难关。

在2009年股东大会上“我的三个残酷的决定”演讲中的第三部分——“下一个10年，创造商业新文明”中，马云说道：“但是未来10年我们证明什么？10年以前在我家里跟17个人讲了电子商务会存在，今年9月10日我们会向全世界宣布怎么看未来10年，我们希望未来10年利用电子商务、利用互联网创造整个世界的商业文明。我们不愿再看到欺诈、不诚信，我们更不愿意看到不透明的公司、那些以赚钱为主的公司。通过互联网影响这个世界，完善商业世界，是我们未来的使命。

“大家觉得阿里巴巴用数据看到了去年金融风暴、经济出现问题，那你怎么看现在？未来怎么办呢？尤其这两天股票又发疯地涨，是不是金融危机过去了？第一，我不是算命的，我也不想做任何对未来的预测。去年在一次浙江商人大会上，所有的企业在那里讨论，都在埋怨别人，人家也问我金融危机什么时候过去。我在一个上海的饭店里吃饭，老板娘过来了，这个老板娘是阿里巴巴的客户，她说你说冬天来我们不相信，现在真的来了。我说明年过去。她说明年怎么过去了呢？我说你会适应，经济不好大家都会适应。今天股市的回来、今天经济的回来我是这样看的，世界经济的本身问题没有解决，只不过是感觉回来，我认为第一点是世界经济开始适应了危机，采取了行动，充进了一些钱，并没有根本改变问题。第二，即使改变，我们也不应该因为恢复昨天而兴奋和骄傲，我们应该创造更好的明天，不能让中小企业在未来10年还是战战兢兢度过每一天，我们不希望子孙后代还在担心美国金融危机，所以我认为大家不要忘记这些东西。第三，做企业的永远不要盼望外面好或不好，我告诉大家，外部形势好跟你没多大关系，外部形势不好跟你也没多大关系，经济形势好的时候也有很烂的公司破产，经济形势不好也有很伟大的公司，不要埋怨外部，改变自己，做出行动。就像这次股东大会一样，去年我们答应了改革，我们现在就改革，从现在开始。明年的股东大会我特别希望我们分享的是怎么招聘人、怎么开除人、怎么管理、怎么决策，让很多中小企业从我们身上得到更多的经验，把我们犯的错误跟大家分享，通过这样让巴菲特教别人怎么赚钱，让阿里巴巴的用户学会怎么做企业。”

商业的哲学智慧

面对萧条的外部环境，马云选择了适应，他不为经济回到之前而兴奋，他更加关注的是中小企业的未来。正因为他的这种波澜不惊、泰然处之的态度，阿里巴巴才安稳踏实地走到今天。这不仅是一种商业哲学，更是一种人生态度，它值得我们每个人深思。

闾丘露薇上大学时，家里经济困难，她只能一边学习一边到学校附近的咖啡厅做服务员，有的同学对她说：你去当服务员真是太浪费时间了。她一笑置之。等到她大学毕业后，本是计划到深圳帮助母亲一起经营外贸公司的，不料公司很快就垮了，她只能租了间民工房留在深圳，白天到街头上卖汽水。

即使是很努力地拼搏，生活也没有给她多少恩惠。她去应聘翻译的工作，无奈对专业词汇知之不多，没有被录用；她还做过文化衫、手表的批发生意，无奈销路不佳。直到26岁时，她才开始涉足记者行业。

2001年阿富汗战争爆发时，凤凰卫视决定派人前往采访，闾丘露薇率先报名。2003年，伊拉克战争时，她也是主动报名，自愿前往巴格达战火区进行前线报道，被誉为“战地玫瑰”。现在光是她博客的关注人气都高达4000多万。

正是靠着一股不向命运低头、不服输、不怕艰难困苦的劲，她找到了自己人生的方向，成为一名让人敬佩的知名记者、主持人。

商业的现实思考

人生是一场没有彩排的演出，就看你是否为这场演出做好了准备。不把准备工作做好，就算机遇来了，也会抓不住；如果自己做好了准备，机会来时，成功就是自然而然的事情。

从无到有，从有到无

我们不一定让中国人记住淘宝网，记住阿里巴巴，记住阿里云，只要他享受、体验到的是一种好的服务就行。

——马云

从白手起家到资产过亿的创业历程，是从无到有的过程；做大之后，再通过机制创新，让消费者专注于体验自己的成果，让自己的产品无处不在，这是从有到无的过程。从无到有，体现的是一种奋斗拼搏精神；从有到无，体现的是创业者高瞻远瞩的气魄。

马云的精彩故事

在阿里巴巴集团，流传着这样一个故事：阿里巴巴有四个孩子：老大哥 B2B 天资优异，但是因为家里穷，小学没毕业就要出来打工养活全家；现在二儿子淘宝已经大学毕业出人头地了，它不仅能养活全家，还有足够的能力把老三支付宝培养成研究生，把老四阿里云培养成博士后。这个故事表明：经过几年的发展，淘宝已经长大成人，并已经事实上成为阿里巴巴集团的主要收入来源。然而，日渐强大的阿里巴巴开始走不动了，马云适时地提出了机制创新的问题。

他说："B2B 现在遇到了一些挫折，但是我告诉大家，今天我们能有淘宝、有支付宝、有阿里云，全因为 B2B。第一，它融资以后才让大家心里有了底气，敢不停地整出新公司；第二，它为整个集团输送了大量人才。

"我上次在组织部会议上讲过，未来 20 个月，主要有三件事情要做：第一，我们一定要通过各种手段打通整个公司；第二，在阿里金融方面必须要有重大建树，不是我们想赚多少钱，而是今天的创业者，今天的中小企业需要这样的服务；第三，整个集团必须在20个月以内建立起新的创新机制。

“什么是创新机制？就是员工的Option（期权）和干部的Option体制重建。

“我们今天走不动了，走不动的原因是什么？这是历史问题，雅虎有一块，软银有一块，阿里巴巴就这么一点点。公司决策是我们定的，但你要从他们那里挖出0.01的股权，基本上跟拔活老虎的牙一样难。他们是过来人，都知道的。

“阿里巴巴这帮创始的老人，财富再加一个零也不可能超越比尔·盖茨，再加两个零也不会超越比尔·盖茨，但再低，我们也不会穷，我们也不知道怎么花钱。这个时代给的机会，不好好整一整太可惜了。

“我们必须做新的机制创新。这些机制的创新会让更多的M3、M4、M5的人蹿出来，让年轻人出现在第一线，我们很多的人可以在背后支持他们作战，一定一代胜过一代。

“我们怎么建立这套机制？将来应该是云管理、云思想在背后支持作战。

“现代战争的作战将是以云为单位，后台体系非常强大，前面的兵是很少的。我们今天的管理也要年轻人在前面，由后台提供强大整合数据的支撑。

“记不记得10周年晚会上我讲了几个目标：1000万家小企业，1个亿的就业机会，10亿的消费者。我们要采取的策略是什么？阿里巴巴前10年从无做到了有，未来10年我们要从有做到无。这个‘无’是无处不在的‘无’，不是没有了。

“要从有做到无是很难的，换句话说，别人用了这个服务，根本不知道这个是阿里巴巴的，根本不知道这个是淘宝的。像我买的手机，根本不关心里面的芯片是谁做的，里面的螺丝是谁做的，只是看这个手机体验好不好。

“我们不一定让中国人记住淘宝网，记住阿里巴巴，记住阿里云，只要他享受、体验到的是一种好的服务就行。所以从这个角度来看，未来的调整一定会很大。准备好吧！”

商业的哲学智慧

马云就像一位造梦师，用他的前瞻性眼光为阿里巴巴描绘了非凡的未来，由“从无到有”到“从有到无，无所不在”，通过不断调整，让阿里巴巴不断向前发展。纵观整个商业界，我们不难发现这样具有远见卓识的人，最后都将自己的商业触角延伸到社会的各个角落。

作为马云商业上的伙伴，日本软银的创始人孙正义更是创造了一个“从无到有，从有到无”的商业神话。

孙正义在美国加利福尼亚州伯克利商学院求学时非常着迷于如何施展自己的商业才华。他利用自己的创意，并聘请也在留学的薛蛮子以及赖声川等人为自己做小时工，帮自己开发了一款智能翻译机。回到日本后，孙正义把这款机器卖给了夏普公司，获得了100万美元，这也是孙正义创办软银集团的第一桶金。

创办软银后，孙正义利用自己国际化的视野以及纵横连合的思路，找了14家日本公司，加上软银为最大股东，一起合伙把思科引进了日本。这次引入大获成功，软银和思科双赢。借此，软银名声大噪，同时还促进了自身软件销售业务的发展。

随着互联网时代的到来，孙正义不再局限于自己独立经营业务，而是将目光更多地投向互联网的投资领域。

在他的坚持下，雅虎成立了雅虎日本分公司。日本雅虎网站是当时为数不多的综合新闻门户网站。结果进来第一年，雅虎的浏览量就突破了1亿，并且实现了盈利。如今，雅虎日本成为了日本访问量最高的网站。当年1亿美元的投资，给孙正义创造了87亿美元的利润。

尝到互联网投资的甜头后，孙正义开始加大在互联网领域的投资布局，他与其团队不断考察各互联网公司，只要发现商机便迅速投入，用自己的商业智慧和气魄将自己的商业帝国延伸到了互联网经济中的每一个角落。就我们所知道的，在中国境内，孙正义的软银集团投资过的互联网公司就有盛大网络、雅虎、新浪、网易、当当网、UT斯达康、携程旅游网、方正控股、淘宝网、分众传媒、银联商务、好孩子育儿网、联创科技等。

孙正义在一次新闻发布会上这样说道：“我投资的这些公司均相互独立，拥有自己的管理层和品牌。我一直在告诫自己，不怕失败，尝试许多不同的方式，就会实现自己的目标。”

软银对互联网产业的投资，是孙正义创办与硅谷一样的高科技生态体系这一愿景的一部分。孙正义的这一愿景，并未按照地域进行定义。如今，软银表示已经对超过1300家公司进行了投资，这些公司遍及互联网基础设施、门户和内容等。

可见，孙正义通过收购、投资以及对相关企业的兼并把软银集团的发展触角延伸到了生活中的各个角落，他真正地通过自己的雄才大略将软银做到了无所不在。

商业的现实思考

优秀的企业家会通过奋力拼搏，从一无所有做到财源滚滚，在企业不缺资金后，他们会想如何使自己的事业得到不断发展，如何更深更广地影响人们的生活。如果企业做到了无所不在，那将是一个无关财富的大境界。

第 02 课

文化哲学——小企业也要有文化

文化是企业的基因，是企业赖以生存、生生不息的精、气、神，有了文化，企业才会有自己的灵魂，团队才会达成共识，携手共进。

文化是企业发展的 DNA

文化是企业发展的DNA，企业中可能没有人，制度也可能改变，只有企业的文化是能够传递下去的。

——马云

马云说："除了坚持，我们还会花时间把《阿里巴巴基本法》做出来。美国的发展，200 多年最要紧的就是一部宪法，制定了整个制度和体系，我现在花很多的时间，为了我们的企业文化。文化是一种精神，是每个人 believe（信奉）的东西。"的确，好的企业文化可以加强企业员工的凝聚力，凝聚力在，人心才不会散。

马云的精彩故事

马云一直在引导着阿里人严肃地思考这样的问题：什么样的工作环境是阿里人最需要的？阿里巴巴应该为社会做出怎样的贡献？最终，阿里巴巴内部约法三章，提出了六大价值观。六大价值观在阿里团队中被称为"六脉神剑"，这也是阿里巴巴最典型的企业文化。

一、客户第一。阿里人应该坚持的是客户第一的企业价值观，也就是服务于客户，为社会创造更多的价值。

二、重视诚信。无论是阿里巴巴还是马云本人，都不喜欢不讲诚信的人。在阿里巴巴运营最艰难的时候，马云发现“回扣”的事儿很暧昧，给某些人回扣，阿里巴巴就能够活下来，不给则有可能面临倒闭。于是，马云在刘庄专门召开了一次会议，一番艰难的抉择之后，终究还是做出决定：从即日起，公司永远禁止回扣现象，如果谁给了回扣，就请离开阿里。

三、使命感驱动。马云常说，阿里巴巴是使命感驱动的公司，是有着明确目标的公司。没错，阿里巴巴自成立以来，一直坚持服务于小企业，创造就业机会。而服务社会，造福社会，便是驱动阿里团队不断锐意进取的光荣使命和伟大目标。

四、敬业。阿里巴巴招聘员工时，比较看重应聘者的业务能力，但更注重其道德修养和敬业精神。领导者在看到一个人潜力的同时，也应该看到这个人是否有承担责任的勇气。

五、激情。激情是成就大业的催化剂，对此马云看得很透，他不止一次对阿里人说：你可以失败，可以失去一个项目，但不能放弃，就如一个普通工人，前一天夜里下班很晚，拖着疲惫离去，第二天清晨他又笑着来了，这就是激情。

六、同一目标。2003 年，“非典”爆发，网络商务价值凸显，阿里巴巴借势崛起。在灾难面前，文化产生的反弹力是巨大的，正是因为马云和他的团队有着同一目标，才能产生无与伦比的强大凝聚力，进而渡过难关，走向辉煌。

在马云看来，文化必须是在企业创立之初就应该流淌着的强大基因。马云告诫一些中小企业创业者和经营者：“不能到企业做大了以后才开始讲文化，到了中型企业才开始讲制度，企业必须从创业起就培养一种积极文化，这样才有可能把企业做大做强。”

商业的哲学智慧

在企业文化的创建和维护过程中，总会遇到诸多障碍，许多创业者往往会因为短期利益而放弃对企业文化的坚守。许多人敬佩马云的成功，看到马云领导下的阿里巴巴风光无限，却看不到马云为塑造阿里巴巴的企业文化所做出的各种艰难的抉择，以及付出的心血。

2011 年 2 月 21 日下午，阿里巴巴集团像过往一样召开了组织部门全体人员大会，会议上，马云宣布了一个可谓震惊朝野的决定——同意卫哲辞去 B2B 总裁职务的请求！

身为阿里巴巴最具实权的舵手之一，卫哲可谓一人之下万人之上，而他的离职却毫无征兆和无理可循，如果不是马云亲口说出缘由，恐怕没有人会料想到这次“整风运动”的实际诱因竟然是一句不起眼儿的“他妈的！”

原来，一个月前，马云收到一封员工邮件，一位女员工在邮件里随手写到：“他妈的，我还在看一个案子，个别员工可能涉及欺诈问题。”马云说，他当时很好奇，究竟是个什么案子，会让一个女孩子爆出如此粗口？简单了解之后，他觉得这件事并不简单，当即决定成立一个小组进行详细调查。

或许在别人看来，马云的做法完全是小题大做，把事情搞得太复杂了，闹得太大了。然而，马云却不这么看，他甚至觉得，这是他最大的忧虑之一。企业在做大，规模在扩张，而企业的价值观却处在衰败边缘，逐渐被淡化。员工更多地考虑自身利益，而忽视消费者的利益得失，这是很可怕的，长此以往，就像失源之水，断根之木，企业很可能有千里之堤毁于蚁穴的风险。

事后，马云曾说：“公司越大就越要靠文化来治理，制度也是为了强调文化。在这件事情上我是最痛的，比谁都痛。”不管怎样，马云把一件本来可能酿成企业危机的“总裁离职事件”，变成了一场传达价值观和企业软文化的“秀”，而且达到了发人深省的效果，这便是最好的结果。

中国的企业无论大小，在成长的过程中必然会遇到相同或类似的问题，任何企业想要锐意进取而不被时代的大潮所淹没，都要经受这种考验。

商业的现实思考

对此，马云总结道：“创业者光有激情和创新是不够的，它需要很好的体系、制度、团队以及良好的盈利模式，更重要的，是从创立之初就培植出一种奋进的文化，而这种文化，更需要的是传承和坚守。”

倡导快乐文化，提升团队活力

Judge 一个人，一个公司是不是优秀，不要看他是不是 Harvard，是不是 Stanford，不要 judge 里面有多少名牌大学毕业生，而要 judge 这帮人干活时是不是发疯一样干，看他每天下班是不是笑眯眯回家。

——马云

马云倡导快乐文化，主张工作不要太较真，快乐就行。一个人只有在快乐中才能不断创新，较真只会产生机械的绩效，形成更多的压力，引发更多的埋怨，把自己变成工作机器。只有把快乐的情绪融入工作当中，团队的活力才能够得到释放。

马云的精彩故事

阿里巴巴的宗旨就是“快乐工作，快乐生活”。实际上，在运营过程中，马云和他的团队也确实做到了微笑工作。走进阿里巴巴，你一定会发现，虽然十分忙碌，但每个员工都是面带微笑的，这种氛围让人感到舒适和愉悦。

马云所提倡的这种快乐文化吸引了很多人才的加入，其中不乏加入之前就已功成名就的精英，蔡崇信就是其中之一。蔡崇信有着耶鲁大学法学博士的才子光环，更有在跨国公司担任要职的优越背景，却甘心在 1999 年阿里巴巴还是个小公司的时候毅然加入其中。当他做出这个决定的时候，很多人都很不解，对此，蔡崇信给出的答案十分简单：“我很佩服马云，而且，这里有一些做事情的人，他们在做一件让我觉得很有意思的事情，所以我就决定来了。”

让一个精英人才放弃不菲的年薪，放弃潜力巨大的跨国企业，加入阿里巴巴从头再来，仔细想来，马云的人格魅力应该只是很小的一部分原因，而另一方面，正如蔡崇信自己所说，被阿里巴巴的快乐文化所吸引，这才是真正的动力所在。而这，也正是马云一直倡导的，他常说：“没有员工，就没有阿里巴巴，只有他们开心了，我们的客户才会快乐；反过来，客户们那些因愉快而说出的鼓励言语，又会让员工像发疯一样去工作，使得我们的网站持续发展。”

轻松愉悦的工作环境，更能让员工充分发挥自己的潜力，提高工作效率。马云在公司经常会带头营造这种轻松氛围，鼓励员工培养各种兴趣爱好，甚至由公司出资专门成立了十几个兴趣小组，打造不一样的快乐文化。

除此之外，阿里巴巴还会不定期地举办晚会，在为员工创造快乐舞台的同时，马云更是亲自披挂上阵，为博员工一笑而不遗余力。或是打扮成一个天真的公主，婀娜起舞；或是扮成另类的灰姑娘，让员工们惊叹之余，开怀大笑。

有领导的榜样作用和积极倡导，阿里巴巴的快乐文化自然维护得很好。每一个员工都能以愉悦的心情工作，业绩又怎么能不提升呢？

这就是阿里巴巴的企业文化，虽然简单但又一针见血。马云希望阿里巴巴吸引人才不是靠高薪和挖墙脚，而是靠企业本身的快乐文化。这是每一个企业管理者所应该深思和学习的。

商业的哲学智慧

员工是企业的主人，客户是企业的上帝，只有先让主人满意了，才会接着让客户满意。快乐文化正是激发团队活力、提升工作质量的不二法宝，有心的企业经营者总是能够打开员工快乐、幸福的源泉。

每一个去过海底捞的人都会感受到每一位服务员那发自内心的热情和微笑，他们将这种快乐和喜悦放大，感染、传递给前来用餐的客人。据统计，任何一家海底捞的普通门店，300 个客人里，有 200 个是回头客。海底捞背后特有的快乐文化吸引着大家前往。很少有人会把工作与“快乐”“幸福”联系在一起，但与海底捞的普通员工聊天，他们会情不自禁地蹦出这些词来。

每一位客人进入餐厅，迎面而来的服务员都会微笑着对你说“欢迎光临”，并一再让你当心脚下的台阶。客人一入座，服务员便递上围裙、给椅背上搭的衣服罩上罩子、贴心地为长头发的女性顾客递上扎头发的牛皮筋、为戴眼镜的顾客递上擦镜布。如果不幸遇上高峰期，一时没有空座位，海底捞就会提供免费的美甲、擦皮鞋、上网服务，让你舒舒服服地打发时间。在洗手间，有两名服务员“伺候”客人洗手，这边厢为你递上热毛巾，那边厢护手霜已经为你准备好。第一次去海底捞的客人总以为自己进了一家五星级酒店，而这里只是海底捞，一家有着自己特色文化的火锅店而已。

一位刚进入海底捞工作的员工驺凤丹形容自己的工作体验时蹦出的一个词是“幸福”，这个来自重庆的小姑娘曾经在电子厂工作，习惯了与一成不变的流水线和冰冷的机器打交道，性格很内向，有时候一天也不说一句话。来到海底捞，成为一名美甲员工之后，她却突然变得活泼起来了。她自豪地说：“单位为我们提供住宿，而且都有专门的阿姨帮我们打扫，生病了还会有人来看你，送上营养品。”驺凤丹兴奋地说着公司为她做的一切，“所以我工作的时候特别有热情，因为我心里很幸福，我希望每个客人都能和我一样幸福。”

这就是海底捞，将快乐文化发挥得淋漓尽致的一家餐饮企业。中国餐饮业员工的平均流动率为 28.6%，但是海底捞的流动率仅在 10% 左右，这和海底捞的员工至上、快乐至上的管理风格是分不开的。

正如松下幸之助所说，“造物之前先造人”，企业必须用更为人性化的管理思想和其与相对应的企业文化引领员工，以让企业充满活力。

商业的现实思考

马云说：我希望我们每一个员工都能上班像疯子，下班笑眯眯，而不是把工作当成负担，每天像个苦行僧一样活着。没有笑脸的公司是痛苦的。没错，只有在愉悦中奋斗，才是充满激情的，只有时刻沉浸在快乐中的团队，才能做到风雨同舟，团结共进，每一天都焕发出无尽活力。

不断强化企业的价值观和使命感

做企业就应该要诚信，做企业就应该要有使命感和价值观，否则我们没必要那么辛苦。我并不觉得我站在道德的高峰，我只是一个平凡的人，我只是一个创业者。

——马云

阿里巴巴的成功，是大时代下多重因素综合作用的结果，或许缺少其中的某一个元素，阿里团队依然能走向成功，但有一个元素却是无论如何都不能缺的，那就是马云不断强化的企业价值观和使命感。

马云的精彩故事

2007 年，记者问马云："创业过程应该有很多困难，你觉得你为什么会成功？"马云回答说："我认为，统一的价值观、使命感，还有共同的目标，是让阿里巴巴走到今天的重要原因。"

马云讲的统一的价值观、使命感并不是虚的，就如同将帮助别人作为阿里集团的真正使命一样，马云将为社会创造就业岗位作为阿里巴巴的又一重要使命。

2013 年，马云在韩国首尔大学做了一场题为《互联网不是赚钱工具而是改善社会的工具》的演讲。在演讲中，他说："创造就业是非常重要的，有人说，创造就业不是你的问题，是政府的问题。我认为这就是我的问题，1999 年成立公司的那天，我们有自己的使命，我对我们17个创始人说，我们在这里是因为我们想要帮助小企业成长。小企业是创造就业机会的主要群体，他们有无限的创造力，这是我们的使命。虽然我们今天壮大了，但是我们不能忘记第一天就开始的使命，就像初恋，通常是最美好的。

“最初的爱往往是最美的爱。我对自己说，我们在这14年来走过的艰苦日子，我们常常记着我们服务的是谁，是小企业。即使后来我们做淘宝，仍是在帮助小企业，因为淘宝上有900万小卖家。所以，这是要记住最初的爱，并持续下去，直到今日，我们都还在创造就业。”

商业的哲学智慧

作为一名企业家，马云在企业获得巨大成功以后，没有一刻忘记最初的誓言，而是随时随地持续强化阿里的企业价值观和使命感，继而凝聚起了几万阿里人。踏踏实实地将企业价值观和使命感落到实处的大有人在，这其中不乏一些知名的世界500强公司领导者。

在1929年12月底，美国上下陷入经济大恐慌之中，恐慌波及日本松下电器公司，公司发展每况愈下。当时，松下高层下决心裁员，虽然很不情愿裁掉曾经的战友，但大家都认为如果再不这样做，公司不久之后就会破产。然而，正在养病的松下幸之助先生听完汇报后，却忽地从床上坐起来：“不，员工一定都不能裁！”他大声说道：“作为公司高层，这时就更应该与全体员工同舟共济，共渡难关！人心难买，懂吗？”

沉默了一刻，老松下指示道：“员工一个也不许裁，工资照发，工人上半天班，要把公司面临的实际困难如实地告诉员工，请求他们的理解与配合。”随后，公司高层当众宣布了老松下先生的指示，并且当场烧毁了事先拟订好的裁员名单。结果员工都全力以赴、到处奔走，想尽办法推销公司的库存产品，不到两个月时间，居然创下了公司历年来最高的销售额。工厂恢复了全天运转，企业再现欣欣向荣的景象。

正是一手创立松下集团的老松下先生在企业发展生死攸关的时刻，坚持“困难面前，公司上下应该同舟共济，共渡难关”这一企业价值观，才在关键时刻激发了员工的潜力，最终使企业渡过难关。

商业的现实思考

马云说："一家公司一旦扩张到500人以上，仅仅靠财务、人事上的管理很难继续成长，必须借助统一的价值观聚集人心。"企业的经营者，只有在创业之初就培养属于企业自身独特的使命感和价值观，才能不断地凝聚人心，壮大自己的队伍，提升自己的业务。

融入企业文化，实现自身蜕变

公司发展到今天这个样子，它的文化确实很强势，不是文化来包容你，而是你去适应这个文化，并且进入这个文化以后去完善它，去丰富它。

——马云

使命感和价值观是企业文化的灵魂，当优秀的企业文化形成时，它不是虚的，它会外化成一个人的行为和做事的原则，自身行为与文化内涵不符时，不要指望改变文化，你要做的是去适应、融入企业文化。

马云的精彩故事

2010年11月29~30日，阿里巴巴召开组织部会议"百舸争流"，年轻干部们分为三组讨论和分析公司存在的问题，大家谈到企业文化适应性问题时，马云总结道："其实阿里文化是你的选择，你选择了这家公司，就要融入进去，让这个文化适应你，太累了。我想告诉大家，这谁也做不到。但是很多人讲，你们的文化不够包容！可我看到67%的员工生存率数据时，我觉得挺好啊，名品一定难养，因为难养，才是名品，否则都是杂草，一长就长出来了。这死亡率不算高。纠结率，假如按照某位同志描绘的60 %的纠结率，那是我们招人招错了，这些人本来就不应该进我们的公司，应该早就把他们fire掉，不fire掉他们是我们的错。

“文化，首先一点是你选择，然后你去完善，你点点滴滴去改变。我同意一位同事讲的，选择了，你就融入进去，融入进去以后，你才明白里面发生了什么事情。当然，你要彻底改，做M10也改不了。我哪有这么大本事，M10这个职责是大家委托我做的，我也在尽自己最大的努力进行完善。

“所以想跟大家讲，其实公司里面不要有新老之间的区别，就像去年公司10周年的时候我们提出的新商业文明，里面没有小企业大企业的区别，没有国企和外企的区别，没有民营企业和国企的区别，没有内资和外资的区别，只有诚信和不诚信的区别，只有努力和不努力的区别。

“假如我们的心态没有调整好，这个事儿就没法办了，我们总是在说阿里巴巴抵触新的人，请问在这儿有多少这3年以来加入组织部的人？

“看，几乎是一半以上，阿里巴巴还可以，否则这儿一大半全是老人，我们可不是这样的组织。为什么你们来3年了，因为你们选择了这个公司，适应了这个公司，而很多人却不愿意适应。”

商业的哲学智慧

正如马云所说，员工改变不了企业文化，只能去融入，适应文化，适应了才能看清发生了什么。努力地融入之后，也许，你会发现以前如同地狱的单位，瞬间变成了成就理想的天堂。

吉尔在一家贸易公司工作了一年，上司对他的年终评价令他很不满意，同事之间的关系也处得不好。“我要离开公司了，我恨死这个公司了，我的工作是最累的，但薪水却是最少的！最可气的是居然把最难搞定的客户都分给我。”吉尔气愤地对他的朋友约翰逊说。

“你对那家贸易公司的业务都清楚了吗？对于做国际贸易的技巧和窍门都掌握了吗？”约翰逊问道。

“没有！”吉尔沮丧地说道。

“那你还不能走啊，我觉得你应该先把他们做贸易的技巧、商业合同的写作等必备技巧学到手再走也不迟。这样你就可以跳到另一家公司拿到更高的薪水了。”

吉尔觉得约翰逊说得十分在理，于是决定忍辱负重，努力去跑订单。约翰逊点点头：“我举双手赞成，然后你再给这个破公司一点儿颜色看看。如果你现在走，公司的损失并不大。你应该趁着在公司的机会，拼命去为自己拉一些客户，成为公司独当一面的人物，然后带着这些客户突然离开公司，公司就会受到重大损失。”约翰逊坏坏地说道。

吉尔接受了约翰逊的建议，一改往日散漫的习惯，开始认认真真地对待起自己的工作了。事随人愿，半年后他有了许多忠实的客户，就连那些十分难搞定的客户也和吉尔建立了很好的合作关系。

快要过年的时候，约翰逊又遇见吉尔，便问起他是不是该准备跳槽了。“老总找我谈过了，对我今年的工作大加赞赏，说年后准备升我做销售经理，所以，我决定暂时先不跳了。其实，我们公司也挺好的。”吉尔不好意思地挠了挠头。

吉尔在朋友的劝导下坚持在公司“忍辱负重”干上一段时间后，发现了工作的乐趣，找到了公司的优势，最后发出了“我们的公司也挺好的”这样的感慨。

商业的现实思考

学会用包容的态度看待企业文化，如果自己的行为与企业价值不符时，多想想为什么别人可以适应，自己却不行，既然自己的能力不足以改变企业文化，倒不如踏踏实实地适应它，融入文化之中。因为，改变自己远比改变别人容易得多。

犯错不怕，失去原则最可怕

一切梦想与成功一定和眼泪和汗水有关，害怕竞争就不该做商业。阿里从不因利益而改变自己，更不会因为压力而放弃原则，我们宁可关掉自己的公司。

——马云

在企业发展过程中，一些经营者可能会为利润或者优惠政策而放弃了自己一直坚持的经营原则，殊不知，一时放弃原则，会使自己永远失去原则，只有自始至终坚持原则的企业，才能受到客户的尊重和信赖，并最终获得成功。

马云的精彩故事

2011年2月，阿里巴巴（B2B）宣布，公司在2010年清理了约0.8%逾千名涉嫌欺诈的“中国供应商”客户，公司CEO卫哲和COO李旭晖承担责任引咎辞职。这是在阿里巴巴内部影响很大的一场风波，阿里巴巴绝不允许员工触犯商业诚信原则和公司价值观底线。

2月25日，马云在淘宝年会上做了演讲。对于这件事，他说：“大家也知道，过去的一个月确实是我最艰难的一个月，过去的四五天好多了。Savio（关明生）曾经讲过，人最难的是做选择。做决定之前是非常难的，做出决定后其实不难。过去的三四天已经不难了，不难是因为阿里人不管外面人怎么看，不管外面人怎么说，我们知道自己在做什么。

“2010年好像是我12年来最早放年假的一年，我提前了三四天离开公司。往年我会到各公司转转，跟大家合影，对不起，今年我没来，因为我需要一段时间去思考。

但是我天天在网上看着大家。我很内疚、很难过，但我知道内疚和难过、道歉都没用，最好的歉意是行动，用行动证明我们怎么去道歉。我为阿里做出这样的行动并且坚持原则而感到骄傲，感谢大家的信任！纠结、愤怒、难过、痛苦，是人的问题。做事情是最容易的，做人是最难的。这几天我在想，我们这儿的卫哲、ElvlS 、邓康明，还有我们很多称为区域经理的，每个人正在为此承担责任。

“大家想的不是拍校长马屁、不是拍谁的马屁，而是坚持原则。我为阿里做出这样的决定并且坚信这样的原则而感到骄傲。感谢大家的信任，再次感谢大家！

“做这个决定后，我也看了不少评论，说阿里巴巴一定是政治斗争，几种利益团体角逐，最后达成这样的协议。真是太复杂了，哪有那么复杂？感觉像拍电影似的！

“其实阿里人很简单，坚持原则！我们可以犯各种各样的错误，产品不成功，没收入，服务没做好，客户抱怨、投诉，这些错误都可以犯，但我们不能在原则上犯错，今天不行，明天也不行，后天更不行。

“所以记住，什么是底线？价值观是底线，使命是底线。”

商业的哲学智慧

正如马云自己所说，他不仅在做企业时，宁可不干公司，宁可被冤枉、受委屈也必须坚持原则，而且在生活上也是如此。“路见不平一声吼，该出手时就出手。”这也是马云所坚持的生活原则。

马云在其来往的扎堆中，讲了自己的一件小事情，他是这么描述的：早上，他坐他夫人的车行驶在杭州西湖北山路上，正感慨西湖之美时，突然前面一辆车从车窗里扔出一个牛奶盒子，四溅的牛奶撒了一地。他和夫人大怒，开车超越，并在前方停下，马云步行前往喝停那车。车内三人，本来想抵赖，但司机突然说：“你是马先生？对不起，对不起！”马云回答：“要对不起的不是马先生，而是美丽的环境！”事情虽然很小，但可见其一贯坚持保护环境的做法和原则，以及路见不平仗义执言的责任感。

这样“路见不平”的小事，在18年前马云还未成名时也发生过。1995年，杭州一家电视台做了个小测试，派人到马路上去撬窨井盖，看看有没有人会站出来制止。那天唯一一个勇于站出来的青年，名叫马云。他骑车来回绕了好几圈都找不到警察，就指着撬井盖的人一边怒吼“给我抬回去!”一边跨上自行车，随时准备逃跑。事隔多年，视频在网上流传开后，很多网友称赞说他很正直，很有社会责任感，还称每一个成功者总有与众不同之处。

俗话说，以小见大。正是从点点滴滴的小事中反映出马云身上坚持原则、毫不妥协的优秀品质，也正是这种坚持原则的品质被他用到企业的管理中，阿里巴巴才拥有那么多的忠实客户。

商业的现实思考

马云不无骄傲地说道，阿里人生存下来的方法很简单，那就是死死地坚持自己的原则和底线。企业不要为了利益为了赚钱放弃自己一直坚守的原则，也许今天的放弃会因小失大，让企业悔不当初。只有又傻又天真地坚持自己的原则，才能又猛又持久地发展下去。

反省是学习进步的过程

你还年轻，20 世纪 80 年代的人还需要摔打，不管做任何事，更要从主观原因检讨自我。

——马云

对于企业来说，发展过程中的失败和挫折是难免的，但失败和挫折对于任何一个人来说，都是痛苦的，都会让他们陷入沮丧和失望的情绪中，甚至失去前进的勇气。

马云说："反省是创业者的一种能力。"与其被沮丧的心情左右，不如冷静下来反省自己失败的原因，毕竟，检讨出错误才不至于在同一个地方再次翻跟头。

马云的精彩故事

马云曾经说："阿里巴巴最大的财富不是我们取得了什么成绩，而是我们经历了这么多失败，犯了这么多错误，我说阿里巴巴一定要写一本书，这是阿里巴巴曾经的错误。这些错误，你听了会笑着说，那时候我们也犯过。所以有一天如果有重要项目就不要派常胜将军上去，要派失败过的人上去。失败过的人，会把握每一次机会。"

失败的感觉是痛苦的，滋味是苦涩的，但它却包含着甘甜的道理。失败是成功之母，而反省则是胜利之父。失败会逼着人们不断地去思考自身的不足，因此，创业失败后的检讨也是一种探索与学习的过程。

阿里巴巴创立之初，正值互联网泡沫盛行之时，在巨大的利益诱惑下，阿里巴巴开始急速地扩张，以至于在互联网泡沫一夜之间破裂之后，不得不进行裁员。2002 年，阿里巴巴的资金链出现了问题，公司所拥有的资金只够维持 18 个月的企业正常运转。当时，阿里巴巴网站的许多用户都还在免费体验他们的服务，公司并没有什么盈利能力。此时连马云在内的阿里巴巴等高层也陷入了迷惘，不知道该如何获利以维持企业长久发展。关键时刻，马云反思互联网泡沫时期急速扩张之后不得不裁员的失败经历，这次他再也不敢冒险，恰巧那时候，团队开发了一款产品，为中国的出口商和美国的买家牵线，正是这项业务拯救了阿里巴巴。

到 2002 年年底，阿里巴巴终于开始盈利，跨过了企业发展的盈亏平衡点。自那以后，公司的经营业绩每年都在提高。

智慧的人看到别人犯错时，应该学会反省自己，要知道，经验就是体验、反省的过程。如果创业者能将犯错当作是反思、积累经验的过程，就一定能够冲破难关，取得更大的突破。

商业的哲学智慧

自我反省确实可以使创业者吸取教训，迅速进步。

成功者具有一个共同的特点：即使在人生境遇的最低谷，他们也不会得过且过，反而会因为困难和挑战，更加认真地检讨过去，努力地把握当下，并充满激情地创造未来。

美国有一位著名的大器晚成者——肯德基创始人桑德斯上校。他 5 岁丧父，14 岁开始流浪，65 岁退休。退休时，他身无分文，而他拿到的第一笔救济金也不过 105 美元而已。但是，他没有丝毫懈怠或得过且过，而是心平气和地问自己："我还可以做出什么贡献?"

桑德斯上校自行研制了一份独特的炸鸡秘方。随后，他开始向各家餐馆推荐："我有一份上好的炸鸡秘方，如果你能采用，销售额一定会增加，而我希望能从增加的营业额里获得提成。"然而，他得到的只有嘲讽："如果有这么好的秘方，你又怎么会穿着如此破烂的衣服?"但是，桑得斯上校并没有放弃，而是不断改进自己的说辞，以更有效的方法去说服下一家餐馆。终于，有一家餐馆答应尝试他的秘方。

而在这个"尝试"达成之前，他奔波了两年。他到处推荐他的炸鸡秘方，并示范如何制作炸鸡。在那家餐馆接受尝试之前，他已经被拒绝了 1009 次。

上校活到了 90 岁，即便在去世前一天，他仍然在努力工作。桑德斯的美誉和成就享誉全球。他的成就显然与他的态度息息相关：无论当时的情况有多遭糕，他都满怀工作的激情和成功的信心。他说："很多人因为闲散而生锈，如果我因闲散而生锈，我会下地狱。"

一个人之所以成功，除了需要具备必要的能力之外，还需要具有不断反省、不断完善自我的能力。成功者正是因为不断反思，所以才绕开陷阱，开创未来，然后目之所及，皆是机会。

商业的现实思考

马云的“七剑下天山”中第五剑这样写道：“在武侠世界里，真正的领袖都具备这样的特点，融汇百家之所长，最终成大器。”对于经营者而言也是同样的道理，不仅要反思自己的错误，还要善于吸取别人失败的经验。由于反思得多，学习的东西才多，领悟到的东西也比其他人多，最终成为成功者。

人才是企业最宝贵的财富

B2B 今天最值钱的东西是员工，不是我们的机器，不是我们的流量，更不是几十亿元营业额，而是我们的人。

——马云

一个企业是否具有竞争力，不是看它有多少先进设备、多少资产、服务多少大客户，而是看它是否拥有一支高水平、高素质的人才队伍。只有依赖于人才的有效分工与合作，企业才能有序运转。马云的阿里巴巴越办越大，是因为他的企业内有一批自始至终追随他的高素质人才。

马云的精彩故事

2012 年马云在 B2B 员工大会上发表了一段讲话，表述了自己和阿里集团对人才队伍建设的看法。

他说：“B2B 今天最值钱的东西是员工，不是我们的机器，不是我们的流量，更不是几十亿元营业额，而是我们的人。

“这些人如何保护好？最好的方法就是让他们成长起来。在集团的几次会议上，各个总裁开会，讨论最多的是如何给B2B的同事一个成长发展的机会。所以我们打开了全集团的门，集团所有的公司，B2B同事你愿意去哪，都可以去，当然人家要不要你是另外一回事。

“原则上我们打开这道门，考虑最多的是这批年轻的同事，让大家有更多的机会，机会首先给阿里人。今年只招200个新人的一个很重要的出发点，就是给B2B的同事留下机会，否则各公司总觉得外面的人比我们好。而我总觉得我们的人比外面的人好。你们没看到我们出去的人到外面去都当官吗？来的时候，我在内网上看到一个同事发帖说很郁闷，他下面的人出去，去了腾讯，加工资，升了官，只有他在阿里巴巴没有加工资。本来他早就想走了，就是因为房子在杭州，所以不走——这种纠结很正常，我感谢这位同事把真心话讲出来。

“有没有纠结？每个人都有纠结，娶了一个老婆，发现另一个女孩更好，对不对？按照陈伟的说法，谈情说爱看别人的优点，谈婚论嫁看别人的缺点。我们“嫁”了这家公司以后，这个公司一定有很多不满意的地方，但是你得明白这个公司有没有改过自己的使命？有没有改过自己的目标？有没有尽心尽力去改善？

“我作为这家公司的CEO，从没改变过客户第一、员工第二、股东第三的想法。我也没看到阿里巴巴集团各位高管在一起开会的过程中，把员工利益放在最后。纠结一定有，而且这种纠结也很正常，我也有很多的纠结，但是我已经“嫁”给他了，只能完善自己，完善公司。

“大家提出的各种各样的建议，我们都接受，至于改不改变，我觉得需要共同努力。我们常常只看到了别人好的地方，没看到别人付出的巨大的代价。

“阿里要学的东西很多。在座每个人，今天只是The beginning，刚刚开始，我们在座的每个人都反思一下：互联网思想有没有？这个团队的互联网技术用得好不好？我们是不是真正帮客户成长了起来？

商业的哲学智慧

电影《天下无贼》中的黎叔有句风靡全国的话：21 世纪什么最贵？人才！小偷都已经注意到人才的宝贵，何况在职场或事业中拼搏的人们。发现人才、得到人才、用好人才、留住人才是企业经营和职业发展中最重要的课程。在这一点上，我们看看胡雪岩是怎么做的。

钱庄是胡雪岩的第一桩生意，之后他有了自己的第一家当铺公济店。事实上，胡雪岩本人是钱庄伙计出身，对典当行业并不熟悉，不熟不入是生意人做生意的一般原则，胡雪岩旗下的钱庄有个员工朱福年原是典当行业熟手，胡雪岩在与他一番交谈之后，下定决心开当铺。

在中国历史上，典当业的管家几乎都出自徽州——这同时也是朱福年原籍，朱福年从小耳濡目染，自然熟悉典当业的行情。胡雪岩从朱福年那里知道了许多有关典当业的运作方式、行规等常识，了解到典当业利润丰厚，而且典当业无论时局好坏，都有生意可做，是一个比较稳定的行业。

朱福年为胡雪岩描绘了开办典当行的经营画面，胡雪岩经过考察确认后，放手让朱福年替自己留心典当业方面的人才。而自己一回杭州，立刻就在杭州城开设了自己的第一家当铺公济店，然后在朱福年等人的帮助下，胡雪岩的典当行发展到 20 余家，其范围包括浙江、江苏、湖北、湖南等华中、华南大部分省份。胡雪岩旗下的典当行收入成为仅次于钱庄的第二大经济来源。

胡雪岩曾说过，做生意一定要做得活络，在用人方面他更是如此，敢于放权就是胡雪岩一个很重要的特点。胡雪岩不仅启用朱福年，而且能大胆放权给朱福年去寻找行业内的专业人才，吸引许多立志于在典当行业干出一番成就的人加盟，逐步打造了一个较大规模的人才队伍。

商业的现实思考

信任人才，放权给人才，使每个人得到有效的分工，才能通过人才得到想要的结果，这样的道理从工业革命后流水线作业开始就得到了印证。在知识爆炸的今天，每个人不可能，也没有必要做所有的事情，企业只需要重视人才，培养人才，便可以通过人才干出一番大事业。

重视员工，小企业也要培养企业文化

上等公司治理靠文化，中等公司靠制度，下等公司靠亲友义气。很多公司的文化是在说墙报、杂志和活动。文化是虚的，必须做实。

——马云

企业文化是企业发展的DNA，它决定着一个公司的性格和命运。很多公司在创业之初招聘员工的时候只谈工作内容、薪资和能力，几乎不谈公司的使命和文化，这让公司从一开始就缺少凝聚力，等到企业壮大之后再培养文化，难度很大。因此，小企业也应该培养大文化。

马云的精彩故事

宁波一位网络ID号叫“菱角”的小型五金制造厂老板，把心里的疑问摆上“云计划”，向马云发问，引起了众多小企业经营者的关注。

她说："我们这些小厂子，在员工管理上总感觉到有些问题。"同时感慨阿里巴巴员工"在激动人心的标语下总有很亢奋的氛围"，但自己公司员工"对待遇总不满足，人心不齐，没有为企业考虑得失"。她表示，大企业靠文化，中型企业靠规章，管理员工都很有效，而"小企业靠老板自己来管"很难实施下去。和"菱角"一样，怎样调动员工的积极性，成为许多小企业面临的问题。

马云表示自己很理解他们的困惑，但不认同"菱角"的管理思想。马云说："阿里巴巴的文化不是靠标语贴出来的，不是管理者贴给大家，而是员工的自我激励。"马云认为，员工的自我激励源于企业文化，而大企业的这种激励文化是企业建立之初就培养起来的。"不能到企业做大了以后才开始讲文化，到了中型企业才开始讲制度"，他告诫小企业经营者，第一天当老板，就要培养这样一种文化，有了文化的促进，才有可能把企业做"大"，企业做"大"以后，文化的作用会更加明显。

如何从企业创立之初就逐步培养企业文化，马云的建议是：重视自己的员工。他提示小企业经营者："我们永远要明白这个道理，老板的客户有两个，第一个是外部客户，第二个客户就是员工。"在马云眼里，企业的价值和利润都是由员工创造出来的，而老板要做的是：为员工创造独特的价值观，让员工感受到"我不是你的机器，我是一个活生生的人"。马云还建议，小企业老板也要多去倾听员工的想法，使员工的基本生活保障得到满足，让员工得到荣耀和有成就感。物质激励只能满足员工的物质需求，并不能让他产生幸福感。"幸福感是让他们有信仰，让他们相信公司对社会和客户是有贡献的，而自己对公司是有贡献的——这样的员工容易管理"，如果小企业可以做到这一步，那它的企业文化就建成了。

商业的哲学智慧

良好的企业文化会让员工形成一种归属感和使命感，同时，良好的企业文化也会培养出具有非凡能力和魅力的员工，促进企业发展。

被誉为全球第一位女 CEO 的惠普前首席执行官卡莉·菲奥莉娜，当年从法学院退学后，曾在一家叫马库斯—密里查普的房地产经纪公司做接待员，负责迎送客户、接打电话和打字等工作。虽然薪水不高，但是她对这份工作十分投入。

一天，一位客户来到马库斯—密里查普房地产经纪公司，表示在与多家公司接触后，更愿意与该公司合作。他的理由是，在他向公司致电咨询时，菲奥莉娜表现出非常友好的态度，并积极地给予他许多帮助。

除了完美地做好本职工作外，菲奥莉娜还竭尽全力地做好老板交代的其他工作，比如起草计划书、参与财产审查与评估、与潜在客户进行电话接触等。这些工作甚至占用了菲奥莉娜很多私人时间，她的家人对此非常不满，他们认为仅仅领取接待员的薪水，而付出这么多非一般的努力，是非常不值得的。但菲奥莉娜却认为，应该更关注工作的潜在价值，并做出更多的贡献，而不是工作存在的某些缺陷。

后来，马库斯和密里查普两位老板为菲奥莉娜发了丰厚的奖金，还安排她接受公司培训，将她培养成为一名高级职业经理人。此时，她的薪酬水平已远非担任接待员时所能及。更重要的是，对工作潜在价值的追求以及努力创造价值的精神，推动着她走向职业的巅峰。

菲奥莉娜成功的奥秘在于：在相同的工作岗位上，创造出超出他人一倍甚至几倍的价值。企业恰恰是根据劳动价值来为员工支付对应的酬劳的。同样，真正能够让老板为你的物质需求买单的，也是你的价值。当一个人无法提供公司所需要的价值时，即使个人希望获得优厚的薪资待遇，即使在现实中看起来有着多么正当的理由，也都是不现实的。我们应该认清这一点，企业毕竟不是慈善机构。

你不必担心自己的努力会被忽视，更不用费尽心机地说服老板，让他接受为你加薪的理由，因为没有老板不喜欢能干的员工。如果你的职业精神够好，职业能力够强，你的老板不会视而不见，早晚你会受到老板的关注，包括你的薪水。

我们在谈企业文化时，是双向的，企业本身需要如马云所说的重视企业文化的建设，让员工有价值感和使命感；同时，对于员工来说，我们也需要像卡莉·菲奥莉娜一样提升自己的职业素养，抱持更为积极、健康的工作态度，以与企业的文化相互滋补，共同提升。

商业的现实思考

企业应该从第一天开始就重视员工，努力培养一种优秀文化，用文化来指导企业的规章制度；而员工则应该如歌德所言：“你若要喜爱你自己的价值，你就得给世界创造价值。”只有企业和员工互相配合，才能最大限度地互利共赢。

第 03 课

领导哲学——用养孩子的心来带人

对员工开诚布公、真心相待；尊重技术，甚至花重金培养能够超越自己的下属——坚守这样的育人和用人哲学，是阿里巴巴成功的一大秘诀。

CEO是用来承担责任和失败的

只有两种情况下你是CEO：第一，你做决定的时候是CEO，平时你不是CEO；第二，在你犯错误的时候，你是CEO，你要承认自己的错误。

——马云

亚马逊创始人贝索斯称赞马云是中国最好的企业家，因为马云一改以往中国互联网管理层只让老板满意而忽略客户感受的做法，实实在在地把客户利益放在第一位。马云所谓的当上领导后很孤独，话语背后体现的是他的经营哲学——CEO不是用来享受成功的，而是用来承担各种失败以及相对应的责任的。

马云的精彩故事

经过2011年的饱受争议和2012年的沉默不语，2013年年初，马云接受了访问，主要谈他的商业王国，他的管理艺术，他作为领导者的孤独感。下面是采访者关于他谈领导和责任时的部分摘录。

ESQ：这两年，虽然你自己说自己已经放得很开，但大家还是会说，马云才是最终的解决方案，马云出来解释，马云出来面对大众、面对媒体，也只有他有这个能力和魅力。

马云：这不是我的能力和魅力，而是我的责任。在公司碰到这样的情况时，犯错是可以的，但责任是谁来承担？不是因为我是马云，而是因为我是这个公司的CEO。商城事件，当然我来承担责任。他们承担责任没有用的。卫哲的事情，不是卫哲在承担责任，承担责任的是我。大家不明白这个道理。少了个卫哲把我给折腾死了，把老陆移过来……死去活来。外面的人都不明白这种痛苦的。这才是责任。难道我今天要自罚100万元，还是降两级？

ESQ：是不是我可理解为：马云不一定是最终解决方案，但他是最终责任人，所以他才会……

马云：第一，我一定不会是最终解决方案，这个公司的解决方案，最后处理商城事件不是我处理的，我只是出来讲一些话，我只是出来给媒体和同事做个交代，给社会做个交代。

解决方案的不是我，是邵晓峰，是张勇，是王帅他们这帮人，是公司的各个中层去解决的。我只是飞回来，事情搞得这么大，我需要回来，说，这是我的责任……我来沟通大家会听。

不管大家信不信，但大家想听见我的声音是什么。

所以我并不觉得我是最终的解决方案。但是内部讨论的时候我会表达我的看法。最后解决是他们解决。因为CEO的职责就是承担责任。我的理解是，我作为CEO付钱给他们是要他们解决问题，大家付钱给我是要我承担责任。我为这个公司的未来承担责任。我来承担责任没有问题。道歉，是错就要道歉。至于团队内部的责任，他们会自己全部解决。

商业的哲学智慧

因为马云是阿里集团的CEO，所以他必须承受一切质疑和压力，必须忍受孤独，忍受委屈。作为阿里的CEO，责任感驱使他必须去解释，去面对大众。一个人责任感如何，决定着他在工作中的态度，影响着工作的好坏与成败。敢于担当、勇于负责的人，才能把事情办好，取得事业进步。负责任是一个人做成大事的基本条件。

主动承担错误，就可以在获得别人的谅解和帮助的同时缓解自身压力；此外，还能积累经验和教训，使自己在错误中得到成长。

1920年，当时11岁的里根在一次踢足球时，踢碎了邻居家的窗户玻璃，邻居向里根要求12.50美元的赔偿。知道闯了祸的里根没有逃避责任，勇敢地向父亲承认了错误。父亲告诉他要对自己的过失负责。里根为难地说："我没有钱赔给人家。"他的父亲拿出钱并对他说："这钱我可以先借给你，但是一年后要还给我。"

里根答应了，从此每逢周末，他便外出打工赚钱，经过半年的辛勤努力，他终于把钱还给了父亲。里根后来成为了美国总统。

每次想到这件事的时候，他会说："承担过失，并通过自己的劳动来补偿，使我明白了什么是责任。"

美国田纳西银行前总经理特里提出："敢于认错本身就具有很大价值。敢于承认错误，就是敢于担当，就是有责任心。"这就是特里法则。一个人可以不伟大，可以不富裕，但不可以没有责任感。只有那些敢于承担责任的人才有可能被委以重任。

商业的现实思考

在企业出现问题时，总是需要有人勇敢地站出来承担责任，而此时，责无旁贷的只能是企业的领导者。一个勇于担当的经营者才具有强大的人格魅力，才能胜任高难度的工作，才能将企业经营得更好、更出色。

对员工坦诚相待，以心换心

你想把别人绑住是绑不住的，绑得住人绑不住心。要的是他心甘情愿留下来，强扭的瓜不甜。

——马云

俗话说："士为知己者死。"在任何一个企业中，要想让员工真心诚意地将公司的事当成自己的事来做，将公司的利益当成自己的利益，企业领导者对待员工的态度起着至关重要的作用。如何引导好每一位员工，说到底就是能否做到对每一位员工都坦诚相待，以心换心。

马云的精彩故事

马云刚开始做中国黄页的时候，有一次还有几天就要发工资了，但因为资金紧张，账面上的钱不足以发放员工的工资。面对这种情况，他没有像别的老板一样找各种借口拖欠员工的工资，反而很坦诚地将公司目前所面临的困境告诉了所有员工。面对马云的真诚，员工们非但没有一点抱怨，反而工作热情更高，并且表示就算是再有几个月发不出工资，他们也不会辞职。虽然马云最后还是按时给员工发放了工资，但是这种对员工坦诚相待的做法，却被他作为一项原则保留了下来。

2005 年，阿里巴巴并购雅虎中国，当马云刚踏进雅虎中国的办公室时，他从几百名员工的眼中看到的是迷茫、沮丧、愤怒……

面对大家的表情，马云真诚相待，他说的第一句话是："首先，我很抱歉，因为制度要求，我不能预先跟大家做沟通；其次，请大家给我一个机会、一些时间，留一年下来观看；最后，希望大家在一个有空调、像公司的地方舒舒服服地上班。"

为了消除阿里巴巴与雅虎中国员工之间的隔阂，在宣布并购一个月后，马云用专列将雅虎中国的几百名员工请到了杭州。他们到达杭州后，马云十分真诚热情地接待他们。为了迎合他们的生活习惯，马云准备了"中西合璧"的早餐：一个小袋子，里面装着两个热包子、一瓶旺旺牛奶，外加一包口香糖、一包餐巾纸。同时，十几辆大型豪华客车已经排队在站外恭候雅虎中国员工的到来。在车队经过的马路两侧，挂满了“欢迎雅虎回家”的条幅。

虽然表面上很融洽，但两家公司在文化上的巨大差异是根深蒂固的，这导致了双方抵触情绪的产生。阿里巴巴的竞争对手也在暗地里不断地挖人，马云感到并购宣布以来最黑暗的时期到来了。于是，他把雅虎中国的所有员工召集在一起开会，提出较高的“离职”补贴政策：离职的员工可以获得“$N+1$”个月工资的补偿金——N代表该员工在雅虎中国工作的年数，并且期权可以全部套现。最后只有4%的员工选择了离开，大部分员工都被马云的诚意所打动，选择留下，并且更加卖力地工作。

马云这种坦诚相待的做法，换回的是阿里巴巴所有员工积极并富有激情的工作态度。

商业的哲学智慧

马云之所以能够把大批优秀人才聚在阿里巴巴，打造出一支富有战斗力的团队，推进阿里巴巴的快速发展，与他对员工坦诚相待的态度不无关系。一脉相通的是，许多伟大企业的经营者或管理者都将“坦诚对待员工，以心换心”作为提升个人领导力的必修课。

“当员工100人时，我必须站在员工的最前面，身先士卒，发号施令；当员工增至1000人时，我必须站在员工的中间，恳求员工鼎力相助；当员工达到1万人时，我只有站在员工的后面，心存感激即可；如果员工增到5万~10万人时，除了心存感激还不够，必须双手合十，以佛的虔诚之心来领导他们。”这是松下幸之助在提到如何领导员工时说的一段话。他是这样说的，也是这样做的。

1922年，在松下幸之助建成最早的正规工厂里发生了一件事。那是在年末，照惯例要进行大扫除。松下幸之助在巡视时注意到，工厂有50多名工人，竟然没有一个人去打扫厕所。他察觉到工人们好像有些对立情绪，劳资关系有点紧张。

松下幸之助选择的解决策略是：自己去打扫厕所。这样，他在把厕所打扫干净的同时，也把劳资关系上的紧张气氛一起扫掉了。他说：“打扫厕所时，我体会到，自己如果没有考虑到工人的想法就生气，并表现出自己的急躁情绪，给人的印象会很不好。作为工厂的主人，必须率先做出榜样。我亲自打扫厕所就起到了缓和紧张局面的作用，同时我也得到了一个重要的启示：作为主人，不能仅仅依靠权力管理他人。当然，我的收获还远远不止于此。我还懂得了培养谦虚精神和耐心的重要性，而且如果在经营中以身作则，你可以得到很多意想不到的效果。"

松下幸之助经常说："员工和经营者，是公司经营车上的两个轮子。只有当两个轮子处于协调、均衡状况时，我们才能真正得以生存、发展和繁荣，厂方和员工也能得到收益，两方面本来就是相互依存的。"言下之意是在企业经营过程中，经营者与企业员工同等重要，只有搞好了两者的关系才能推动公司顺利发展。为此，松下幸之助做了一系列的努力：1965 年，松下电器先于日本任何其他大企业采取 5 天工作制；1966 年实行男女工资平等制，废除年功序列制；为员工设置较充足的教育设施和活动服务设施；在 1926 年的世界经济大危机中，松下坚决提出，一个工人也不能裁，并实行半日制生产，而工人工资则按全天支付。

因为松下幸之助时常站在员工的角度思考问题，以心换心，员工们才有了激情和凝聚力，才能把松下公司打造成日本最优秀的电器公司，并且走向世界。

商业的现实思考

企业经营者对自己的员工应当像兄弟朋友般坦诚，以心换心，重视员工的利益。任何冠冕堂皇的谎言都不如一句真话能打动员工。谎言的代价可能是失去信任，一无所有，真话尽管残酷，但可以赢得掌声。

人才成长是公司发展的关键

阿里巴巴缺乏的是什么？缺乏的是人才，包括人的理想主义色彩、人的开放、人的成长，这才是最关键的。

——马云

马云说，员工是企业的第一产品，其次才是其他，可见他对公司人才的重视程度。人才成长的速度与企业的发展程度是正向的。对于成功的企业来说，与其花高薪去“挖走”对手的员工，不如踏踏实实培养自己的“本土”人才，用他们的成长推动企业的发展。

马云的精彩故事

2014年2月14日，马云在来往“江湖情”扎堆上撰文，说员工才是公司第一位的产品。他认为，公司的成长和发展靠人才，但从对手手里“挖”过来的人才不靠谱，自己聘请和培养有巨大潜力的员工才是最值得和正确的选择。他说：“经济社会发展到今天，企业之间已经很难避免员工互相跳槽了，但企业发展的正确方法是一定要努力培养企业自己的人才梯队。培养人才很累，也很难，并且花时间和精力很多，但迅速发展起来的东西也容易迅速衰退。反之，脚踏实地慢慢发展起来的企业，倒下去也是慢慢地倒。招有潜力的员工，在他们身上花时间，训练他们改变自己，提升自己，超越自己永远是老板的责任，也是最值得和最正确的投资。”

孔维青，2002年5月被招入阿里巴巴。他知道做网络技术这行最多到35岁就不能编代码了。孔维青为自己设计的职业生涯是：20～25岁学习知识，25～30岁努力做产品，30～35岁做技术管理，但阿里巴巴的工程师有几百人，在阿里巴巴集团做网络技术，空间很大，挑战性更大，竞争也非常激烈。当年和孔维青一起进来的30个工程师，有一半中途辞职了。孔维青是幸运的，他被分配做搜索引擎时，阿里巴巴“搜索引擎之王”——首席技术官吴炯亲自教他，并逐步带他入门。搜索引擎项目一共由6个人做了半年，其中3个人做核心技术，3个人做应用支持，资金投入并不大。最后出来的产品比吴炯当年预期的好很多。老师好，同事之间相互帮助；公司的机会多、挑战多，这就是孔维青快速成长的原因。这之后孔维青做了 B2B，紧接着一路做淘宝、支付宝，一个又一个挑战使孔维青兴奋异常。2005 年 6 月，孔维青就推出了在国内处于领先水平的新产品。在阿里巴巴的 3 年里，孔维青前 2 年学习，第 3 年做产品，勤奋加幸运使孔维青的成长速度十分惊人。3 年后，25 岁的孔维青已经是阿里巴巴工程技术部的主管了。

阿里巴巴就是这样，不仅招聘有发展潜力的人才，还为其提供好的平台让其锻炼，快速促进员工的成长，实现员工个人和企业的共同发展。在阿里巴巴，类似孔维青的例子很多。

商业的哲学智慧

任何一家大企业，都知道让人才持续成长的重要性，华为也不例外。在华为，每个人都要积极进取，否则就会被淘汰。华为在选人上将人的发展潜力列为第一考虑要素。

任正非曾说过："人才的发展潜力是最重要的。"任正非不仅仅意识到了人才发展潜力的重要性，还将之付诸实践。任正非要求华为公司在招聘、录用的过程中，首先注重员工的素质、潜能、品格、学历，其次才是经验。胡红卫从一名通信领域的"外行"成长为华为副总裁的经历，就是任正非重视发展潜力选拔人才的典型案例。

1991 年，胡红卫从中国科技大学毕业，通过华为的招聘考试后，他幸运地成为华为的正式员工，也是华为的第 31 名员工。之所以说他"幸运"，是因为胡红卫在中国科技大学学的是精密仪器专业，而华为主要做通信行业，显然他的专业不太对口。作为一个"门外汉"，胡红卫心里难免有点忐忑不安。

可是，专业问题并没有成为胡红卫晋升的阻碍，任正非看重的是他的潜力。进入华为以后，胡红卫从最基层干起，以技术员和助理工程师的身份，参与了华为 C08 数字程控交换机的开发，又先后担任了产品试制段长、计划调度科长、仓库部主任、生产部经理等职务。在不到 4 年的时间，胡红卫就因出众的个人能力，被提拔为制造部总经理、计划部总经理。1995 年，胡红卫荣升华为副总裁，完成了令人惊叹的职位“大跃进”。

事实证明，任正非的这一举措是高明的。华为靠着跟胡红卫一样没有经验、初出茅庐的应届毕业生，充分发挥他们敢干敢想、愿意从基层做起的优秀品质，实现了企业的长远发展。因此，任正非坚持认为，一个有潜力的人才更甚于一个客户或一项技术，宁愿牺牲一个客户或一项技术也要换来一个可以快速成长起来的人才。任正非说：“一个有创造性的人才可以为公司带来更多的客户。”

如今，任正非更加强调华为的 HR 要具备“伯乐”的独到眼光和识别能力，慧眼识珠，看准“千里马”，不要让德才兼备、有发展潜力的人才被埋没。

商业的现实思考

人的成长是企业发展的核心力量，企业经营者应该认真思考自己需要什么样的人才，同时不吝于对公司人才发展的投资，像任正非那样，宁愿错过一个项目、一个客户也不要埋没一支日后能够为自己创造宝贵财富的“潜力股”。

成全你的下属，让他们走在最前面

在公司内部找到能够超过自己的人，这就是发现人才的重要办法。

——马云

好的企业领导者，并不惧怕企业中出现能力比自己强的人，反而，他应该庆幸，因为公司除了他之外，还有人可以承担重任，引领公司的发展。同时，作为企业的领导者，应该有一颗宽容的心，尽力帮助和成全有能力的下属，给予他们施展才华的机会和平台。

马云的精彩故事

2013年年初，马云在接受访问时，对就如何培养阿里巴巴未来领导者发表了自己的看法。

ESQ：你是怎么培养年轻人的，未来的领导者？

马云：好的年轻人是被发现，然后被训练的。首先你要发现他有敢于承担责任的素质。他一定要有承担的。你不可能找到一个完美的人。你找到的是一个有毛病的人，因为有毛病，所以才需要你帮他嘛……我要找的人，第一我不找一个完美的人，我不找一个道德标准很好的人，我找的是一个有承担力的，有独特想法的人。有独特想法的人未必有执行力，有执行力的人未必有独特想法，所以你要组织一个团队。想法很好，执行能力又很强，这样的人不太会有的。所以我经常说三流的点子一流的执行，一流的点子……你先把它干出来再说。这两个技能很少配在一起。你要想找一个这样的人，可能你要等10年才找到一个。所以我要找各种各样的人，这人有想法，那人有执行力，把这些人聚在一起。你不是找一个接班人，你是找一个团队，找一群人。没有人是完美的，组织和人的结合，才是完美的。

你说我怎么培养人？发现人，训练人，给他们机会。

"你突然发现当了3年领导，你的水平还是公司里最好的，那你根本就不适合当领导，领导是通过别人拿成果。"这是马云对领导者的独到见解。在工作中，他把更多的精力放在培养能接替他的工作的人才身上，而不是自己亲力亲为。2000年，毕业于西安交大外语系的彭翼捷，应聘到阿里巴巴工作。刚开始彭翼捷还只是一名销售人员，但仅仅经过几年时间的历练，她就一路坐到了副总裁的位置上，主管阿里巴巴的网站运营及发展。

在阿里巴巴，像彭冀捷这样快速成长的例子不胜枚举：一个普通的前台接待员，可以成为客服总监；宾馆中的大堂经理，可以成为“支付宝”的副总，而这些人正是得益于马云独特的培养人才的理念，他要把阿里巴巴的每个可塑之材都锻炼得可以独当一面，让他们代替自己在前方工作。

在阿里巴巴集团内部，一个员工只要被认为是“可塑之材”，公司就会大力培养和重用。公司会为这些“重点培养对象”提供各种培训机会，给其在不同部门体验、提升自己能力的机会，使其在较短的时间里接触不同的业务，锻炼各方面的综合能力，让他们能在不远的将来独当一面。

商业的哲学智慧

像马云一样，一个好的领导，他不会介意下属的能力超过自己，反而会对其成长助一臂之力。

中国现代物理研究奠基者严济慈在法国留学时，导师法布里很欣赏他的才华，一直默默地帮助这个年轻的中国小伙子。在法布里的精心指导下，严济慈完成了他的博士论文《石英在电场下的形变和光学特性变化的实验研究》。法布里虽然很满意严济慈的这篇论文，但却没有丝毫的夸奖，反而询问严济慈是否同意将论文延迟一两个星期发表。虽然严济慈不理解导师这一反常态的举动，但还是满口答应了。

一周以后，法布里以其出色的成就和资历当选为法国科学院院士。当他首次出席科学院院士大会时，宣读的不是自己的学术研究成果，而是严济慈的那篇博士论文。法布里虽然没有对严济慈的论文大加赞美，但却把严济慈的名字和才华呈现在了法国科学界的最高圣殿里。法布里以分享学术成果的名义，让严济慈的学术才华得到了法国物理学界最高权威们的掌声，可见其用心良苦。

法布里的行为正是欣赏学生的才华、成全学生梦想的典范。

商业的现实思考

企业发展过程中涌现出优秀人才，管理者应该感到惊喜与欣慰，不要担心自己的职位、待遇会被超越。优秀的人才更能促进企业的健康发展，何乐而不为呢？

尊重技术，外行也可以领导内行

外行是可以领导内行的，关键是要尊重内行，这是我总结出来的很重要的一点。

——马云

马云大学学的是英语，但他擅长管理，他曾说自己只会用电脑收发邮件，甚至都不会播放视频，然而他却创立了以互联网技术为依托的B2B、支付宝、淘宝、阿里云等一系列专业平台。他的秘诀就是：尊重技术，发挥自身管理的长处。

马云的精彩故事

真正优秀的领导者，不一定非得是本行业的专家，他只要善于沟通，善于化解危机，尊重技术，外行领导甚至比内行领导得更好。身为外行领导的马云是这么看待外行和内行的："外行是可以领导内行的，关键是要尊重内行，这个是我总结出来的很重要的一点。你可以把最优秀的人先请来。比方说你不懂技术，你可以把最优秀的技术人员请来；你不懂财务，可以把最好的财务官请来；你不懂管理，可以把最好的管理者请来。因为我不懂，我永远跟他吵不起架来，他搞技术，当然我尊重他……技术人员从来不跟我吵架。

"到今天为止，我对我们公司的工程师非常敬仰，因为没有一条代码是我写的，是我检查的，但是今天它影响了成千上万的人，我觉得是他们把我们的空想变成了现实。我真的非常尊重工程师，是工程师们改变了这个世界，所以工程师在我们公司里待遇很好。一直以来，所有人认为阿里巴巴是没技术的，原因是我不懂技术，实际上我们公司工程师蒙受了很多委屈，但是也有人对我说过这句话，马云你不懂技术。我说王石你的是房地产公司，你会造房子吗？

“房地产和造房子那不是一个概念，外行是可以领导内行的，关键是尊重内行。因为不懂技术，我变成公司里面技术产品的唯一一个检测者，我能检测这个东西好不好用，因为80%的人跟我是一样的，我们敬畏技术，害怕技术，对于我们来说，只要管用就行。如果马云说他不会用，这个事再好，也瞎掰。阿里巴巴的产品，要帮助中小企业做电子商务，如果好复杂，要看说明书，这些中小企业根本没法活下来。所以我那个时候最适合做产品测试员。”

商业的哲学智慧

一个善于转危为安、解决问题的领导者才是好的领导者。为什么优秀的领导者非得是这个行业里的专家呢？只要懂得尊重内行，外行领导内行没有什么不可能。马云就是外行领导内行成功的典范。无独有偶，当初救IBM公司于水深火热之中的郭士纳，对IBM公司的业务并不熟悉，算得上是一个外行管理者。

郭士纳原是纳贝斯克食品的CEO，曾经也做过运通公司的CEO，他是在食品公司的位子上被挖到IBM的。作为全球最知名的互联网技术公司，IBM代表着高科技，与此前郭士纳所领导的任何一家企业都不一样，互联网行业对郭士纳来说是极为陌生的领域，他也没想过要涉足互联网行业。然而，就是郭士纳这个外行将IBM从死神门前给救了回来。

郭士纳来到IBM公司后，尊重公司经营的客观规律，强化领导者的本职角色。在人才的选拔上，强化基层岗位的专业能力，用专业提升公司的技术优势；而在中层管理岗位上既强调专业能力，又注重培养和挖掘管理人员的计划协调能力、人际交往能力、问题思考解决能力在内的综合管理能力。对于公司的经营领导层，则主要发挥其前瞻性思维、战略思考能力和团队领导能力。郭士纳为IBM掌舵的9年，IBM公司持续盈利，股票上涨了近10倍，IBM公司成为了全球最赚钱的公司之一。

郭士纳之于IBM，是又一个外行领导内行的成功案例，这个例子充分说明，教条地理解“外行领导内行”是一种错误的想法。在企业中，越到高层，其所需的能力并非高深的专业能力，而是管理能力。如果按照内行才能领导内行的想法，IBM公司内部拥有世界顶级的各类专业技术人才，为什么他们不能拯救IBM公司？

商业的现实思考

马云能够外行领导内行的原因在于，虽然他对阿里巴巴所处行业来说是个门外汉，但他在管理上却十分内行。对于企业来说，优秀的领导者并不一定就是本行业里的专家，具有优秀管理能力的外行领导者丝毫不会比内行领导者差。

“土鳖”用对了位置就是精英

你用6个月如果还找不到替代你的人，说明你招人有问题。6个月你找不到人，说明你不会用人。把自己员工身上最好的东西发现并挖掘出来，才是领导应该做的。

——马云

马云回忆创业历史时感慨阿里人在阿里巴巴的发展过程中起了至关重要的作用，而他最自豪的就是能为每位阿里人提供一个适合他们发展的舞台，让他们尽情地施展自己的才华。一个优秀的领导者，应深知发现员工的才华并激发员工的热情和创造力是企业获得成功的关键。

马云的精彩故事

当初创办阿里巴巴时，马云刚得到高盛500万美元的融资，就立刻从海内外知名院校聘请了许多MBA当管理层。然而，没过多久，马云发现，这些高学历的“海归人才”竟然还不如他创业团队中的“土鳖”实用。接下来，马云把当初招聘的高才生逐渐清走，最后只剩下5%的人留在公司。

后来在马云的管理法则中多了一条：不管你是“土鳖”还是“海龟”，也不管你是“新人”还是“老人”，能够为公司创造出效益的就是好的——合适的就是最好的。

2001年，阿里巴巴的管理团队从“海龟军团”逐步过渡到了“土鳖团队”，孙彤宇就是“土鳖”团队中的佼佼者。

马云在刚开始打造淘宝网领军团队的时候，说过“团级以上干部要空降”，当马云问孙彤宇淘宝什么时候能够战胜eBay时，孙彤宇当场立下了3年的军令状。马云立刻意识到，孙彤宇现在也许只是个小班长，但他有成为大司令的潜力。更为关键的是，马云认定了孙彤宇是最适合带领淘宝的人。于是，马云把打造淘宝网的重任交给了孙彤宇。

事实证明，马云的眼光很准，而孙彤宇也不辱使命。仅用半年时间，淘宝就做到了全球排名前100名，到9个月的时候就到了前50名，1年以后进入了前20名。到2005年，淘宝网刚成立2年，市场占有率就达到80%，彻底击垮美国eBay。

马云说：“把飞机的引擎装在拖拉机上，最终还是会飞不起来。”管理者在任用人才的时候，一定要慧眼识珠，“土鳖”用对了位置可能就会是精英。

商业的哲学智慧

所谓“人才”，就是人尽其才。要做到人尽其才，就要把人放在最适合的位置上，如此才能充分发挥人才的作用。作为管理者，要善于发现员工的长处。人才可以不是全才，有一技之长且能为我所用，便是我要求取的人才。

红顶商人胡雪岩就是一个善于发现人才的人，他用陈世龙就是一个典型的例子。

陈世龙是个孤儿，整天混迹于赌场，爱赌钱，还很滑头。一开始，胡雪岩收用陈世龙的时候，陈世龙发誓“决不再赌”。胡雪岩便给他50两银子看看他能否说话算话。

陈世龙得了银子很是技痒，就跑到赌场泡了几个钟头。不过，他最终还是没有把银子赌了。胡雪岩看他果然守信，就开始调教他。

胡雪岩看到了陈世龙的长处：为人灵活，与人结交从不露怯，打得开场面；讲义气，不出卖朋友；说话算数。鉴于此，胡雪岩让陈世龙和别人打交道，还教他一些洋文，好直接和洋人打交道、做生意。后来，胡雪岩将陈世龙调教成了自己的得力助手。陈世龙感谢胡雪岩的知遇之恩，尽心效力。

胡雪岩能够从人人鄙夷的赌场混混身上看到其长处，并把这些人充分用到自己的事业当中，不仅给自己找到了得力助手，也给了陈世龙一条光明的人生道路。如果胡雪岩也以常人的眼光去看陈世龙，他所见到的就只是一个“败家子”。好在胡雪岩能够不被世人之见干扰，全面地看待陈世龙，才能看到他的长处，将他培养成为自己所需的人才。

商业的现实思考

经营者在选拔人才时，要全方位地考察人才，发现他隐藏的长处。尺有所短，寸有所长，不要被人才的短处影响，全面来看，寻找人才擅长的方面，做到让各类人才聚于企业内，企业才能快速发展。

不一定要统一思想，但一定要统一目标

千万不要相信你能统一人的思想，那是不可能的。30%的人永远不可能相信你，不要让你的同事为你干活，而让他们为我们的共同目标干活，团结在一个共同的目标下，要比团结在一个人周围容易得多。

——马云

一个企业，从成立的第一天起，就要有一个统一的愿景来增强企业凝聚力，这样企业才能长久发展下去。反过来，在现代社会，企业中的个体只有将梦想融入组织的共同愿景之中，才有实现个体理想的可能。愿景统一，才会有共同的梦想。有了共同的梦想，才可能在组织内部形成事业共识的局面。

马云的精彩故事

有一次，深圳某小企业主问马云："虽然我们曾多次强调公司的目标是'3 年内成为专业的互联网营销公司，7 年内上市，10 年内成为受人尊敬的公司'，但最近经常有工作了一年以上的员工以'不知道未来方向'为由辞职，现在还逐渐波及到新来的员工，真是不知道怎样才能给员工未来的发展明确定位?"

对此，马云回答道："公司的目标'3 年内成为一家专业的互联网营销公司，7 年内成为一家上市公司，10 年内成为一家受人尊敬的公司'，这个目标比较空，比较假，不实在，员工要问：跟我有什么关系？员工真正关心的是自己的住房、结婚、个人的成长、自己的提升，他对公司的贡献、对社会的贡献是什么，如果这些基本的问题不解决，很难长时间留住员工。

"把'7 年内成为一家上市公司'当成一个目标是不应该的，上市是一个结果，不是一个目的，在中国有太多这样的公司，把上市当成最重要的目标，以至于一旦上不了市，公司就散掉，上市以后又发现没有想象的好，公司也散掉。

"'10 年内成为一家受人尊敬的公司'，我觉得从第一天起首先要成为一家受员工尊敬的公司，一家受客户尊敬的公司，那自然会成为一家受人尊敬的公司。"

马云的话给小企业主很大的启发，公司的目标只有与员工个人利益相统一、相结合，才能最大限度地激发员工的工作热情，空喊口号，会让员工觉得企业领导者只会忽悠人，在这家企业没有发展前途，进而辞职，影响公司的发展。

商业的哲学智慧

在管理学中，有一个“汤普林定理”：必须有一个目标要完成，才会集合众多个体成为一个集体去做事。提出这一定理的人是英国皇家女子空军指挥J. 汤普林。这个定理告诉我们：第一，要定整体目标，并明确共同利益；第二，组织目标越能反映个人需求，个人需求越能促进组织目标的实现。

根据这一定理，我们可以从两个方面来描述整合个人梦想与组织愿景的意义。第一，组织的愿景只有与个人的梦想息息相关时，才可能发挥出愿景的作用。否则就只能成为水中月、镜中花。第二，我们讲每个员工都应该有事业心、有梦想，但并不代表每个人都能实现自己的梦想。现代社会是一个高度分工的社会，在这样的环境下，只有互相合作才能成就一番事业。一位创业者曾经说过这样一个观点，一个人决定自己创业的时候，必须先问问自己：当所有人都离你而去的时候，即使只剩你一个人，是否能够继续坚持下去。如果没有这样的心理准备，那么创业的道路将异常艰险。对于创业来说，抱持这样的心理准备并不是一件坏事，但如果真出现这样的局面，那所谓的创业也就是死路一条了。这是一个合作的年代，没有一个人可以仅靠自己就成就伟业。

松下幸之助的重要经营谋略之一就是不断提出新的发展目标，让员工对未来充满梦想。松下幸之助担任松下社长时，经常找机会向员工畅谈自己对未来的设想。1955年松下幸之助宣布了他的“5 年计划”：计划用 5 年的时间，使松下电器公司效益从220 亿元增加至 800 亿元。他认为，让员工彻底了解经营者的经营方针和信念，能够让员工有坚定的目标与期待。而且，他承诺，如果能够实现这一计划，那么员工将享受与西方发达国家相等的薪资劳动待遇。5 年后，松下先生的“5 年计划”以及薪资承诺，都一一得到实现，从此员工士气大振，与松下幸之助先生一道，创建了松下电器王国。

目标统一，才会有共同的梦想；有了共同的梦想，才可能在组织内部形成团结合作的局面。

商业的现实思考

马云说："一个企业最重要的是使命感、价值观，还要有一个共同的目标，从第一天建立时就要与自己的这些人呼吸与共，他们就是挖走我的团队，肯定也包括我。"的确，愿景统一，企业员工内部才能力往一处使，企业也才能完成看似不可能完成的任务。

第 04 课

团队哲学——得人心者得天下

团结、高效，工作中充满欢乐，是马云为阿里人营造的团队气氛，也是阿里商业帝国战无不胜的力量所在。

团队是企业的核心竞争力

今天的阿里巴巴，我们不希望用精英团队。如果只是精英们在一起肯定做不好事情。我们都是平凡人，平凡的人在一起做不平凡的事，就是团队精神。

——马云

企业发展靠团队，黑暗之中一个人走是可怕的，只有聚集一批人手拉着手走才是快乐的，也更容易勇往直前。这是马云对团队重要性的概括。有了一个强大的团队，企业就有了一个坚实的后台，经营者重视团队建设，才能提升自己的核心竞争力。

马云的精彩故事

马云是一个非常重视团队精神的企业领导。他说："我一直倡导，在中国，企业要讲究团队精神。我是我们公司的说客，我是光说不练的人。我对我们的团队感到非常骄傲，公司是5个'0'的团队，我把我们公司做的事情跟大家分享。

"COO关明生是我们的总裁，他在GE、BTR等全球50强公司做了25年的经理人，英国籍中国香港人。我们CFO蔡崇信，欧洲InvestAB公司做投资的，他是法学博士，加拿大籍中国台湾人。

"中国人认为最好的团队是刘、关、张、诸葛、赵团队。关公武功那么高，又那么忠诚。刘备和张飞也有各自的任务，碰到诸葛亮，还有赵子龙，这样的团队是千年等一回，很难找。可我认为中国最好的团队就是唐僧西天取经的团队。有一个孙悟空很勤奋，每个公司，每个班里都有这样的人，很讨厌，自以为是，但是能力强。猪八戒这样的人每个单位都有，虽然懒一点，但是积极乐观，我也挺喜欢他的。沙僧太老实，别讲理想，实实在在上班。就是这样的四个人千辛万苦，取得了真经，这四个人合在一起形成中国最完美的团队。”

马云之所以能够创业成功，离不开他的团队。他和他的“十七罗汉”的创业故事早已成为人们津津乐道的话题。“十七罗汉”从湖畔花园单元楼立誓同马云一起创业，到最高级的写字楼，这中间经历过很多大风大浪，可“十七罗汉”始终坚守在自己的岗位上，一路追随马云，不离不弃，生死相依。假如没有这些创业伙伴的鼓励与支持，马云绝不可能取得今天的成就。

马云曾经自信地说：“天下没有人能挖走我的团队！”可见其团队凝聚力之强大。现代企业竞争的核心是团队力量的竞争，因而，创业者需要精心打造一支属于自己的、别人挖不走的团队。

商业的哲学智慧

管理大师威廉·戴尔将团队定义为“一个联合而凝聚的团体”。IBM 公司将团队定义为“一小群有互补技能，为了一个共同的目标而相互支持的人”。

也就是说，当这“一群人”拥有一个明确的目标，并在组织力的凝聚下，为了这个目标的实现而相互配合、相互协作时，才能称得上是“团队”。反之，如果只有着共同目的，但缺乏协作性及凝聚力的人群，则只能称为“群体”。

美国管理学家彼得·德鲁克在一家运作完美的医院发现了这样的现象：为了拯救一个急症病人，常常会动员整个医院的所有部门，无论是医师、护士，还是药剂师、X 光技术人员、病理学者，都会迅速集合起来完成一个目标。每个人都会在医师的要求下自动自发地协调合作，并按照计划和程序严格作业。

彼得·德鲁克曾这样定义团队：团队，是指在工作中紧密协作并相互负责的一小群人，他们拥有共同的目的、绩效目标以及工作方法，且以此自我约束。或者说团队就是指为了达到某一确定目标，由分工与合作及不同层次的权力和责任构成的人群。也就是说，①团队必须具有明确的目标。任何团队都是为目标而建立和存在的，目标是团队存在的前提。②没有分工与合作不能称为团队。分工与合作的关系是由团队目标确定的。③团队要有不同层次的权力与责任。这是由于分工之后，就要赋予每个人相应的权力和责任，以便于实现团队目标。

狼群可以说将团队精神诠释得淋漓尽致。虽然狼与其他的猛兽相比并无明显的个体优势，但是狼群十分团结。在目标锁定后，狼群就会各就各位。一旦头狼昂首一呼，主攻狼就会奋勇向前，佯功狼则避实就虚，而助攻的狼则会蓄势待发，后备狼会以嚎叫为打前锋的狼助威。正是由于狼群的这种井然有序的组织纪律以及高效的团队协作，使得它们在捕杀猎物时往往会收获颇丰。即便是老虎、狮子等猛兽，协同作战的狼群也可以杀死它们。

商业的现实思考

企业必须打造一支真正意义上的团队，使得每个团队成员都能牺牲自我，与团队目标协调一致，积极完成团队任务。

有梦想，团队才能坚持下去

一个人可以10天不喝水，七八天不吃饭，2分钟憋气，不可能1分钟失去希望。

——马云

没有梦想比贫穷更可怕，因为这代表着对未来没有希望。一个人最可怕的是不知道自己想干什么，在干什么。有梦想就不在乎别人骂，知道自己要什么，才会坚持下去。一个有梦想的人，一个对未来充满希望的团队，才能在挫折中永远保持前进的姿态。

马云的精彩故事

在《赢在中国》栏目里有一位选手郑女士，她曾经是个出色的销售人员，并一度在保健品和白酒行业创造出惊人的业绩。后来，她开始辞职自己创业，公司的组织结构很简单：最高层是董事会和CEO，下面是酒厂和3家销售公司。销售公司管理销售业务、销售人员、人事、销售目标和企业文化等，她自己负责财务管理。

然而，令她没想到的是，在创业途中却遭遇了一系列棘手的问题：曾经是合作伙伴和朋友的公司开始挖她的墙脚，用高薪挖走她的员工；她的供应商开始对她丧失信心，他们要求提前付款；指望银行贷款也无门，因为国内银行不愿意为郑女士这样的中小企业贷款……如今，郑女士正面临着四面楚歌的困境。

这时，马云点评说："我觉得造成这个困境的原因是，郑女士以前是一个成功的销售人员，她犯了一个错误，上来以后就去做财务，她觉得她有销售技能，她管好财务基本上就解决了一大半问题。但CEO最重要的任务就是制定战略，制定战略有两个核心的东西，一个是人，另一个是财，人是最关键的。在整个创业过程中团队最重要，有了团队就可能管好钱、规划好产品，而她只抓了钱，财聚人散，问题就大了。"

很显然，郑女士只抓住了钱，而没有为自己的团队编织梦想，这才是导致她的员工被挖走，以及供应商看不到她企业的未来而将她拒之门外的关键因素。如果郑女士能管理好自己的团队，给她的团队灌输梦想，使得团队上下为一个共同梦想而战斗的话，那么她的处境就会好很多。

商业的哲学智慧

创业本身就是一个追梦的过程，有梦想有憧憬才可能坚持下去，当发现现实与自己的预期发生冲突时，你只能改变自己。毕竟，在这个世界上，内心感受改变了，世界就会改变。如果你选择仰望星空，追求梦想，那么你将看到星光璀璨，前路风景无限；如果你坚持看到泥土，抱怨当下，那么你永远只能和郁闷相伴。

有一位都市女子跟随着丈夫来到一个人迹罕至的沙漠。她是第一次来到这个沙漠。在来此之前，她对沙漠充满好奇，对沙漠生活充满憧憬。但是，到达之后，她才发现她根本无法在这里生活。每天，她都一个人待在丈夫的宿舍——一间小铁皮房子里，没有人跟她聊天，因为当地人听不懂她说的话，她也听不懂他们说什么。

她对生活感到失望，就给父母写信，抱怨沙漠的生活，还说要离开丈夫回到都市。一个星期后，她收到了父亲的回信——短短的两行字："两个人从同一个铁窗望出去，一个人看到了泥土，一个人看到了星星。"

看到这句话，女子为自己是一个只看到泥土的人而感到惭愧，决定开始在沙漠中寻找星星。此后，她主动与当地人交谈，说不清楚、听不明白就打手势；在与他们熟悉之后，还学习编织当地的衣物；她开始研究仙人掌和各种沙漠植物，观看沙漠日落，收集数万年前沙漠还是海洋时留下来的海螺壳……

不久，女子竟然惊奇地发现，原本难以忍受的沙漠变成了令人流连忘返的奇景。一念之间，最恶劣的生存环境变成了她一生中最快乐、最有意义的冒险。

商业的现实思考

有梦想才有方向，企业经营者要学会给自己的团队灌输梦想，为队伍注入正能量。拥有远大的理想和乐观的心态，再辅之以坚持不懈的拼搏，企业的脚步才能走得更远。

可以输掉一切，但不能输掉团队

往前冲的时候，失败了还有这个团队，还有一拨人互相支撑着，你有什么可恐惧的？

——马云

一家企业可以没有钱，但是不能没有团队。企业的钱可以由团队创造，但钱却不一定能买回来一支优秀的团队。

对于一家企业来说，在发展过程中，可以输掉资本，输掉客户，输掉市场，但唯一能够令自己翻身的筹码，也许就是自己的团队。

马云的精彩故事

阿里巴巴在杭州刚建立时，马云对其他17个伙伴许诺的是，没有工资，没有房子，只有地铺，只有一天12个小时的苦活。湖畔时代阿里员工的工作时间是早上9点到晚上9点，每天12个小时。每天都会有一个人早来一些，晚走一些。遇到加班时，每天要工作长达16个小时甚至更多，而加班又是经常的事情。每遇新版发布，加班是不可避免的。马云要求大家住在离办公室步行5分钟就能到的地方，大家租的都是附近最便宜的民房。

那个时候，程序工程师们很辛苦，客服编辑们也很辛苦。客服每人都有一个个人邮箱，每人都有一个化名，客户的邮件都是通过个人邮箱发出的。他们刚开始就坚持与客户一对一的在线沟通。后来担任阿里巴巴副总裁职务的彭蕾说："那时的客服都是即时的。大家做客服做到了痴迷的程度，工作到半夜一两点，客户的信没有处理完就不回去。

有时客户半夜两点收到邮件，很吃惊，问我们：是不是时间有问题？我们说：没有啊，我们都在线啊。”客户非常感动。那时候每个人的工作状态都是疯狂的。没人计较工资，没人计较自己的时间，甚至没人感到创业辛苦，反而觉得那段日子很开心、很充实。

艰难时期，马云的话总是鼓舞人心：“就是往前冲，一直往前冲。我说团队精神非常非常重要。往前冲的时候，失败了还有这个团队，还有一拨人互相支撑着，你有什么可恐惧的？今天，要你一个人出去闯，你是有点慌。我觉得黑暗中大家一起摸索一起喊叫着往前冲，就什么都不慌了。十几个人手里拿着大刀，啊！啊！啊！向前冲，有什么好慌的，对不对？”接下来马云开始描述阿里巴巴的未来：“在未来三五年内，阿里巴巴一旦成为上市公司，我们每一个人所付出的所有代价都会得到回报，那时候我们得到的不仅是这套房子，而是30套这样的房子。”这对当时只能掏出一两万元的人来说，30套房子的价值就是个天文数字，湖畔花园是个遥不可及的梦。在那时候，马云用来激励团队的不仅是财富，还有事业：做一个中国人办的全世界最好的公司！

马云和他的阿里巴巴从刚开始的18个人，到今天扩大到2万多人，从湖畔花园到走出中国，这些辉煌成就的背后，是马云这个打不垮、压不死的团队的辛劳付出。与其说是马云带领这个团队走向强大，不如说是这个团队成就了马云。

商业的哲学智慧

阿里的创业团队成就了马云，史玉柱也依赖自己的核心团队在巨人大厦轰然倒塌、欠债25亿元之后还能东山再起，创造了另一个商业神话。

1992年，史玉柱开始构思修建巨人大厦。本来只是想建一个18层的自用办公楼，由于20世纪90年代初中国出现楼市热，史玉柱想在地产行业大展宏图，再加之年轻人的冲动，巨人大厦由18层到38层，最后决定建72层，预算也由2亿元变成12亿元。1996年，巨人由于管理不善，资金告急，1997年被迫停工，地上部分仅盖了3层。一时间各大媒体纷纷发表负面报道，史玉柱陷入四面楚歌的境地。

然而，倒下的“巨人”史玉柱仅用3年时间就东山再起，今天，他的脑白金是中国保健品行业的领导者，巨人网络也是中国互联网行业中的佼佼者。

后来史玉柱在访谈中说，他能东山再起全部仰仗自己的团队。他说：“我身边的几个骨干，在最困难的日子里，好几年没有工资，他们一直跟着我，我永远感谢他们。脑白金问世之前，我吃不准，问他们，行吗？你们觉得有戏吗？他们总给我非常肯定的回答：行，没问题，肯定行。身边的几个骨干，在最困难的日子里，像上海健特总经理陈国、副总费拥军，好几年没有工资，他们一直跟着我。那时候，也是他们陪伴我爬完了珠峰。我永远感谢他们。”

最为著名的团队成员就是被史玉柱称为“四个火枪手”的伙伴。如史玉柱大学时的舍友陈国，在巨人最困难的时候，顶着巨大的压力面对每天上门要钱的业主，并全面统计巨人大厦已经销售出去的楼花，且存档。这些成了后来史玉柱还债的依据。还有现任黄金搭档公司副总经理费拥军，他一直追随史玉柱。另外还有刘伟和程晨，业内公认，他们为史玉柱的东山再起立下了汗马功劳。

商业的现实思考

一支团队长期跟随某个领导人，在其最艰难的时候，团队依然团结奋进，坚如磐石，毫无二心，这对于企业发展来说何其重要。重视团队核心力量的建设，员工才能在困难面前紧紧抱在一起，共同渡过难关。

上班像疯子，下班笑眯眯

我希望我们每一个员工都能上班像疯子，下班笑眯眯，而不是把工作当成负担，每天像个苦行僧一样活着，没有笑脸的公司是痛苦的。

——马云

快乐工作是马云和阿里巴巴团队一直在努力营造的企业文化。快乐的工作状态、乐观的生活方式会传染他人。当每个人上班时都像疯子般专注，下班乐乐呵呵时，这个团队就是最有发展前景的团队。因为，只有热爱自己的工作，别人才会对你报以好感。

马云的精彩故事

马云认为，员工上班的目的不仅仅包括一份满足自我价值的薪水，一个良好的工作环境，也包括在企业快乐地工作和成长。事实上，马云曾说，阿里巴巴最大的财富就是员工，不快乐地工作就是对自己不负责任。马云要求阿里巴巴的员工“上班像疯子，下班笑眯眯”，而不是把工作当成累赘，像个苦行僧一样活着。

在阿里巴巴内部，马云经常会笑眯眯地走到某个员工的旁边，拍着他的肩膀倾听工作中的难题。这种交流方式不但不会让员工感到很唐突，而且还能及时了解工作中的问题。马云说：“在阿里巴巴，员工可以穿旱冰鞋上班，也可以随时来我办公室，总之一定要让员工爽。”“压力是自己的，不应传染给员工。我一直和我的同事说，没有笑脸的公司其实是很痛苦的公司。我最喜欢猪八戒的幽默，他是取经团队的润滑剂，西天取经再苦再累，一笑也就过了。我们公司的 LOGO 就是一个笑脸。”

据统计，阿里巴巴每年至少要把 1/5 的精力和财力放在改善员工办公环境和员工培训上。阿里巴巴人事部经理陈莉告诉记者，公司对员工的工作时间没有严格要求，只要完成工作任务就可以下班。IT 行业多研发性的工作，用脑量大，员工经常处于紧张繁忙的状态，提供优雅温馨的工作环境，可以让员工心情舒畅，开心工作。在公司年会上，马云还会扮小丑、白雪公主，唱歌逗员工开心。这也是一般企业人才流动率高达 15%，而阿里集团的跳槽率仍然能控制在 3.3% 的根本原因。

商业的哲学智慧

公司快乐文化的建设体现在点滴小事上，如果每个人都能从小事做起，员工的工作效率就会大大提高，公司的收益也会相应增加。佳能集团就是通过问好活动，来倡导快乐的工作状态的。

“提高工作效率，为公司创造利润。为此我们要把所有减半。”这是酒卷久担任佳能电子公司社长后所制定的目标。酒卷久认为：佳能电子公司的沟通效果不够好，这是影响工作效率的重要原因。公司内的人自顾自地工作，不喜欢问候他人，这种“不愿意表达自己想法”的行为，影响了上下级之间、同事之间的有效沟通。而问候是一种基本的沟通方式，如果连问候都做不好，那么员工之间就不可能进行良好的沟通。沟通不当，势必会引起一些不必要的设计差错，生产出一大批不合格品。

佳能电子在酒卷久的要求下，从管理层开始学会问候他人，改善员工之间“不问候”的现象。后来，一位管理部长每天早晨都会在工厂正大门的前面站着，向每一位员工说：“早上好！”

一开始大家都很觉得奇怪，不知道他在干什么，为什么要这样做，几乎没有人去搭理他。即便这样，这位管理部长仍然坚持每天早上向大家问好。渐渐地，回应他的人越来越多了。一个月后，所有人都习惯了朝气蓬勃地对对方说一声：“早上好！”之后，佳能公司开始开展问好活动。

通过开展问好活动，员工之间的沟通逐渐加强，心与心的距离拉近了，每个人脸上都挂着笑容。在快乐沟通、快乐工作的状态下，不良品率降低了。1999 年，佳能电子公司的退货率是 166ppm（百万分之 166），至 2004 年，其退货率骤然减少到 1ppm。

毫无疑问，早晨问好活动大大改变了冷漠的人际关系，使员工处于一种和谐欢乐的工作状态中。这样一来，一旦发现工作中存在不当之处，发现者就会自然地提出：“你看，这个地方是不是有点问题？”对方也会回答：“哦，是的，谢谢！”

在快乐的环境里，所有员工都处于一种比较轻松的工作状态中，这种情况下，大家可以毫无戒备地指出问题，把问题扼杀在摇篮里，最终提高了工作效率。

商业的现实思考

上班像疯子，下班笑眯眯。只有在快乐的工作环境中，员工才能在一种轻松惬意的状态下工作，保持较高的工作效率。领导者适时地收起严肃，露出笑容，必然会感染团队中的每一个成员，使团队始终保持活力。

不让团队中的任何一个人失败

什么是团队呢？团队就是自己成功了，不要让另一个人失败，不要让团队中任何一个人失败。

——马云

一个优秀的创业队伍不是只实现个别人的理想，让其他大多数人为他的理想服务，而是大家互帮互助，相互支持，让每个人的才华都得以展现，每个人在团队中都能够成长，每个人的理想都能变成现实，总而言之，就是不让任何一个人产生挫败感。

马云的精彩故事

马云笑称阿里巴巴团队就像“动物园”，这个“动物园”中容纳了稀奇古怪、性格迥异的人，有些人只会交际不会管理，有些人只会干活不会管人……阿里巴巴的员工来自全世界的16个国家，有德国人，严谨得有点严酷；有毕业于哥伦比亚大学在美国银行做了6年研究的秘鲁人；还有日本人、韩国人、美国人。这些人的生长环境、文化背景差异十分巨大，有的人半晌不说一个字，有的人说起话来一套又一套，没完没了，让人应接不暇。

软银集团董事长孙正义，前瑞典AB公司的副总裁蔡崇信，还有前世贸组织总干事萨瑟兰，他们都是大名鼎鼎的人物。雅虎搜索引擎的专利发明人吴炯，GE前高管关明生等人也适时加入，还有和马云一起创业的“十七罗汉”，以及每年阿里巴巴校招的应届毕业生，等等。这些人表面看起来相差甚远，参差不齐，性格特点完全不同。但有一点例外：他们都听马云的。为什么他们都听马云的？马云说：“进了公司，就是朋友，我是捏他们的水泥，他们是石头。阿里巴巴也是水泥，沙滩上小的石头，可以捏在一起抗衡大企业。”

正是因为马云将自己的利益与员工的利益联系在一起，将自己融入到员工当中，形成了一个强大的阿里巴巴团队，对每一个人都不抛弃、不放弃，所以才能吸引那些优秀人才加入他的团队，让他们为了阿里巴巴的发展鞠躬尽瘁。

商业的哲学智慧

探究那些大有作为的企业，无一不是积极倡导培养员工的团队共赢精神，马云和他的阿里巴巴是这样，华为也不例外。华为内部有一句流传了20年的名言：胜则举杯相庆，败则拼死相救。这是自然界生生不息的文化，也是华为精神最真实的流露。

“胜则举杯相庆，败则拼死相救”，要求团队中的每个人都要为了组织的共同目标，自觉地担负起自己的责任，并甘愿为其他团队成员牺牲自己的利益。华为人将这种同甘共苦的团队精神发挥得淋漓尽致。

华为内部曾组织过一次拓展训练，其中就有一个“攀越高墙”的比赛项目：参加的人员必须逾越一道5米左右的高墙，而且不能借助梯子等其他设施。由于墙面是平整的，连一点凹凸的地方都没有，显然，仅靠一个人的力量想翻过去是非常困难的。可是，比赛真正开始的时候，着实令人意外。

当比赛正式开始以后，华为人将团队精神发挥得淋漓尽致：身体强壮的人主动当人梯，让别人踩在自己的肩膀上；还没开始攀爬的人负责保护正在攀爬的队员，防止他摔下来；爬上墙的人会伸出援助之手，像接力赛一样保证下一个队员能够轻松爬上去。比赛的场面相当火爆，却在有条不紊地进行着，近100人的队伍在不到20分钟的时间内，全部跨越了这道数米高的屏障。所有人顾不上满头大汗，也顾不上身上的污泥，一个个击掌、拥抱，完全沉浸在成功的喜悦中。显然，他们是一个幸福的整体。

华为的这次拓展训练充分验证了德国哲学家叔本华说过的那句话：“单个的人是软弱无力的，就像漂流的鲁滨孙一样，只有同别人在一起，他才能完成许多事业。”市场竞争越激烈，企业盈利空间越小，华为人越需要这种集体奋斗的精神。一直以来，华为人都自强不息，荣辱与共。

商业的现实思考

胜则举杯相庆，败则拼死相救。企业经营者必须从一开始就培养员工坚持合作、荣辱与共、同甘共苦的精神，走集体奋斗的道路。只有在这种环境中，每个人的聪明才智才能得到充分发挥，企业的核心竞争力才能不断地得到提升。

化外部威胁为内部凝聚力

碰到灾难第一想到的应该是你的客户，第二想到的应该是你的员工，其他才是想对手。

——马云

“团队合作”是阿里巴巴“六脉神剑”的第二剑，它的内容是：共享共担，平凡人做非凡事；乐于分享经验和知识，教学相长；以开放的心态听取他人的意见；不是自己分内的工作，也不推诿；决策前充分发表意见，决策后坚决执行；有主人翁意识，积极参与，促进团队建设。正是这种团队意识，使得每一次面对威胁时，阿里集团都能安然度过难关。

马云的精彩故事

2003年“非典”席卷全国时，每个人、每个单位都不同程度地受到影响，马云团队的战友宋洁被确定为“非典”疑似病人，在整个阿里集团人心惶惶时，马云为了稳定员工情绪，给所有员工写了一封信，从信中，我们可以看到马云临危不惧，危难当前仍旧说服员工群策群力的领导气魄。

各位同事：

今天，阿里巴巴正面临自成立以来最大的一次挑战！

ICBU（阿里国际业务）的一位同事宋洁被杭州市疾控中心确定为“非典”疑似病人，我们在震惊和关怀之余，为了我们可爱的城市，为了我们的亲人、朋友、同事，也为了我们自己以及我们每个人立志实现的使命，我们需要团结并行动起来。阿里人不会向“非典”屈服，我们将全力抗击“非典”！衷心希望宋洁早日排除嫌疑并康复！

按照与宋洁的接触情况，公司决定将杭州同事分为三个等级并采取相应措施，具体方案见随后人力资源部发出的邮件。

在这个非常时期，请发挥阿里人的群策群力，在5月15日之前（或更长时间），无论你在公司、在家里，还是在医院，请铭记阿里人的使命感和价值观，在完全确保自己和他人健康安全的情况下，全力以赴地为我们的客户服务。

全球200万的阿里客户在期待我们！杭州数百万的老百姓也在看着我们！

祝愿所有人健康平安！

平安度过“非典”之后，为了纪念这次事件，阿里巴巴集团把每年的5月10日定为“阿里日”，每年的“阿里日”都会举行盛大的集体婚礼，都会有活动推出，马云也会积极加入其中。

商业的哲学智慧

真正理智的领导，都会像马云一样，把外来的威胁，转化成激发企业内部员工凝聚力、促进员工群策群力的催化剂。另外，企业领导适时地通过强化员工的危机意识，让员工自己督促自己上进，也是促进企业发展和员工成长的重要手段。

正如比尔·盖茨一直强调微软离倒闭的时间只有18个月，还有华为的任正非一直强调华为的冬天一样，他们都是通过时间上的紧迫性给下属带来危机感，激发员工不断进步、不断完善。

莱曼兄弟公司曾预计用3年时间研制出一种8毫米的电眼摄像机，但负责销售的副总裁决定给员工施压，让员工感到事情的紧迫性。于是，他对工程师说："我刚刚听说，咱们的竞争对手已经成功研制出了8毫米电眼摄像机了！"这样的消息顿时在员工中引起轰动，也使得他们仅用3个月的时间就研制出了产品。

大多数人往往做不到"居安思危"，那领导者就得提前让他们看看潜在的危机，并且告诫他们：世界上没有后悔药，还是现在就努力吧！

美国波音公司摄制了一部模仿公司倒闭的影片，影片讲述的内容是：在一个天色昏暗的日子，波音公司的厂房门口挂着"厂房出售"的招牌，员工们一个个垂头丧气地离开工厂……

影片摄制完成后，在员工中引起了巨大反响，员工们的个人危机感促使他们以主人翁的姿态努力工作，不断创新，给波音公司带来了巨大的发展后劲。

让员工时刻感觉到威胁的存在，才能激发员工提升自身的创造力和竞争力。这样有利于提升员工的个人能力、工作积极性以及企业的竞争力。

商业的现实思考

没有外部威胁，就没有竞争力。面对外部威胁，企业经营者要善于利用它来凝聚人心。同时，领导者应当有一种居安思危的思想，要适度让员工看到潜在的危险，只有这样才能唤醒其危机意识，让其抱团努力，为了不被淘汰而拼搏。

一定要给年轻人机会

我上学的时候从来没有进过前3名，当然也没有进过后15名，由此可见，中等偏上的学生最有可塑性。一般的学生都被谷歌和微软给招走了，我们选的都是不一般的学生。

——马云

企业在招聘时需要的是能够独当一面的人才，而年轻人总是给他人一种焦躁不安、没有工作经验和社会阅历、眼高手低、不守信用的感觉。但是，马云却看到了年轻人大胆、思维活跃、初生牛犊不怕虎的冲劲和其更强的可塑性。马云认为，给年轻人机会，就是给企业一个朝气蓬勃的氛围。

马云的精彩故事

创业之初，马云也不喜欢应届生。他说应届生："都没有受过委屈，太浮躁，一天三个主意，一年换三份工作。"在这种想法的影响下，马云曾固执地认为："给年轻人最好的机会就是不给他机会。"所以，在阿里巴巴创建的前几年，公司从来没有招聘过应届毕业生。

随着时间的推移，马云逐渐意识到应届毕业生的真正价值。回想当初创业的时候，不也是因为年轻气盛而遭到其他人的误解和嘲讽吗？虽然应届生有很多缺点，但他们更有可塑性，更容易认同阿里巴巴的价值观，更加重要的是，他们极富创造力。

2005年11月20日，雅虎中国在北京拉开了阿里巴巴校园招聘宣讲会的序幕。为了招聘50名搜索方面的技术人员，在随后的两个月里，马云和吴炯亲自带队，到北京、上海、哈尔滨等7个城市召开校园招聘宣讲会。

以前大学生被人追捧，工作主动找大学生，大学扩招后，用人单位爱答不理，大学生们到处求工作。为了让大学生重温当年礼遇，招聘人员在校园里大声吆喝：“同学们来看一看，看看这里有没有适合你发展的空间。”这种“接地气”的招聘方式使大学生们对其产生了一种亲切感，顿时大批学生前来应聘。

马云还在校园里与应聘的大学生进行轻松的交流，缓解了大学生们应聘时的压力，也塑造了马云平易近人的形象。

不仅如此，阿里巴巴还派专车接送参加宣讲会的学生，并且把宣讲和第二轮笔试合在一起进行；中午免费提供肯德基，宣讲结束后笔试开始前再提供一次，避免有些学生不吃饭参加考试。

马云对于应聘的大学生还有特殊的奖励：笔试第一名奖励2万元，每一个被录取的学生都会得到阿里巴巴的股票期权，而且还为新招进的员工量身定做发展计划。

从那时起，马云每年都会招聘一批应届生进入公司。现在在阿里巴巴，很多毕业两年的员工中，有些人已经成为骨干分子，开始管理上百号人。

现在，对于应届毕业生的看法，马云说：“如果一个年轻人今天和你说他要做什么，3年后依然说他要做这个，而且坚持在做，那你一定要给这个年轻人机会。”

马云用一种宽容、鼓励的态度为有发展潜力和理想的年轻人提供了一个难得的机会和良好的发展平台，不仅使年轻人成才，也使得阿里巴巴成长起来。

商业的哲学智慧

柳传志认为：“作为一名领导者，要想快速培养起员工，就必须狠下心来，给他们提供各种历练的机会。只有这样做，才能使他们的潜能尽早地释放出来。”而他的这种想法跟王永庆的想法不谋而合。

台塑集团创始人王永庆就曾说过：“如果赋予一个人没有挑战性的工作，是在害他。我觉得人的潜能是无限的，把没有挑战性的工作分配给员工，员工的潜能根本无从发挥，那么，他的一生也就完了！”在王永庆看来，只有在强大的压力下才能培养出杰出的人才。

其实，领导者给员工分配更具挑战性的任务，不仅能激发员工的工作激情，还能培养他们的独立性。

美国前总统林肯的成功，有很大一部分应归功于得力助手尼古拉的配合。在当选总统后，林肯经常派尼古拉到华盛顿以外的地方执行重要的富有挑战性的任务。如到明尼苏达州协调一场印第安人的战争，或是到纽约和解共和党人的内讧等。这样的挑战使得尼古拉越来越能干，他和林肯之间也形成了良好的默契，他已然成了林肯的左膀右臂。

然而，当今很多企业领导者并不能认识到这一点，他们总认为人才只有牢牢握在自己的手里才是最放心的。殊不知，这种狭隘的思维，只会将翱翔的雄鹰变成听话的小鸡。

对于这样的做法，柳传志是持反对态度的。他曾表示：“一位优秀的领导者最应该做的就是尽其可能地为人才创造机会，让他们的潜能得到最大化的释放。”

柳传志说道：“杨元庆和郭为他们两人都是不可多得的将才。但是，这两个人做事风格大相径庭。如果硬要将其两人都放在身边培养，无疑是给他们创造自相残杀的机会。”综合考量后，柳传志决定让他们分开行事。

于是，柳传志将联想集团一分为二，变成了联想计算机集团和神州数码公司。同时，柳传志任命郭为为神州数码公司总裁，让郭为主抓分销、代理业务；而对于杨元庆，柳传志则让其负责管理联想 PC 业务。

经过几年的分权管理，杨元庆和郭为都各有作为，均向柳传志上交了一份满意的答卷。

商业的现实思考

企业领导者应该放手把机会给有抱负的年轻人，这样不仅可以锻炼他们的能力，还可以培养员工的独立性和竞争力。如果领导者紧拴住那些有上进心的人才，迟迟不放手，只会让那些有上进心的人才的羽翼逐渐退化，最后变成无用之人。

懂得对员工感恩才能赢得人心

你想把别人绑住是不可能的，绑得住人绑不住心。要的是让他心甘情愿地留下来，强扭的瓜不甜。

——马云

一个领导者如何让员工死心塌地跟着自己打天下？不是靠高薪、高职位，或者是公司的股份分红，而是实实在在地赢得员工的心。俗话说，千金易得，人心难买，得人心者得天下，一个领导如果能够赢得员工的真心支持，那么，他就能成就一番事业。

马云的精彩故事

在阿里巴巴内部，一位年轻的部门主管正在犹豫要不要跳槽到另一家公司以得到更高的薪水，这个部门主管现在年薪15万元左右，从大学毕业以来，他就一直待在阿里巴巴，因为他为人诚实，对待工作认真负责，在很短的时间里就干出了出色的业绩，所以很快就得到了提拔。

当他纠结于跳槽的事情时，正好中秋节来临。主管的家人打电话说家里收到了一盒月饼，是阿里巴巴的CEO马云寄去的。他们还在月饼盒中发现了一封慰问员工亲属的信。家人说，他们发现是马云亲自写的信，还特意找了一个高年级学生朗诵这封信，家人听完十分感动。

原来，中秋节的时候，阿里巴巴为每位员工的家人都寄去了一盒月饼，并附带一封马云写的慰问信。这位部门主管的老家在偏远的山村，当他的父母惊喜地收到这样一份中秋节礼物时，几乎感动得泪流满面。

部门主管知道这件事后，思考了很久，自己从毕业到现在的种种工作经历又浮现在眼前。经过通宵达旦的思考之后，他想明白了，他真正需要的是不断地提升自己的能力而非高薪，而他最大的优势则是诚实和对工作的热情。

送月饼这件事已经很好地证明了阿里巴巴是一个懂得对员工感恩的大企业，而马云更是一位有良知的企业家。他需要的不正是这样的发展平台吗？第二天，他坚决地拒绝了高薪挖他的那家公司，安下心来在阿里巴巴工作。

商业的哲学智慧

阿里巴巴懂得用感恩来赢得员工的忠心，这使其拥有大批优秀人才，而陶华碧更是将感恩赢得人心的管理哲学用到了极致。

陶华碧是贵阳南明老干妈风味食品有限责任公司的创始人。她本是一位没有文化的农村妇女，然而却只用了6年时间就将公司发展为资产高达13亿元的知名企业。这在很大程度上得益于她独特的管理方式——感恩亲情式管理。

创业早期，陶华碧考虑到公司位置偏远，交通不畅，员工吃饭或回家都很不方便，于是便决定所有员工的吃住问题一律由公司来承担。时至今日，老干妈公司已经发展到拥有过千员工的规模，但这条规矩仍然没有被废止。

陶华碧总是在员工想不到的地方关心他们、照顾他们，无时无刻地进行情感投资。每当有员工出差，她就像母亲给儿女送行一样，亲手煮上几个鸡蛋，一直把员工送到工厂门口，看到他们上了公交车，她才放心回去。

陶华碧的情感投资，让老干妈公司的凝聚力越来越强。陶华碧在员工的心中就像母亲一样可亲可敬。在公司里，没有人叫她“董事长”这个威严的称谓，员工都亲切地称她“老干妈”。陶华碧凭着自己最朴素的对员工感恩的感情，精心地呵护每一名员工。员工们也以“涌泉相报滴水之恩”的心态，团结一心地为“老干妈”的迅速发展拼搏奋斗。

如今，老干妈公司累计产值已经高达13亿元，每年纳税1.8亿元，跻身中国私营企业50强排行榜。陶华碧把一个民营公司办到这种程度，创造了一个让人难以想象的神话。她的成功，令人叹为观止；她的情感投资之道更是值得我们学习和借鉴。

商业的现实思考

亚洲首富李嘉诚说过："我与员工沟通有我的方法。每次沟通我都会站在他们的角度设身处地地为他们着想。自然，他们就会与我产生一种情感共鸣，继而愿意与我同心协力，一起共创未来。"的确，领导者如果能做到时刻替员工着想，对员工报以感激之情，那么员工就会以更加热情的工作态度来回报企业。

第 05 课

分享哲学——用实惠凝聚人心

不管是对企业的员工，还是对企业的合作伙伴、客户，用分享的心态与之实现共赢，是凝聚人心、共同成就事业的基础。

不因外界动荡影响员工奖金

我觉得对员工加工资不应该跟外部经济形势挂钩，他干得好你承诺过他就应该给他加，如果外面经济形势非常好但他们干得不好也不能加。

——马云

睿智的领导不会因为外部环境的变化或者公司发展的好坏轻易改变员工应有的待遇。虽然外部环境会影响企业的发展，但是企业员工才是企业发展最重要的资源。当员工不必担心自己的薪水会随外界动荡而变化时，企业才能平稳有序地向前发展。

马云的精彩故事

2009年5月7日上午，阿里巴巴在香港君悦大酒店举办股东大会。来自阿里巴巴的股东、员工、媒体等300人参加了那次股东大会。那是香港股市第一例“透明式”交流的股东大会。在大会上，马云发表了长篇演讲。在演讲中，马云阐述了阿里巴巴集团的商业精神和价值观，谈到了他另类的三个残酷决定，其中最后一个困难的决定是受到2008年金融危机的冲击，阿里巴巴的员工年终奖要不要发的问题。

马云说：“第三个困难的决定是去年年终奖要不要发，员工第二，整个市场上这儿裁员了，那儿扣工资，如果今天阿里巴巴说裁员2000人，阿里巴巴说不发年终奖，我相信没有人反对我们，因为全世界都在降工资，都在裁员。这时候我们做出决定是要不要给他们发年终奖，这个年终奖是很多人期盼的，这个工资也是在冬天到来的时候你该不该对员工负责任。所以我认为2008年是阿里巴巴创办9年以来最成功的一年，因为这一年我们躲过了金融风暴，这一年我们做了全面的准备做了大量的调整，员工大量地改造自己的产品，一切都很好，我们应该给员工年终奖，并且给优秀的员工加工资。我觉得对员工加工资不应该跟外部经济形势挂钩，他干得好你承诺过他就应该给他加，如果外面经济形势非常好但他们干得不好也不能加，跟外部经济形势是没关系的，不能说今年经济形势、股票很好大家发点奖金吧，干得不好一点都没有。所以，企业坚守承诺，你答应员工的事情就要全力做好，除非公司实在不行，因为我认为我们去年的业绩、产品各方面都不错。这个决定出来我们本来以为是一片骂声，但没想到这1万多名员工心里非常踏实，这个公司坚守承诺，我们更加有信心帮助更多的中小企业成功。所以，我想跟大家讲，阿里巴巴有今天并且我们对未来10年越来越有信心，我们坚守了客户利益第一，坚守了员工第二，坚守了股东利益第三。”

商业的哲学智慧

面对2008年的金融危机，马云用不裁员并且坚持发年终奖的方式赢得了员工的心，引导员工帮助阿里巴巴顺势渡过难关，也向客户和市场展示了良好的企业形象，坚定了大家对阿里巴巴发展前景的信心。在2008年的金融危机下，瑞士独资企业宁波怡人玩具公司同样用不裁员、多发年终奖的方式在关键时刻凝聚员工的心，增强了企业的软实力。

怡人玩具公司总经理彼得·汉斯丹把职工当作家人，仅用了10年时间就把一家默默无闻的小公司打造成了世界上最大的竹木玩具生产基地之一。怡人公司现有员工1000多人，月平均工资远高于当地平均水平。除工资薪水外，公司创立之初，就不折不扣地按照政府要求完善了员工的养老、失业、医疗、工伤、生育等保险和住房公积金等福利体系。

在2008年国际金融危机影响下，怡人玩具公司不仅未裁一员，而且公司员工还领到了比前一年多10%的年终奖，并且集体出门旅游了一次。公司执行副总经理周寨盛认为，尽管公司原料价格上涨，利润有所下降，但是2008年的销售额还是实现了增长，达到2.16亿元，这是公司全体员工2008年共同辛勤努力的结果。总经理彼得·汉斯丹经常说："不能说怡人仅仅是我个人的公司，而应该看成是我们大家的！"

企业的成功必须且永远只能依赖于员工的付出和创造力，只有当企业经营者认清并重视这一事实时，企业和员工之间才会达成和谐共赢的局面。

在华为，员工的幸福感和成就感在报酬和奖金分享上更是体现得淋漓尽致。华为从创立之初，就通过实施全员持股计划让员工以分红的形式分享公司的利润。据公开资料显示，华为创始人任正非仅持有华为约1.42%的股份，余下的股份为近8000名华为员工所持有。当前对于华为公司股票的定价为每股5.42元人民币，2013年每股分得的红利为1.41元人民币，相当于以当前的价格买入将获得26%的收益率。员工持股计划不仅仅是为了分享利润，还让员工对公司拥有了一定掌控权。

董事会首席秘书江西生，这位于1989年作为一名电信工程师加入华为的老华为人这样总结道："当时任正非常常谈到未来有多美好，但我们都认为他想得太远。现在这些梦想都已经实现了。这段时期是华为的黄金时代。"

商业的现实思考

企业的利益与员工的利益是紧密相连的，对于企业来说，只有把员工当成家人，才能充分调动员工的工作热情，实现企业利润的增长。对于员工来说，只有自己好好工作，企业才会有足够的能力为自己发奖金。因而，领导者应该如马云所说，永远坚持客户第一，员工第二，股东第三的经营思路，不因外界环境而改变。

财散人聚，用实惠凝聚人心

一个优秀的管理者，要想到一点，我们需要雷锋，但不能让雷锋穿打着补丁的衣服上街去。

——马云

理智的领导者懂得，企业中最宝贵的不是机器，不是资金，而是人心。俗话说：千金易得，人心难买。可见，凝聚力对于一家企业的重要性。财散则人聚，财聚则人散，把员工放在心上，实实在在地与员工分享公司的成果，公司才会进一步发展壮大。

马云的精彩故事

马云相信财散人聚的道理。在阿里巴巴，他从未忘记过员工的贡献，也从未亏待过任何人，包括当初和他一起创业的“十七罗汉”。上市以后，在股权持有数量上，马云仅仅持有5%，其他的股份都分给了阿里巴巴的员工和合伙人。

2007 年 11 月 6 日，阿里巴巴旗下的 B2B 业务成功在香港主板上市，这一事件使阿里巴巴一夜之间诞生了 4900 名小型富豪。据统计，阿里集团平均每名员工持有 1 万股，如果以每股 11 港元的招股中间价计算，每人通过上市得到的财富达到 100 万港元。这说明阿里巴巴的 7000 多名员工中，近 70% 成了富豪。其中上市公司 Alibaba. com 首席执行官卫哲，仅仅在阿里巴巴工作了 1 年，上市当日，他就拥有了 14 亿港元的财富。而卫哲的暴富正是因为马云给了他 1.06% 的股份。在阿里巴巴这样的例子还有很多，大家称之为中国互联网史上顶级的集体“造富”运动。

这是马云最想看到的结果。他比谁都明白，如果仅依靠阿里价值观和梦想，根本无法长久抓住员工的心。

吴炯感慨道："马云的胸怀，我很佩服。马云完全没必要给他们股份，但马云给了他们相当多。"

蔡崇信也说："马云把他自己的很多股份慷慨地分发给17个创始人，注重团队，注重朋友义气。其他的互联网创办人都是自己占30%~70%，大股东永远是大老板，这样的公司能否持续发展是个问题。马云提出公司是永远的，人是会换的。这是个健康的理念。"

在企业跳槽的高峰期，阿里巴巴的跳槽率也只有不到15%，与其他企业的30%以上相比，阿里巴巴是同领域跳槽率最低的。常人很容易理解这一点，是马云不计较财物得失，用他近乎慈善的行为打动了员工，所以阿里巴巴才发展得如此平稳和顺利。

商业的哲学智慧

物质追求是每个人生存和发展的基础，是实现更高层次追求的第一保障。当一个人处在饥寒交加、衣不蔽体的状态下时，你很难要求他表现出百分之百的工作状态。

在战争年代，毛泽东指出，无产阶级及其政党，要实现自己对于同盟者的领导，必须具备两个条件：一是率领被领导者（同盟者）向着共同敌人作坚决的斗争，并取得胜利；二是对被领导者给予物质福利，至少不损害其利益，同时对被领导者给予政治教育。对于第一个条件所说的内容，即在心理上与同盟者达成共识，创造合作的可能。而第二个条件则是在物质上一定要有鼓励。在这点上，新东方的俞敏宏经历了一个痛苦的过程。

在新东方发展到一定规模的时候，俞敏宏从美国找回徐小平、王强加盟。在组织形式上，大家公用新东方这个品牌，实际操作中各自为政，互助互补。在发展壮大的新东方试行股份制改革的时候，兄弟意气的俞敏宏认为大家都是好朋友，不会计较利益上的得与失，但是他错了，甚至一度被排斥到核心权利之外。

俞敏宏不得不与他的朋友坐下来认真讨论利益分配的问题，在解决了一系列归属权和利益分配的问题之后，新东方才走上了正规的快速发展的轨道。如果没有俞敏宏最初艰苦的抉择，今天的新东方也许仍然只是一家比较好的连锁培训学校，而不是纽交所教育板块的第一只股票。

只有在满足了基本的物质需求后，员工才会尽其所能，不断地创造，使企业得到最大限度的发展。股票和期权对创业者乃至员工的激励性是显而易见的，在公司有较大发展前景的时候，持有原始股的员工能一夜之间变成百万富翁。但是，股份并不是唯一的物质激励方式，也不一定是员工想要的东西。史玉柱的巨人集团下面有很多子公司，他本人只控制少量的股份，但是母公司就是他自己一个人的。在他早年创业的时候，曾经有下属索要股份产生了“逼宫事件”，他本人吸取了这个教训，再也不给员工分股了。但这丝毫不影响他对员工的物质激励，他给员工超过股份分红的奖金，激励他们为巨人做贡献。

因此，不难看出，智慧的管理者毫不计较个人财物得失，因为他们拥有创造大量财富的能力。而对于普通员工来说，他们更看重物质激励。当用价值观和使命感抓不住员工的心时，实实在在的物质奖励则会发挥出巨大作用。

商业的现实思考

马云说：“从第一天开始，我就没想过用控股的方式控制公司，也不想自己去控制别人。这个公司需要把股权分散，这样，其他股东、员工才更有信心和干劲。”因此，优秀的企业经营者应当不吝于拿出金钱，多对员工进行物质上的激励，只有这样，才会使你的员工感恩，充满激情地工作。

让用工具的人和做工具的人共赢

电子商务最大的受益者应该是商人，我们该赚钱因为我们提供工具，但让我们做

工具的人发了大财，而使用工具的人还糊里糊涂，这是不正常的。

——马云

马云信奉的是客户第一，员工第二，股东第三。这就好比做工具的人和使用工具的人，只有做的人做出的工具让用的人很方便时，做工具的人才能得到他自己应得的回报，也唯有这样，才能达到双方合作的目的，才能使双方共赢。

马云的精彩故事

2004年6月，在杭州举行了由中国电子商务协会和阿里巴巴公司主办的首届中国网商大会，1000多名网商来到西子湖畔交流经验，分享资源。马云认为这次大会召开的意义非凡："只有应用电子商务的企业成功了，电子商务产业的春天才会真正来临。"

马云认为，这次会议既为网商以及中国互联网事业的生存发展指明了方向，又为网商们提供了互相学习的机会。中小企业经营者已经成为中国网商的中坚队伍，他们必将变成中国商业社会中一股十分重要的力量，他们将会登上商业大舞台影响中国经济的发展。

电子商务能够敏捷地提升中小企业的业绩，许多中小企业的销售额很大一部分就是通过网上交易取得的。马云说："今天要在网上发财，概率并不是很大，但今天的网络可以为大家省下很多成本。不但能省下成本，还能营造广泛的知名度。"

网商大会之后，沃尔玛、三星等国际企业通过阿里巴巴加紧了在中国发展采购的步伐。网商大多是一些资金少、资源也不充分的小商家。他们虽然没有资本，但满怀创业豪情，阿里巴巴无疑为他们的创业提供了最理想的平台。

第一届网商大会上，由马云揭晓了"2004年中国十大网商"。马云严肃地将他们的名字公布出来，让他们的努力和成就被所有人看到，也为其他网商或者想做网商的人树立奋斗的目标。

马云说："经常有人问我：'马云你怎么预测3年以后，怎么预测未来？你怎么看待未来电子商务、未来的形势？’我想预测未来最好的办法就是创造它，说到做到，坚守承诺！”确实，马云一直专注地做电子商务，淘宝、天猫上的网商多达数千万家，数百亿元的网上交易金额，并且正在不断地往上涨。

商业的哲学智慧

马云通过发展电子商务，使多数中小企业节省了成本，增加了利润，促进了中小企业的竞争和成长；同时，阿里巴巴也通过为网商企业提供平台发展壮大了自身规模。

事实上，这样的商业模式在各个领域都存在，我们熟悉的打车软件的竞争是也如此。

索尼公司每售出一台 PS4 游戏机，都要亏损 60 美元，但它却希望先通过这个看似赔钱的方式打开市场，然后再通过销售游戏和 PS + 服务来收回亏损，进而盈利。

无独有偶，此前一直致力于销售低价电子阅读器和平板电脑的亚马逊集团，也将发布一款免费的智能手机，但要求购买者必须使用年费 79 美元的 Amazon Prime 服务。乐视、爱奇艺、小米、阿里巴巴均发布了智能电视产品，但价格都低于行业的平均水平。它们这么做的目的均是希望通过削减硬件成本，在价格上产生优势，继而通过卖内容盈利。

其实，这种模式可以追溯到几年前，微软公司是比较早尝试这种模式的企业。2005 年，微软推出了 Xbox 360。Xbox 360 豪华版的成本价为 525 美元，这远高于 399 美元的零售价。在硬件赔钱的情况下，微软对会员、下载等增值服务采取了收费模式。如今，越来越多的互联网公司也逐渐开始进入传统硬件领域，并沿用了“硬件赔钱，软件赚钱”的策略。一个由互联网公司推动的硬件免费的时代，似乎离我们越来越近。

“硬件赔钱”为什么会得到认可呢？对于这个问题，亚马逊 CEO 贝索斯这样回答：“我们真正在建造的是一个完全整合的媒体服务。硬件是此服务中的一个重要元素，但也仅是一部分而已。我们不从你购买的设备中盈利，我们会在你使用它的时候赚钱。”“创新并不应该将目光仅仅盯在硬件方面。近几年，有超过几十款的平板机问世，但大多数产品几乎无人问津，因为它们只是电子产品，而人们不再需要电子产品。人们需要服务，需要每次使用都会有改进的服务、不断变好的服务。”贝索斯这样认为。

这种模式使得前期购买硬件时，消费者得到了优惠，在后期购买软件或服务时，让开发者获得了利润，同时使用者也获得了服务体验，实现了两者的共赢。

商业的现实思考

做企业的目的就是为了赢得利润，这是人之常情。然而，只有在自己与合作者实现共赢时，才会赢得良好的市场。如果只顾自己盈利，就会失去合作伙伴。聪明的经营者应当多考虑合作伙伴、客户的真正需求，使双方都满意。

公平、合理地分享财富

阿里巴巴的薪资水平总体是合理的，除了合理的基础收入，我们希望所有阿里人能够公平分享公司成长带来的财富。

——马云

企业家在经营企业时，不仅要看到员工所带来的财富，还要想到财富如何分享。一块诱人的大蛋糕给少数几个人吃，是不公平的，只有把它公平合理地分给做蛋糕的每一个人，才能激发员工做蛋糕的积极性，才能源源不断地做出又大又好的蛋糕。

马云的精彩故事

2014 年 1 月 20 日，马云在给员工的内部邮件中宣布：阿里巴巴集团将对员工发放第 13 个月月薪以及特别红包的奖励。同时，阿里内部还有人透露，除了年终奖、加薪以及股票期权奖励外，阿里巴巴集团已经连续 2 年对公司全体员工进行了较高额度的额外奖励。在马云这种价值观的引导下，阿里集团在 2013 年不仅各项服务指标变成历史最好，而且余额宝、来往等的出色表现也吸引了大批用户，使他们在无线领域快速打破了微信的垄断地位。

同时，马云在邮件里还说："我们的收入和利润虽然大增，但这并没有让我兴奋，因为中国很多的小企业、小卖家还是艰难。我们虽然不能保证每个来开网店的人都赚钱，但'让天下没有难做的生意'的使命，还远远没有变成每一个阿里人的行动。"马云在邮件中警示："也许是因为这个，我们可能从此不仅会没有奖金和红包，我们还会失去我们热爱的工作。阿里巴巴集团当前面临前所未有的挑战，这些挑战也使阿里集团迎来史无前例的机会，阿里人需要拥抱变化和挑战变化。这个国家马上要兴起波澜壮阔的改革和复兴。我们从来不是为红包，为年终奖而战，而是为未来而努力，为由于我们，中国十年后的不一样而努力。"

马云承诺的事情从来未反悔过，正因为他不以金钱为重，在财富面前保持了理智和淡然的心态，把财富合理、公平地分给了为阿里巴巴拼博的员工，营造了一种有钱大家一起赚的氛围，才会不断地吸引优秀人才加入他的团队，共同为阿里巴巴的荣誉和地位而奋斗。

商业的哲学智慧

无论是与合作伙伴，还是与员工交往，睿智的经营者都懂得巧妙地通过财富分享的方式使各方获利。公平、合理地分配财富、利益互惠往往造就忠诚的合作。商人图拉德就是巧妙地运用了其中的道理经营了一桩无本生意。

图拉德偶然了解到畜牧业发达的阿根廷每年生产的牛肉过剩，卖不出去，但是阿根廷的石油资源却极度缺乏。于是他找到阿根廷的进出口公司，答应他可以购买 2000 万美元的牛肉，但作为交易，阿根廷也必须向图拉德购买 2000 万美元的石油。这对于正愁牛肉销路的进出口公司来说，明显是一桩赚钱的生意，所以这家进出口公司毫不犹豫就和图拉德签订了协议。

随后，图拉德来到了以牛肉为主要消费品的西班牙。他找到了这里的一家造船厂，表示愿意订购2000万美元的超级油轮。而西班牙的造船业同样存在着生产过剩、没有销路的窘境，看到这样一笔大买卖上门，自然是乐不可支，也毫不犹豫地答应了图拉德的附加条件：向图拉德购买2000万美元的阿根廷牛肉。

拿到合同后，图拉德又找到了石油主产地——中东地区的一家石油公司，准备购买2000万美元的石油，但前提条件是这家公司运石油时要包租图拉德从西班牙购进的油轮。中东石油资源丰富，但是恰恰缺少石油运输工具，所以石油的运输费用很高，图拉德的油轮正好方便了石油公司的产品出口，所以双方很快就签订了合作意向书。就这样，图拉德不仅获得了价值2000万美元的油轮，每年还可以从空手套来的油轮上获得一大笔运输费。

图拉德赢得了生意，从表面看起来是“空手套白狼”，但通过分析可以发现，他之所以能够取得成功，就是因为他了解并且满足了人们对利益互惠的需求。要想让人们让出自己的利益，首先得让他们获得一些其他的利益，这就是利益互惠的力量。这与马云通过公平、合理地分享公司财富，使员工兢兢业业地工作，为阿里巴巴创造更多财富的思想不谋而合。

商业的哲学智慧

睿智的商人不会对眼前的利益斤斤计较，因为他们看得更远，看到了更大的利益。在商业活动中，如果经营者做到了实实在在与员工或者合作者分享财富，做到了利益互惠，那么，最大的受益者就会是他自己。

从分享价值到分享智慧

阿里巴巴发现了金矿，那我们绝对不自己去挖，我们希望别人去挖，他挖了金矿给我一块就可以了。

——马云

物质的分享，从一定程度上来说是浅层次的，真正有魅力的管理者敢于同自己的朋友、同行，甚至是竞争对手分享自己的商业智慧。当今社会是一个竞争与合作同在的社会，那些勇于和对手分享智慧的管理者更是商场中收获最广、受益最多的人。

马云的精彩故事

2008 年 10 月 28 日，在东京日本京瓷公司总部会议室，44 岁的马云和京瓷创始人、京瓷名誉会长、盛和塾创办人、76 岁的稻盛和夫做了一次对话。

稻盛和夫对马云说："我在日本创建了一个经营组织叫盛和塾，在全球有 5000 多家中小企业参加，主要是学习经营哲学和人生哲学。盛和塾在中国的无锡有事务所，在天津也有学习会，你要是感兴趣的话，可以进一步协商。"

马云答道："我是老师出身的，我喜欢探讨成长的方式，我十几年的创业管理经验如果不用于分享，那就是一堆废物，越分享越值钱，越分享越珍贵。我后天回国，就是为了成立阿里巴巴商学院——培养未来创业者的大学。我自己马上又要成立一个阿里巴巴湖畔学院，湖畔花园是我创业时的公寓，目的是帮助无数的中小企业老板、总经理沟通交流做人、做事的原则和道理。我知道盛和塾，其实我们的思想和出发点是一样的。我自己也分三个阶段，从开始学习创业到开始学习企业经营、发展，到去年特别是今年我对人的兴趣越来越大，所以一有空我也去学习道家哲学、佛家思想。可能我们都走过了这样一个阶段，但是稻盛先生的境界比我高多了，我现在需要导师。”

稻盛和夫：“我想你这个过程是特别出色、想法特别好的。人们在每个成长过程中最终还是涉及人的问题，走到探索人的阶段，所以学习宗教也好、哲学也好，是非常重要的事情。你刚才也谈到杰克·韦尔奇，包括哈佛商学院，很多经营战略本质上都是人的哲学。很多企业家成功之后不能持续下去最后失败了，就是因为他没有达到对人的深层理解。”

从对话中不难看出，两位顶尖的企业领导者将企业经营上升到了哲学的高度。真正有魅力的经营者不仅分享商业价值，更敢于分享自己成功的智慧，分享自己的人生想法。分享，让他们的人生变得更有价值。

商业的哲学智慧

据说美国有这样一位农场主，他种的农作物每年都获得当地农会竞赛的最高荣誉奖，而他获奖后必定把自己获奖的最佳的品种分给他的邻居们。

大家觉得不理解，这位农场主做了一个非常感动人的解释：“我无法避免因为风吹而使邻居的花粉飘到我的田里。倘若我不将好的种子分给每个邻人，那么飘过来的花粉不好，也必然会使我的田里产出不好的品种。唯有在我周围的品种都是好的，才能保证我的田里产出最好的品种。而我在得奖之后，不会就此松懈偷懒，坐享其成，仍会继续努力研究改良，因此我能继续不断地获得最高荣誉，因为当别人赶上我去年的水准时，我早已又往前迈了一大步，所以我从来不担心别人超越我。相反，若有人超越我，将带给我精益求精的动力，让我追求更大的进步空间。”

现代市场有一个竞争理念，那就是“适者生存，不适者淘汰；优者生存，劣者淘汰”。于是就出现了“你死我活”“残酷竞争”“大鱼吃小鱼，小鱼吃虾米”“快鱼吃慢鱼，慢鱼吃更慢的鱼”等充满着硝烟味的局面。然而，这个农场主与众不同，他不去挤压别人，而是尽管我是“适者、优者”，你是“不适者、不优者”，我却让你也转变为一个“适者、优者、生存者”。这与马云成功后要举办创业大学把自己成功的想法教给别人的思想是一样的。

第二个竞争理念是，“用最小的耗费，获取最大的利益”，这个农场主把自己的好种子送给别人，这对他来说是一种很小的，或者说是最小的耗费，但是第二年别人种得好，花粉好，这些花粉飘到他的田里，就会让他的农作物获得更大的丰收。设想一下，如果在竞争中不关心别人，那么不仅“飘过来的花粉不好，也必然会使我的田里产出不好的品种”，还可能有出于嫉妒的人为捣蛋、破坏。

不难看出，这个农场主的竞争，已经不只是技术问题、智慧问题了，它已经上升到一种很高的精神境界层面。

众所周知，微软和苹果两大公司自20世纪80年代起就一直处于敌对状态，约伯斯和比尔·盖茨为争夺个人计算机这一新兴市场的控制权展开了激烈的竞争。到了90年代中期，微软公司明显占据了领先优势，占领了约90%的市场份额，而苹果公司则举步维艰。但让所有人大跌眼镜的是，1997年，微软向苹果公司投资1.5亿美元，把苹果公司从倒闭的边缘拉了回来。2000年，微软为苹果推Office2001。

自此，微软与苹果真正实现双赢，他们的合作伙伴关系进入了一个新时代。

商业的现实思考

随着社会的不断进步和发展，在经济一体化与专业化分工日益精细的大趋势下，分享意识已经成为人们生存与发展的重要品质。也就是说，孤军奋战在当今社会已经行不通了，你若想成功就必须学会与他人分享自己的经验，与你的同行分享你的想法，这是人生赢家的一种大智慧。

帮别人做公司，扩展自身规模

我们不是电子商务公司，我们是一家帮助别人做电子商务的公司。我们越来越明白，阿里巴巴到今天这么大规模，我们必须做一家电子商务的生态公司，是生态思想，而不是帝国思想。

——马云

一家真正有发展潜力的公司会牢牢瞄准市场需求与自身定位的契合度，因为只有定位明确的企业，才不至于在市场经济的诱惑下误入歧途。阿里巴巴明确了自己是一家帮助别人做电子商务的公司，所以之前它一直专注于做电子商务的后台，并且取得了骄人成绩。

马云的精彩故事

2013 年 3 月 22 日，马云在华夏同学会上说到："阿里巴巴其实就是四块主要业务，第一块是阿里巴巴电子商务，包括了 B2B 业务、淘宝、天猫；第二块是阿里金融；第三块我们还没有把它独立出来，现在放在阿里巴巴里面，就是数据业务；第四块是我们在外面一起做的物流体系。但阿里巴巴的业务只是一个表象，我觉得阿里巴巴很了不起的是它的管理思想。

"我一直认为互联网不是一种技术，是一种思想。如果你把互联网当思想看，你自然而然会把你的组织、产品、文化都带进去，你要彻底重新思考你的公司。今天很多人都说网上营销好，但是营销好了，麻烦也就开始了，你整个组织、人才、思考、战略都要进行调整。你以为是你的胃口太好，但换一只胃，你的肝也出问题，脾也出问题，因为所有内部的体系是连在一起的。

“中国很多人想学亚马逊的电子商务模式，今天我觉得是不可能会活的，因为这条路是从线下搬到线上，没有变化。亚马逊520亿美元销售额，规模够大吧，但没有利润。规模只是20世纪的故事，今后互联网创造的不是规模价值，而是个性化的价值、独特的价值。

“所以，我们不是电子商务公司，我们是一家帮助别人做电子商务的公司。我们越来越明白，阿里巴巴到今天这么大规模，我们必须做一家电子商务的生态公司，是生态思想，而不是帝国思想。

“工业时代，特别是软件时代以后，人们很容易形成商业帝国思想，一切唯我为标准，而互联网是一切以别人为标准，以客户为标准，以客户为导向。

“在我看来，我们这家公司在运营生态系统。我们在做的是这个生态系统下面底层的基础设施：信用体系、支付体系、交易体系、物流体系，哪一个体系不好我们往哪儿做，因为不是我们想做，没办法，你过河得搭桥，过山得开道。今天，我们可做的事情非常多，同时还要知道什么东西我们不能做，这个要想明白。

“我们所有人在讲，但很少有人在这里讲我们怎么赚钱，因为大家很清楚我们把自己定位成一个社会企业。当我们觉得这是一家社会企业的时候，这个社会需要你。我们要理想主义，去解决社会出现的问题。”

商业的哲学智慧

马云的话中饱含一种担当思想，强调企业的社会责任感。他描绘的阿里集团的发展模式是先为别人做出成绩，然后自己盈利扩展规模。的确，阿里巴巴促进了网商的发展，反过来，网商的发展与壮大也成就了阿里巴巴。马云的这一思想和犹太商人“借势乘力，善假万物”的经商理念与经商技巧不谋而合。这样的思想也同样出现在洛克菲勒身上，这位有史以来的第一位亿万富翁、美国最著名的企业王朝的创建人、蜚声海内外的“石油大王”，也是一个善假万物的高手。

洛克菲勒在事业开始之初，财力、物力、人力十分有限，他梦想垄断炼油和销售市场，可他自然不是亚利加尼德集团等其他石油公司的对手。颇有心计的佛拉格勒——洛克菲勒的合伙人向洛克菲勒提议："原料产地的石油公司在需要的时候才用铁路，不需要的时候就置之不理，变化不定，因此铁路上经常无生意可做，一旦我们与铁路公司订下合约，每天固定运输多少油，他们一定会给我们打折扣。这打折扣的秘密只有我们和铁路公司知道，这样的话，别的公司便无法在这场运价抗争中获取利润，我们便会控制整个石油产业。"

洛克菲勒于是将凡德毕特纳为合作对象，后者是铁路霸主之一，是个贪得无厌的家伙。双方最后达成了这样的协议：洛克菲勒以每天订 60 辆车的条件换取每桶让利 7 分的利润。运费是足够低廉的，因此销售价格便得以下调，从而促进了销路的迅速拓宽。这为洛克菲勒的飞黄腾达和向世界最大的集团经营企业挺进迈出了决定性的一步。

洛克菲勒无疑是明智的。身为弱者，如果和亚利加尼德集团等对手直接竞争，必然会弱肉强食，但他却避开这场残酷的商场厮杀，巧妙地借助第三者铁路霸主的力量，利用运价的低廉迅速在运输上占据上风，然后一步步挤垮同行，实现了小鱼吃大鱼、垄断石油经济的愿望。

洛克菲勒的这一举措既保证了铁路公司有生意可做，又能让自己挤垮同行，做到了自己独大，可谓一箭双雕。

商业的现实思考

企业要想获得长久发展，首先必须为自己的合作伙伴服务，想其所想，急其所急，这样就能像阿里巴巴那样，在为别人的事业拼搏时发展自身。也只有这样才能赢得更多的经营伙伴和客户。

第 06 课

生存哲学——抓住一个机会就够了

马云用他敢为天下先的胆识和敏锐的商业嗅觉，发现商机、抓住机遇，不断地在电子商务领域自我挑战、专注前行。

除了眼光独到，更要有胆识

我想了一个晚上，第二天早上决定还是干，哪怕24个人全部反对我也要干。

——马云

眼光独到的人往往会发现有前景的创业项目，但是前景也意味着挑战和风险，这个时候就要看创业者自身有没有不怕失败的气魄和足够的胆识了。马云之所以功成名就，原因就在于当他发现电子商务商机之后毅然投入其中，并不顾一切地通往直前。

马云的精彩故事

1991年，还在大学教书的马云就跳进了创业大潮，他创办了海博翻译社。这是马云的第一个创业项目。翻译社折腾了两年，总算没有倒闭。

1995年马云被浙江省派到美国做翻译，同时帮忙谈合同，后来被骗。但在美国，他看到了刚刚兴起的互联网经济。如果不是看到了互联网经济，他一生也许就只是个大学老师和一家翻译社老板，那他也改变不了中国的传统购物市场。

1995年3月，在从美国回国的机场，马云用身上唯一的1美元和在拉斯维加斯赢得的600美元买了一台电脑。一回到杭州，他便向校长提出辞职。此时，刚刚30出头的马云已经是“杭州十大杰出青年教师”，学校驻外办事处的主任。特立独行的他放弃了在学校里那些让无数人羡慕的一切，毅然下海。

成功后，当别人问他为何那么坚决时，他说："我自己已经30岁了，我要去做一家公司，不管做什么公司，只要有一个行业我一定跳下去。"正是因为这种毅然的"跳下去"，尽管被骗，尽管与国家经贸部的合作失败，马云依然没有动摇自己的决心，1999年3月，他回到家乡杭州，创办了阿里巴巴。

刚准备建立中国黄页的时候，马云找了24个朋友到自己家里，跟他们说："哎，我要做这么个东西——Internet。"接着他便给大家讲Internet的好处与前景。但是，马云对Internet技术一窍不通，他就像痴人说梦一样。结果，马云讲得糊涂，大家听得也糊涂。

当时24个人里面有23个反对者。23个人都说："这个事情是坚决不能干的，现在处境挺好的，互联网国内还没有人干，风险太大。"只有中立者对马云说："你要是实在想做的话，可以试试看。"

经过一夜的思考，第二天早上，马云想好了：干！无论怎样，我都要干下去。当然，信念坚定是最重要的，但刚创业时遇到的困难也是巨大的。开始做网络的时候，很多人都认为马云是骗子。在大多数人不了解互联网的时候，没有人会相信搞互联网会赚钱。

1995年4月，马云在上海还没有互联网的时候注册了互联网公司，到了1995年6月，海博网络公司终于创办了Chinapages. com（中国黄页），这是他们的第一个"产品"。

随着互联网技术传入中国，大家对互联网的了解越来越深入，马云和他的公司渐渐被认可，于是一步一步发展了起来。

商业的哲学智慧

马云具有当"第一个吃螃蟹的人"的过人胆识，在后来的岁月里，他的每一次巨大成就都证明了他当年选择的正确性。同样，这样有预见力和胆识的故事，还发生在洛克菲勒家族和联合国。

联合国作为当今世界最大、最重要、最具代表性和最权威的国际组织，在维护世界和平，缓和国际紧张局势，解决地区冲突，协调国际经济关系，促进世界各国经济、科学、文化的合作与交流方面，都发挥着积极作用。谁能想到建立之初，这个全球至高无上、最权威的世界性组织，竟然没有自己的立足之地？

联合国创建于世界反法西斯战争胜利的凯歌声中。“二战”的硝烟刚刚散尽时，以美、英、法为首的战胜国几经磋商，决定在美国纽约成立一个协调处理世界事务的联合国。但当时刚刚成立的联合国机构身无分文并且刚刚经历了“二战”的浩劫，各国政府都财库空虚，甚至许多国家都是财政赤字居高不下，向世界各国搞经济摊派，负面影响太大。正当联合国官员对此一筹莫展时，却有人主动找上门来，提出要将一片土地买下来赠送给联合国，这个人就是洛克菲勒。

在当时的经济大萧条环境下，在寸土寸金的纽约买下这一大片地，并不是一件容易的事情。但听到这一消息后，美国著名的家族财团洛克菲勒家族经商议，仍然果断出资 870 万美元买下一块地皮，并无条件地送给了联合国。

870 万美元，这对于战后经济萎靡的美国和全世界，都是一笔不小的数目，而洛克菲勒家族却将它无条件地拱手相赠。洛克菲勒家族的这一出人意料之举，让当时许多美国大财团都吃惊不已：“这简直是蠢人之举！”许多财团主和地产商也都纷纷断言：“这样经营不要十年，著名的洛克菲勒家族财团便会沦落为著名的洛克菲勒家族贫民集团！”在一片嘲笑和贬斥声中，很少有人注意到洛克菲勒家族在把土地赠送给联合国的同时也悄悄地将与联合国相毗邻的大面积地皮全部买下。

当联合国大楼刚刚竣工时，那些曾经讥讽和嘲笑洛克菲勒家族捐赠之举的财团和商人却个个目瞪口呆。与联合国相毗邻的四周地价一夜飙升，由此洛克菲勒家族财团通过让步策略获得了相当于捐赠款数十倍的巨额财富。可见，面对绝好的机会，在别人都不理解都反对的情况下，胆识有多么重要。

商业的现实思考

绝好的机会总会留给第一个把握住它的人。机会面前，胆识很重要，也许稍加犹豫就会错失良机。因此，对于经营者来说，要理智地分析，把握好机会，一旦认准，就要有壮士断腕的胆识与魄力，坚决地走下去，这样，你的机会才不会亏待你。

捕获商机，做行业第一人

绝大部分创业者从微观推向宏观，通过发现一部分人的需求，然后向一群人推起来。

——马云

一个成功的经营者不仅要有绝佳的经营天赋，而且必须具有精准的捕获商机的眼光。只有这样，才能永远走在同行前面，比别人先一步尝到成功的果实。

马云的精彩故事

1991 年，马云创办海博翻译社，因为精通外语而小有名气。马云被浙江省派到美国谈生意，在美国谈生意期间马云接触到了互联网，那一刻他就像是被苹果砸到的牛顿，马云的震惊以及在他脑子里形成的想法，后来改变了中国的商业格局。在发现美国那家诈骗公司的骗局，从黑窝里逃出来后，马云并没有立刻返回中国。他猛然想起了杭州电子工业学院的外教同事之前说起过的因特网，而且那位同事的女婿就在西雅图当时仅有的网络公司工作。

于是马云立刻飞往西雅图，找到那家公司。公司里的人告诉他，要查什么就在电脑键盘上敲什么。他生怕弄坏那个机器，小心翼翼地在上面敲了个“beer”，结果搜索出来了德国啤酒、美国啤酒和日本啤酒，各种各样，名目繁多，但就是没有中国啤酒。他又敲了个“China”，电脑屏幕上却显示“No data”（查无资料）。马云又敲了一个“China history”（中国历史），在雅虎页面却只有数十个单词的中国历史介绍。马云觉得这个很新奇，但为什么会没有中国的啤酒介绍？于是马云就问公司的人，为什么可以查到德国啤酒、美国啤酒、日本啤酒？人家告诉他如果他做一个 HomePage（主页），他就可以把东西放到搜索引擎里去，这样只要在 Internet 上一搜，就有中国的东西了。

回国后，马云迫不及待地请朋友按照西雅图公司员工告诉他的方法做了一个杭州海博翻译社的网页，结果不到 3 小时，马云就收到 6 封电邮，有的邮件还要求马云提供进一步资讯。这些邮件让马云感到一丝快感，他似乎嗅到了一丝商机。虽然马云只会英语，没有接触过互联网也没有留过学，但此时此刻的他却通过对信息的敏锐嗅觉感受到了互联网的巨大魅力，这也为他后来发展电子商务打开了灵感之门。随后，马云创办了中国黄页——中国第一个商业网站，再之后又建立了致力于发展电子商务并不断壮大的阿里巴巴。

商业的哲学智慧

分析马云的故事，我们不难发现是马云从信息里面发现了商机，并且抓住了中国互联网商业的先机，才有了后来的成功。马云如此，在金融危机折磨下的联想集团也如此。联想集团紧紧抓住商机，并最终通过“捆绑式”销售赢得了电脑行业发展的先机。

2008 年，金融危机来势汹汹，受此影响，中国笔记本电脑市场处于疲软状态。然而，作为一种新兴的笔记本产品，上网本却实现了 90 万台的销售业绩。

2008 年年初，上网本的竞争并不十分激烈，只有华硕公司在生产、销售。随后，各个个人电脑厂家相继推出了各自的上网本产品。面对金融危机，人们的购买力持续下降，联想公司发现，电脑市场很少厂家采用上网本免费，并为3G网络每月付费的“捆绑式”模式。联想公司认为这是他们从众多厂家中脱颖而出的最好机会。于是，2008年10月，联想集团在中国台湾地区与当地3G网络运营商威宝电信合作，推出“上网本0元”的销售方案。方案规定，用户只要在两年半内每月支付750元新台币（约合160元人民币），即可免费获得一台联想S9上网本，并且可以无限量使用3.5G高速互联网络。

在“捆绑式销售”战略的指导下，在当年的上网本销售量份额统计中，联想集团以24.8%的市场份额排名第2，与第1名的华硕公司只差4.9个百分点，但却以13.5%的市场份额差距将宏碁公司甩在了身后。

在金融危机大环境下，在同行竞争趋于白热化时的一个战略发现，让联想集团嗅到了商机，并用新的销售模式使自己的市场份额保持在一个较高的水平。

商业的现实思考

要想成为一个具有创新性、在市场上立于不败之地的企业，经营者就必须保持敏锐的嗅觉，勇于捕获别人看不到的商机，敢于发现市场潜力，只有这样，企业才能永远快人一步，远远地将竞争对手甩在身后。

杀手直觉，长远布局

一个成功的创业者，必须具备三个因素：眼光、胸怀和实力。

——马云

现代管理学之父德鲁克说：“管理者的一言一行，都必须兼顾临时之计和长远目标。”的确，做企业不是一朝一夕之事，只有布局长远，才能持久发展。

马云的精彩故事

追逐成功是每个商业人士最原始、最朴素的思想。马云和他的阿里巴巴成功后，引来无数的热捧和模仿，然而模仿者中却很少有人认真研究过阿里巴巴成立15年来马云做过的事情。如果说阿里巴巴是座财富宝库，那么世人很想知道马云拿了一把什么样的金钥匙去让宝库“芝麻开门”。商场上不止一个马云，IT界更是高手如云、血雨腥风的地方，马云到底凭借什么一枝独秀、笑傲江湖，最终站在了财富之巅呢？答案是马云的谋略，即长远布局。

马云在“七剑下天山”中的第一剑就是：杀手直觉，长远布局。1998年，中国的互联网泡沫破裂，当行业内大家对互联网未来发展众说纷纭没有统一定论时，马云却凭借自己对杭州中小民营企业发展瓶颈的了解，敏锐地捕捉到了电子商务的巨大成长空间和无限量的前景，开创了独具特色的阿里巴巴交易模式。今天，在阿里巴巴发展的带动下，中国已经成长为全球最大的互联网市场，电子商务已经成为中国互联网行业的三驾马车之一，并且未来的发展前景被社会各界一致看好。我们不能不佩服马云在当年无人支持、资金不足的艰难情况下做出的决定。

当阿里巴巴发展得风生水起之时，追随马云创业多年的伙伴们浮躁了，想尽快让阿里巴巴上市，以取得期权套现。当众人都被诱惑蒙住双眼时，谁还记得身后的危险？作为阿里巴巴的领导者，当时的马云为阿里巴巴背后的巨大战略缺失而担忧，他一心想做淘宝网来弥补市场空缺。面对阿里团队的质疑与不满，马云坚持自己的想法，最终他力排众议，于是淘宝诞生了。今日，淘宝网在市场上的出色表现，证明了马云的杀手直觉。B2B与C2C就像阿里巴巴集团的一对孪生兄弟，很难想象当年要是没有淘宝在市场上异军突起，阿里巴巴今日是不是还在国内与其他竞争对手苦苦掐架，根本无暇顾及世界范围内日新月异的互联网市场。当初这种长远布局的能力确实体现了马云非凡的商业眼光。

商业的哲学智慧

马云在互联网行业处于迷惘期时长远布局，创立了阿里巴巴，发展了电子商务，最终大获成功。与马云有着相似经历的还有百度的创始人李宏彦。

李宏彦19岁到北大读书，23岁远渡重洋赴美国学习计算机专业。归国之前，李宏彦一直在美国硅谷工作，如果他不创业，就没有今天的百度。2000年1月，他放弃了在美国唾手可得的博士帽，拿着120万美元的投资资金回国创业。

他艰苦创业的时候，美国IT界最火的是电子商务。无数人拼了老命想要挤上这辆被看好的网络列车，甚至不惜抛掉自己熟悉的行业。李彦宏没有跟随大流进入电子商务领域，而是悄悄走到了尚少有人问津的网络搜索领域。当时，搜索引擎是一个可有可无的东西，门户网站随便做做就可以满足网民的需求。而李彦宏相信随着网上内容的丰富，人们对搜索的要求会越来越高和越来越多，正是在这种敏锐的预见力和长远的发展思想鼓励下，他选择了一个当时冷门的、不时尚的、不被看好的中文搜索引擎。创立之初，百度就将自己的目标定位于打造中国人自己的中文搜索引擎，并愿意为此目标不懈努力。

2000年5月，百度首次为门户网站——硅谷动力提供搜索技术服务，之后迅速占领中国搜索引擎市场，成为中国最主要的搜索技术提供商。2001年8月，百度发布Baidu. com搜索引擎Beta版，从后台服务转向独立提供搜索服务，并且在中国首创了竞价排名商业模式，2001年10月22日正式发布Baidu搜索引擎。

2005年8月5日，百度在美国纳斯达克上市，成为2005年全球资本市场上最为引人注目的上市公司，目前百度已经成为中国最大的搜索引擎公司。

成功的人，总是有惊人相似的地方，马云的“七剑下天山”中的第一剑就是杀手直觉，布局长远；而李宏彦告诫青年创业者：一定要有向前看两年的眼光。跟风、赶潮流，你吃到的很可能只是残羹冷炙。不可否认，正是李宏彦有了长远的眼光才没有跟大流发展电子商务，最终收获了百度这个独一无二的硕果。

商业的现实思考

没有长远打算的企业是可悲的，也是毫无发展前景的。企业管理者如果具有超前的眼光、杀手般的预见力，则这个企业会永远保持标新立异、独一无二的品质，也会变得更加具有竞争力。

抓一只兔子，丢掉其他

我只能抓一只兔子，抓多了，什么都会丢掉。

——马云

机会很多，但智者只会选择其中一个去为之努力，并且取得最后的成功。马云也说："人要有专注的东西，人一辈子走下去挑战会更多，你天天换，我就怕了你。"对于一个企业来说，在关键时刻，只需抓住一个好机会，并且，用近乎疯狂的专注去前行。

马云的精彩故事

面临许多的好机会时，企业应该怎么办？马云曾这样比喻道："看见10只兔子，你到底抓哪一只？有些人一会儿抓这只兔子，一会儿抓那只兔子，最后可能一只也抓不住。CEO的主要任务不是寻找机会而是对机会说'No'。机会太多，只能抓一个。我只能抓一只兔子，抓多了，什么都会丢掉。"

2005年5月，《财富》杂志论坛会议在北京举行。eBay公司总裁兼首席执行官梅格·惠特曼和雅虎联合创始人杨致远二人都看好阿里巴巴的发展前景，并向马云抛来了“橄榄枝”——都以10亿美元资金加入中国本地公司，以此来换取阿里巴巴的股份，并由马云及其团队来经营。

当时，对于阿里巴巴来说，两个机会都很诱人。认真考虑之后，马云忍痛拒绝了eBay，选择了雅虎。在他看来，eBay的业务等各方面与阿里巴巴重复太多，长远来看，会阻碍阿里巴巴新业务的拓展；而雅虎有着与阿里巴巴不同的发展方向和模式，雅虎中国能给阿里巴巴带来更大更长远的成长空间。当别人问起时，马云说：“CEO的主要任务不是寻找机会而是要对机会说‘No’。机会太多，不会拒绝就像掰玉米的猴子，捡了芝麻，丢了西瓜，甚至什么都会丢掉。但要是拒绝能让阿里巴巴获得快速发展的机会，那就是最大的愚蠢了。”

正是因为在好的机遇面前，马云保持了理智的头脑，抓住了雅虎中国这个机会并且专注前行，才在最后超越了eBay，成就了今天的阿里巴巴。

商业的哲学智慧

马云做企业很重要的一个观念是，先做好，再做大。在企业成立之初，首先要考虑的并不是做得多大，而是应该抓准一个方向，专注地做到深入其精髓，这样才能收获更多。可见，专注对于个人和企业成长的重要性不言而喻。

古希腊著名哲学家苏格拉底在教书时曾经做过这样一个测试：

有一天，他给全班同学出了一道测试题。测试题的内容非常简单，就是要所有的同学使劲向前甩手三百下，再向后甩三百下，唯一的要求就是每天都这么做。同学们觉得这个容易，都保证能够做好。

就这样，一个星期之后，苏格拉底问同学们测试完成得如何时，全班同学都举起了手。又过了一个月，苏格拉底再次向大家了解情况，全班有90%的同学在坚持。

一年以后，当苏格拉底再次调查时，只有一个同学举起了手，他就是后来的大哲学家柏拉图。柏拉图在学习和生活中，就是凭着这种持之以恒的精神，才在哲学领域取得如此巨大的成就，他的许多哲学思想直到今天仍然绽放着光芒。

故事虽小，道理却深：做事情要专注，有始有终，绝不能半途而废。这才是成功之道。

在世界上有一种神奇的东西，拥有它就拥有了可以打开成功大门的钥匙。

曾有人问爱迪生：“成功最需要的是什么？”爱迪生回答：“人们每天都要做事，而且大部分在做很多的事，而我却只做一件。如果你们将时间用在一件事上，一样会取得成功。”

的确，成功者之所以成功，就是因为他专注于一个目标，并持之以恒。小到人的成长，大到企业的发展，如果可以做到心无旁骛，坚定不移地走下去，那便能体验更好的人生，成就更大的事业。

商业的现实思考

比尔·盖茨在谈到他的成功经验时说：“我不比别人聪明多少，我能够走在其他人前面，只不过是我认准了只做一件事，而且把这件事做好。”唯有专注的人才能获得卓越的成就，唯有专注的企业才可以做到领先同行。

有预见力，就是赢家

谁都不能保证你一定不失败，但是万一被我们搞成了，我觉得今生无悔。

——马云

所谓你能看多远，你就能走多远。企业发展中，机会总是优先被那些能够预测市场未来变化的人抓住，并且这些人会成为最大的赢家。做企业，可以没有资金，没有技术，没有人脉，但绝不能没有预见力。

马云的精彩故事

2013 年 5 月 28 日，距马云宣布辞任阿里巴巴 CEO 仅 18 天，他在深圳宣布成立菜鸟网络科技有限公司，任董事长一职，这标志着马云开始正式进军物流领域。菜鸟网络科技有限公司首期投资 1000 亿元人民币，二期达到 2000 亿元。马云扩张速度之快，让人咂舌。但是他强调“做物流绝非心血来潮”。

阿里巴巴创业之初，马云预料到了随着电子商务的发展，物流行业会异军突起，但苦于没有更多的精力，马云将做物流的想法一度搁置。

2009 年，中国快递协会统计，全国的包裹数量已达 20 亿件，其中约 50% 来自淘宝网。淘宝的网上交易做得十分成功，但物流配送还停留在 20 世纪 80 年代农村集贸市场的水平。马云预料到这种情况将会影响阿里巴巴集团在稳定住 C2C、B2B 市场后向 B2C 市场发力的进程，所以，刚刚卸任，发展物流行业就被马云提上了日程。

早在 2007 年阿里巴巴战略讨论会上，物流就被当作讨论重点而提出。2010 年年初，阿里巴巴打造了自己物流探索的第一块试验基地——星晨急便，并提出了“云物流”的概念。好景不长，2012 年 3 月，星晨急便因资金短缺宣告破产，阿里巴巴也因此蒙受不少损失。随后，阿里巴巴又通过不断结盟的方式试着改善物流环节。2011 年，淘宝宣布加盟第三方服务商；2012 年 5 月，天猫宣布与国内九大物流商结盟。但是，这仍未缓解“双十一”的物流压力，因为商品不能及时送到客户手中，淘宝饱受诟病。

经过屡次试验之后，2013 年 5 月，马云将物流网络“菜鸟”提上日程。尽管在目前看来，24 小时之内送到客户手中的目标很渺茫，但马云坦言：“谁都不能保证你一定不失败，但是万一被我们搞成了，我觉得今生无悔。”马云说：“菜鸟网络不是做快递，它坚持阿里巴巴延续一贯的‘平台化’布局思路，联合产业链上下游的合作伙伴，搭建一个基于数据的物流基础设施平台。”

商业的哲学智慧

马云的“菜鸟物流”目前正在建设之中，结果如何，还未可知，但是，我们不能否认马云敏锐的眼光和预见力。在大趋势下，通过自己的预见性决策，抓住发展机会的人还有很多，联想的柳传志便是其中的一位。

柳传志曾坦言：“我一直有一个梦想，那就是赞助奥林匹克运动会。”事实上，柳传志预见到了如果联想能够与奥委会合作，那么将对它走向国际市场有很大的帮助。联想集团抓住赞助奥运会的机会来发展自己，可谓明智之举。

2001 年，联想集团以当时最大赞助商之一的身份，拿出 1200 万元赞助北京申奥。在北京申奥成功后，联想集团便开始“谋划”第二步。

首先，杨元庆给全体员工发了一封邮件，邮件内容详细分析了奥运会将给中国企业带来哪些好处。在信中杨元庆还明确要求各部门员工要做好一切准备工作。

接着，联想集团便组织了一个“007”小组，这个小组专门负责联想集团赞助奥运会事宜。“007”小组成立后的第二天，小组成员就开始与奥组委接触，洽谈赞助合作等相关事宜。

起初，奥组委对联想集团奥运小组的成员态度比较冷淡。可是，在奥组委参观了联想集团的生产基地后，他们对联想集团的态度发生了极大的改变。

看到奥组委的态度发生转变后，柳传志立刻安排员工将公司旗下的台式电脑、笔记本电脑、服务器等多款产品送到巴塞罗那进行测试。测试结果显示：联想集团的产品和技术均通过了奥组委的要求。在看到联想集团的诚意和实力后，奥组委最终同意了联想集团的赞助申请。

对于联想集团而言，成为 TOP 计划的合作伙伴，是一次可遇而不可求的机会。而事实也证明了，联想集团借着赞助北京奥运会，顺利地打开了国际市场，实现了自己跨国经营的梦想。

联想集团与北京奥运“牵手”，无形中提升了企业形象，成功地为自己做了品牌背书。第一，联想集团可以借助赞助奥运会的机会，迅速扩大国内的PC市场份额；第二，联想集团可以借助奥组委的技术权威，向社会大众展示联想电脑的优质性；第三，联想集团可以借助奥运会的影响力，迅速提高自己的知名度；第四，联想集团未来可以借助奥运会赞助商的身份走向国际市场，从而为联想集团的海外扩张计划做好宣传工作。

联想集团抓住赞助奥运会的机会来发展自己，是非常明智的选择。

商业的现实思考

在新商业时代，抢先两秒钟就是优势，就是先机，就是赢。这就要求企业经营者把眼光放得长远一些，早一步预见到行业未来的发展趋势，这样，企业就会比同行早一步尝到胜利的果实。

先发制人，占领先机

如果早起的那只鸟没有吃到虫子，就会被别的鸟吃掉。

——马云

先发制人，后发制于人。这不仅适用于敌我双方交战中，同样适用于竞争激烈的商战中。企业经营者如果能在企业发展过程中培养出一种先发制人的竞争意识，那么企业必然不会落后于同行。

马云的精彩故事

在上海还未连接互联网时，马云就已经注册了互联网公司，建立了中国第一个商业网站；在电子商务发展崭露头角的时候，马云就拓展了电商发展新模式，创建了淘宝网；在谷歌公司发展势不可挡时，他和雅虎联盟阻击谷歌；在中国物流行业还处于20世纪80年代农贸市场水平时，他开始创建“菜鸟”数据物流平台。

马云说：“进攻者，永远都有机会。”商场如战场，竞争者永远存在，与其四处躲避，不如主动出击，先发制人。

中国的网上拍卖市场最开始是易趣、一拍和淘宝网三家三足鼎立的局面。但三家网站为了一家独大，都想独自占领中国的网拍市场，于是，三方展开了明争暗斗，每一家都在想方设法挖掘自己的客户，扩展自己的市场，其中竞争最激烈的是淘宝和易趣。

马云天生是一个不走寻常路的人，2005年12月31日，阿里巴巴和新浪就一拍网股份一事达成了最终协议。新浪同意将其持有的一拍网33%的股权全面转让给阿里巴巴公司，至此，阿里巴巴对一拍网实现了100%控股。在人们都认为阿里巴巴会将一拍网进行大刀阔斧的改革时，马云却关闭了一拍网。从2006年1月24日到2月15日，一拍网未更新任何内容，只是起到将访问者带到淘宝网站的作用。

至此，三足鼎立的局面被马云打破了，接着淘宝网开始了与易趣的正面交锋。

随后，一拍网的用户全部进入淘宝网，为淘宝网增加了市场，一拍网的员工也并入了淘宝网，经过合并，淘宝网实力大增。之后的竞争中，淘宝网通过免费的商业模式使易趣的竞争优势大打折扣，易趣眼巴巴地看着自己的市场被淘宝网拉过去。最终，淘宝网实现了在中国网拍市场一家独大的目的。

正是马云瞄准机会，先发制人，才打败了易趣，让淘宝网有了后来的迅猛发展。

商业的哲学智慧

马云将军事战争中先发制人的策略用得炉火纯青，同样，用这一策略击败竞争对手的还有本田公司。

20世纪70年代，日本的摩托车市场基本上被4家企业占据，依次为本田、雅马哈、铃木和川崎。其中，本田占有率高达85%，稳居市场第一的宝座。20世纪70年代初，世界摩托车市场需求的增长明显减缓。为此，本田决定开拓新的生产线——进军汽车市场，实行多元化经营。本田将公司里最好的设备、技术力量和优秀人才投入其中，从而使得摩托车部门出现空虚和停滞的状态。

就在本田无暇顾及摩托车业务时，摩托车行业老二雅马哈公司认为这是一个竞争宝座的好机会，为此它不惜一切代价积极拓展摩托车市场，并且投入大量资金建起摩托车生产工厂。在雅马哈的猛烈攻势下，本田公司节节败退。面对雅马哈的挑战和攻势，本田怎能善罢甘休？于是，一场恶战开始了。

从商战一开始，本田就先发制人，采用了大幅度降价的策略，并增加促销费用和销售点。在竞争最激烈的时候，本田一般车型摩托车的零售价降价幅度超过了1/3，为的就是达到打击雅马哈、扩大市场份额的目的。雅马哈公司则是一个专业的摩托车生产厂商，它的生存完全依赖摩托车，且公司资金完全投入到摩托车生产领域了。如果采取大幅度降价策略，雅马哈公司本身是无法负担的，但如果不降价或降价幅度较小，那就只能在价格大战中失败。显然，在价格战上雅马哈公司已处于劣势。本田采取的另一策略是加快产品的更新换代，迅速使产品多样化。在18个月内，本田凭借它的技术优势和充裕的资金，推出81种新车型，淘汰了32种旧车型，共变更了产品目录中的113个品种。产品更新换代的加快，使本田在消费者心目中树立起了新的形象。这样，本田摩托车的销售量直线上升。在此期间，雅马哈公司只推出34种新车型，淘汰了3种旧车型。产品更新换代速度的减慢，使雅马哈在市场上的形象日益衰老，销售的不顺利，造成产品日益积压。最后，雅马哈公司不仅未争得宝座，反而失去了原本市场占有率第二的市场地位。

本田公司先发制人不仅保住了自己第一的宝座，还再次拓展了市场，而雅马哈公司只能被本田牵着鼻子走。

商业的现实思考

拿破仑说：“我的军队之所以打胜仗，就是因为比敌人早到五分钟。”的确，在企业发展中，如果敢于主动出击，先发制人，则企业会在商业竞争中始终保持主动性，以主动的态度打败被动的竞争者。

当每个人都在抱怨时，机会就来了

机会就在有人抱怨的地方。当每个人都在抱怨时，机会就来了，你要处理抱怨，解决问题。如果你加入到抱怨者的行列，也就没什么希望了。

——马云

知命者，不怨天；知己者，不怨人。面对市场，面对客户，抱怨只会让自己慢慢丧失竞争力。睿智的企业家会从别人的失败中获取成功的启示，理性的经营者善于从别人的抱怨中发现商机。

马云的精彩故事

面对社会上年轻人喜欢抱怨的风气，马云在一次演讲中说道："我曾经去应聘肯德基里面擦盘子的工作都被拒绝。我也抱怨过，但是抱怨有什么用？我后来努力让自己成为那个时代没有抱怨的人，我相信在我20岁的时候，那个时代不是我们的，40岁以后这个时代才是我们的，为了迎接40岁这个时代，我从20岁开始就积极寻找社会进步的东西，寻找未来，寻找完善自己的方法，而不是抱怨。机会就在有人抱怨的地方。当每个人都在抱怨时，机会就来了，你要处理抱怨，解决问题。如果你加入到抱怨者的行列，也就没什么希望了。所以当我听到别人埋怨时，我就会觉得很兴奋，因为我看到了机会，会想我可以为这做些什么。

"不是每个60后的人都会成功，但是有人会成功，谁会成功？勤奋、执着，完善自己、改变自己、完善社会的人会成功。我不喜欢看成功学，我只看别人怎么失败，从别人失败里反思什么事情我不该做，从别人成功里也会反思，他为什么成功？我要学他的成功还是学他的精神？

“今天请大家不要抱怨，如果你想成功，那就积极乐观地看任何问题，这个时代还不是你们的，我刚才就说了，你们有权利抱怨，但你们没有资格抱怨，等你们四五十岁的时候，你们就有资格抱怨了，但你们没有权利抱怨，你们必须把它干好，20 年以后别轮到我们抱怨你们，你们当年吹得很牛，现在轮到你们干你们试试看。所以请为 20 年以后的你们做准备，中国是你们的。毛主席说世界是年轻人的，我今天觉得他讲的太对了，一定是你们的，你们没坐到那个位子的时候，你不知道那个位子有多么痛苦。

“没有人是完美的，社会不可能完美，因为社会是由所有不完美的人在一起组成的，你的职责就是比别人更勤奋、更努力，多一点理想世界才会好起来，我就是这么走过来的，我没有任何理由走到今天，唯一的理由是我比我同龄一代的人更加乐观，更加会找乐子，更加懂得左手温暖右手，相信明天还会更好。”

商业的哲学智慧

马云告诫年轻人不要抱怨，相反，他还从别人的抱怨中发现自己成功的机会。无独有偶，张瑞敏将用户的抱怨看成市场对企业的真诚回馈，他认为企业应珍惜用户的抱怨，趁机了解自身的不足之处，寻找企业发展的新机会。

张瑞敏在为一本书写序时，这样说道：“海尔集团创立 16 年间，能把一个年销售额仅 348 万元人民币、资不抵债的小厂，发展到年销售额超过 400 亿元人民币的国际化公司，就是靠了解抱怨、化解抱怨，不断为顾客提供优质服务获得的。顾客的怨言对企业是良药忠言，企业要视抱怨为黄金。”最后，张瑞敏还说：“根据顾客的抱怨不断改善工作，能够真正增加企业的资产。从广义上看，企业永恒的资产是这些忠诚于本企业品牌的顾客，谁拥有更多的忠诚顾客，谁就拥有了更多的资产。反之，不仅失去了市场，资产也会成为负债，以致资不抵债。”

抱怨的声音乍听之下似乎很刺耳，却反映了用户的心声。忽视抱怨，就等同于忽视市场上真实的声音，忽视自己发展的机会。

有一次，海尔集团产品经理对公司产品的市场评价进行调研。当他走进山东济宁农村时，碰巧看到一对夫妻准备用海尔洗衣机洗衣服。两人小心翼翼地抬着洗衣机，生怕磕着碰着。走到水井旁边，将洗衣机放下之后，两人才松了一口气。妻子将需要清洗的衣服放进洗衣机，丈夫则以手提水的方式向洗衣机倒水。产品经理开始和夫妻俩聊家常。妻子抱怨说：“我们这儿没有自来水，每次洗衣服，都是把洗衣机抬到院子里，洗完抬回去。抬进抬出的，太麻烦！这免不了磕磕碰碰！瞧，这是以前不小心磕的，都生锈了！俺邻居家塑料外壳的就好。”

产品经理将这个情况汇报了上去，于是海尔生产出了容量大、塑料外壳的洗衣机，帮助农村地区解决了洗衣问题。

张瑞敏将用户的抱怨视为海尔发展的前景，如果没有这些抱怨，海尔可能无法生产出那么多符合市场需求的产品。

商业的现实思考

对一般企业而言，用户的抱怨就是不好的声音，避之唯恐不及。但是，管理者应当从抱怨中看到企业发展的机会，将抱怨转化为改善和进步的转折点。

第 07 课

行动哲学——以快打慢，以小博大

在互联网时代，企业竞争的成败往往落在一个“快”字上，谁发现机遇，立即执行，谁就是商海角逐中最大的赢家。

发现商机，立即行动

今天不从事电子商务，三年后你将无商可务！

——马云

马云曾经表达过80%的年轻人都能像他一样获得成功，可是，为什么那么多创业者没有成就一番大业呢？细细考究后不难发现，除了坚持不懈的毅力，吃苦耐劳的精神外，还在于马云善于发现商机和拥有立刻行动的执行力。

马云的精彩故事

杭州，马云的出生地，位于中国商业经济最成熟的长江三角洲经济圈，那里有中国最大的从事外贸业务的中小企业聚集群，是中国民营经济发展最密集最活跃的地方。

从小耳濡目染中小民营企业发展的马云对他们的需求有着最为深刻的理解：销产购信息的不对称，订购资讯缺乏，进出口业务和转口贸易的成本偏高……这些问题都让中小民营企业十分头疼，但他们又无力改变现状。

直到马云被派到美国商谈合同期间接触到互联网，中小企业的发展才有了希望。当他在西雅图一家公司的电脑上输入"beer"，看到网页上出现世界各地的啤酒时，他深受启发。商机总是在最不经意的时候闪过大脑。为何不在中国也建立一个这样的页面，把中小企业的商品放到页面上，这样不就可以实现信息的对称和更新了吗？

渐渐地发展电子商务的念头不断冲击着马云，他坚信：“中小企业利用电子商务发展自己将是未来的一种趋势，而互联网则是发展电子商务的媒介，对中小企业来说，使用互联网是一种发展机遇。竞争会迫使更多的企业上网。不上网的企业，只会老，不会大。”

于是马云回国后立即辞去大学老师这个让无数人羡慕的职业，毅然下海，先后创立海博网络、中国黄页、阿里巴巴，创造了每个城市家庭都在淘宝上买东西的奇迹。

商业的哲学智慧

从马云成功的经验中，我们不难看出他对商机的重视与把握。正是因为他发现电子商务的优势之后，抓住机会，立刻行动，才成就了阿里神话。发现商机后立即付诸行动的人还有农民企业家刘英。

1996年因家庭贫穷弃学的刘英，在重庆南泉的一家温泉宾馆当服务员。浴室服务员非常辛苦，每天至少要工作到次日凌晨两三点才下班。一年后，她由服务员升为温泉浴室部的领班。重庆人爱泡温泉，但温泉分布在远离闹市区的郊外，泡一次温泉“长途跋涉”不说，门票还特别贵，成本很高。很多人泡过温泉后，几乎都免不了感叹一番：“要是城里能有温泉水就好了。”

言者无意，听者有心，刘英突发奇想：如果这种温泉水能人工造出来该多好？

任何事情都是先有想法，然后才变为可能，可不可以，要先试试才知道。1999年，刘英遇到了重庆天原化工厂的工程师殷季侠。殷季侠听了她的想法后吃惊地说：“我搞日用化工研究几十年，都没有想到这个点子，却被你想到了！这个主意太好了，我很乐意帮助你实现这个梦想！”

为了实现自己的梦想，眼看就要被宾馆提升为浴室部部长的刘英，一咬牙辞了职，并拿出省吃俭用积攒的两万多元钱，与殷季侠一起开始了“人造温泉”的研究。

在对中国著名温泉水进行矿物质的成分及含量分析后，他们成功地得到温泉水的

"最佳配方"。经过近一年的反复实验，一种能够迅速溶解在30℃以上的水中，并能使自来水迅速变成与天然温泉水成分完全相同的"温泉片"诞生了。

此后，该产品获得了国家发明专利。而市卫生防疫部门检验显示：该产品溶于水后无毒、无害、无刺激性，硫黄等成分与多数天然温泉水中的成分相当。在获得有关部门的许可后，2001年年初，刘英与殷季侠以及其他两位合伙人，总共出资不到10万元，成立了重庆香池莲科技发展有限公司，并在渝北租了一个小厂房，正式生产温泉片。当刘英的温泉片推广开来以后，她的收入也随着她的营业额水涨船高。

刘英介绍说，在2003年和2004年，营业额连续两年突破1000万元。由于温泉片利润丰厚，再加上又是公司的大股东，目前刘英个人资产已达上千万元。

商业的现实思考

俗话说，机不可失，时不再来。企业经营者只有善于在市场中发现商机，并且立即付诸实践，企业才会如同马云的阿里巴巴一样，创造出自己的神话。

像兔子一样行动，像乌龟一样忍耐

跑起来像兔子一样快的人，死得也很快，善始未必善终；只有跑得像兔子一样快，又像乌龟一样有耐心，最终才能善始善终。

——马云

要成功经营一家强大的企业，企业领导者和管理团队不仅要有兔子的效率，更要有乌龟的忍耐性。很多人在工作中缺乏耐心，一味追求效率。这些人像兔子一样奔跑，却看不到前方的陷阱，结果跑得快，死得更快。在马云看来，成功不仅需要快速的行动力，耐心也是不可或缺的因素。

马云的精彩故事

马云说：“我们需要时间，好东西需要我们用更多的时间和耐心去等。我说过，在互联网时代，你必须跑得像兔子一样快，又像乌龟一样有耐心，善始未必善终。我们和亚马逊、雅虎、新浪、搜狐、8848 一样是早起的鸟，但我们不一定所有的事都做对了。如果早起的鸟没有吃到虫，它就会变成被吃掉的虫了，我们必须小心。”

马云刚刚创办中国黄页的时候，全国绝大部分地区都没联网，因而他算得上是“先驱”。可是，很多客户并不相信马云等人，甚至说他是骗子，马云的业务于是很难开展。

换成别人肯定会因为没有耐心而放弃，可是马云却没有放弃。为了证明自己没欺骗客户，马云找到一台电脑，然后从杭州拨长途电话到上海连接互联网，再通过互联网把望湖宾馆的照片和资料从美国传过来。整整花了三个半小时，望湖宾馆的照片才出来，焦急等待着的马云虽然有一些委屈，但还是非常高兴。

虽然在创业的那段时间里，马云和自己的团队会遇到种种类似的麻烦，但马云不依不饶，他每天都会提醒自己：“互联网是影响人类未来生活 30 年的 3000 米长跑，你必须跑得像兔子一样快，又要像乌龟一样耐跑。”然后，马云继续出门跟人侃互联网，说服客户，说服记者。

凭借着足够的耐心，马云和自己的团队让中国黄页越做越好，越做越厉害。他们在全国 27 个城市一个一个地开拓业务，企业越做越大。

创业的辛苦不言自明，而要成为最后的胜利者，就要有耐心去面对挫折和困境，这样才能坚持到最后。

商业的哲学智慧

其实，面对困难时需痛苦地忍耐的人生哲理，不仅仅适用于创业者，也适用于每个最后取得非凡成就的人。一位即将告别职业生涯的全国著名推销大师，应行业协会和社会各界的邀请，将在城中最大的体育馆进行职业生涯的告别演说。

那天，会场座无虚席，人们在热切而焦急地等待着这位当代最伟大的推销员的精彩演说。台上的大幕徐徐拉开，让人们惊讶的是台上并没有任何人的影子，取而代之的是一个悬吊在中央的巨大铁球。

正在人们惊诧之时，一位身着红色运动装、脚踏一双白色胶鞋的老人走了上来，台下很多人认出他就是那位将要做演讲的推销大师。在人们热烈的掌声中，老者走到铁球下面。人们惊奇地望着他，不知道他要做出什么举动。

这时，两位工作人员抬着一个大铁锤，放在老者的面前。老者看了看铁锤，微笑着向观众致意，最后示意身旁的主持人，演讲可以开始了。主持人对观众说道："有哪位身体强壮的人愿意到台上来?"

好多年轻人站了起来，转眼间两名动作快的已经跑到台上。主持人和他们讲了规则：请他们用这个大铁锤，去敲打那个吊着的铁球，直到把它荡起来。

一个年轻人抢过主持人手中的铁锤，抡起膀子，用力向那个吊着的铁球砸去。"咣"，铁锤触及铁球发出了一声震耳欲聋的响声，急忙捂住耳朵的观众们发现那个巨大的铁球动也没动。另一个更壮实的年轻人轻蔑地看了一眼第一个人，拿起大铁锤，拉开架势接二连三地向铁球砸去，台下的人不断地为其加油鼓劲。他很快就气喘吁吁了，而那个被他锤得叮咣响的大铁球却依然丝毫未动。台下逐渐没了声音，观众好像认定那是没用的，就等着老者做出解释。

会场恢复了平静，老者从口袋里掏出一个小锤，转身面对着那个巨大的铁球，用小锤认真地敲了一下，"咚"，然后停顿一下，再一次用小锤敲了一下，"咚"。人们奇怪地看着老者，"咚，咚，咚……"老者就这样旁若无人地敲着。

10 分钟过去了，20 分钟过去了，会场早已开始骚动，有的人干脆叫骂起来，人们用各种声音和动作发泄着他们的不满。老者仍然用小锤一下一下地敲打着，有几个人站起身来愤然离去，接着又有很多人陆续离去，会场越来越空。

40 多分钟过去了，"球动了!"随着坐在前排的一个妇女的一声尖叫，会场瞬间变得鸦雀无声，人们聚精会神地看着那个铁球，铁球以很小的摆度动了起来，不仔细看很难察觉到。老者仍旧一小锤一小锤地敲着，铁球在老人一锤一锤的敲打中越荡越高，会场中爆发出一阵阵热烈的掌声。

在掌声中，老者转过身来，只说了一句话：

“在成功的道路上，你没有耐心去等待成功的到来，那么，你只好用一生的耐心去面对失败。”

商业的现实思考

柏拉图说：“耐心是一切成就的基础。”如果企业经营者在经营企业的过程中既有发现机遇立即行动的效率，面对困境时又有乌龟般的耐性，那么你就可以自信满满地宣布自己也可以做102年的企业。

低谷时期，要学会迎难而上

当生意越来越难做时，应该是主动出击的时刻，而大家都好得不得了时，反而应该小心谨慎。

——马云

知难而退，终究只是平庸之辈；迎难而上，方显英雄本色。做企业如同做人，具有雄才伟略的领导者，会依据市场的变化对自己的发展战略做出调整，当同行大举进攻时，自己按兵不动；当行业一片萧条时，恰恰需要激流勇进，迎难而上。如此，企业方可开辟出一番别样的天地。

马云的精彩故事

2001年左右，有人说马云与张朝阳的公司是第一批商业网站中仅存活下来的两个。马云在1999年曾大胆地预测过："未来一两年里会有70%～80%甚至90%的互联网公司关门。"后来，据说在1999—2000年的某一个月内，中国有2000家互联网企业倒闭。

对此，马云分析道："做一个互联网公司和做一个网站是完全不同的概念，做个网站很容易，做个互联网公司却不然，需要很多的人才，比如管理人才、市场人才等，但在中国怎么可能在这么短的时间内具备这么多电脑人才、市场人才、策划人才？我认为这不太现实。既然能在一个月里出现2000家企业，也可能在一个月里关闭2000家企业，我觉得这是正常现象。"

十分有意思的是，当网络形势一片大好，其他公司盲目地大把大把烧钱时，阿里巴巴却把自己的钱袋子攥得紧紧的；但当网络市场发展进入低谷时，阿里巴巴却选择大举进攻。对此，很多人觉得马云特立独行。他的解读是："当生意越来越难做时，应该是主动出击的时刻；而大家都好得不得了时，反而是应该小心谨慎的时候。扩张不是用钱，而是用智慧，现在到了扩张成本最低的时候，为什么不进攻？下半年我们会将业务扩展到台湾地区，10月份将大举进攻台北。敢于从低谷中迎难而上，恰恰证明了我们的成功。"

商业的哲学智慧

马云睿智地选择在行业不景气时出击，迎难而上，最终使阿里巴巴一步步发展壮大。和马云一样将经济萧条作为自己发展机遇的还有京瓷创始人稻盛和夫。

发展了半个世纪的京瓷遭遇过多次严重的经济萧条：20世纪70年代的石油危机，80年代的日元升值危机，90年代的泡沫破裂危机，2000年的IT泡沫破裂危机……经历过这些经济萧条，稻盛和夫领导的京瓷竟然没有出现过一次亏损。

反而，每一次萧条期过后，京瓷的规模都会扩大一两倍。稻盛和夫认为“应当把萧条视为成长的机会”，于是当别的企业在萧条中苦苦挣扎时，他却全力开发新产品，不断开拓自己的市场。

京瓷曾经利用萧条期开发出用于钓鱼竿的陶瓷导向圈，现今仍流行于世界。

成立后不久，京瓷就利用新型陶瓷的特性，生产出用于纺织机械的零件。在纺织机械上，因为纱线运行速度快，同纱线接触的零件很容易磨损，用不锈钢做的零件也只用一天就会断裂。这些地方使用硬度高、耐磨性好的陶瓷零件效果极好。但石油危机时，纺织机械滞销，京瓷也断了订单。此时，稻盛和夫就实行“全员营销”和“全力开发新产品”来应对危机。

有一位营销员去拜访一家渔具制造企业，看见鱼竿上附有卷线装置，其中天蚕丝线滑动的接触部位使用的是金属导向圈。于是营销员提出建议：“我们公司具备新型陶瓷技术，利用这项技术，纺织机械在与高速运动的纱线接触的部位，就用我公司耐磨的陶瓷零件。你们鱼竿上与天蚕丝线接触的金属导向圈，改用陶瓷试试怎么样，一定非常适合。”但是鱼竿上的导向圈，并不像纺织机械那样因为纱线不停地高速运转而很快磨损，只是投竿时滑动一下，所以对方回答说：“用陶瓷的价格高，没必要。”

这位营销员不死心，继续耐心地动员说：“用陶瓷零件不仅不磨损，而且可以减少与丝线之间的摩擦系数。如果摩擦系数大，丝线滑动阻力大，鱼钩就飞不远。还有一点，现在的金属圈在钓到大鱼时，因摩擦力大，丝线会‘啪！’的一下断掉。”为什么渔线会断？因为钓到大鱼时，线上突然产生很大的张力，线与圈上压力大增，这么拉着，摩擦生热，就把天蚕丝的渔线熔化了，鱼线就会瞬间断裂。

渔具企业的领导人听了这位营销员的话后同意试试。他们先用原来的金属圈，加上负荷用力拉，果然渔线发热断裂；换上陶瓷圈后，一点问题都没有，非常理想。

小小的陶瓷圈对萧条期京瓷的订单、销售额的扩大做出了很大的贡献，现在凡是高级鱼竿，全都用上了陶瓷导向圈，京瓷的陶瓷导向圈普及到了全世界。

商业的现实思考

拿破仑说，最困难之时，就是离成功不远之日。如果一个企业具备在低谷中找到发展机遇、迎难而上的能力，那么它必定会在商业厮杀中攻坚克敌，战无不胜。

一流的执行力，好过一流的想法

孙正义跟我有同一个观点。一个方案是一流的想法加三流的实施；另外一个方案是一流的实施加三流的想法，哪个好？我们俩同时选择一流的实施加三流的想法。

——马云

柏格森说，行动是必需品，思辨是奢侈品。的确，执行，让企业的设想成为现实，让数字成为利润、让规划成为效益。再完美的制度，离开了执行，只能成为一纸空文；再强大的企业，离开了执行，只能慢慢丧失生命力。一千个好想法也不如一次踏踏实实的行动。

马云的精彩故事

软银集团总裁孙正义和马云一起探讨这样一个问题：一流的想法加上三流的执行力，与三流的想法加上一流的执行力，哪一个更好？结果二人一致选择了三流的想法加上一流的执行力。马云认为，在网络经济时代，一切都是信息化的，而信息更新速度很快，难以预测，只有强大的执行力，才能把三流的想法变成一流的结果，或者迅速解决发展中的其他问题。

马云称阿里巴巴团队为“一支执行队伍”，他认为阿里巴巴成功的主要原因就是高效率的执行力。

在阿里巴巴的发展过程中，马云以“一流的执行力”要求所有员工。阿里巴巴刚创办的时候，因为其模式在国内前所未有，几乎没有人能预见到它的价值，所以公司员工对网站的未来充满疑惑。当公司要求技术人员对BBS上的每一个帖子进行检测并分类时，一些技术人员认为这样做违背互联网精神，但是马云认为只有这样才能让用户方便、快捷地利用阿里巴巴，所以他坚持己见。他们的争吵十分激烈，马云仍不改初衷。争吵之中，马云发怒了，他怒吼道：“你们立刻、现在、马上去做！立刻！现在！马上！”由于马云的坚持，团队成员接受了马云的方案，并有效地执行。正是因为这样的执行力，才使得阿里巴巴在互联网泡沫时期不仅能够安然度过难关，而且快速发展。

凭着“一流的执行力”，阿里巴巴最终实现了每一个看似不可能完成的目标。也正是凭借阿里团队的执行力，阿里巴巴不断地超越竞争对手，取得了今天的成绩。

马云曾说：“有时去执行一个错误的决定总比优柔寡断或者没有决定要好得多。因为在执行过程中你可以有更多的时间和机会去发现并改正错误。”可见，好的执行力可以及时弥补决策方案的缺陷，而完美无缺的决策方案，如果不能得到好的执行将变得毫无意义。

商业的哲学智慧

企业从来不缺少规章和制度，关键在于能否真正地得到执行落实。企业不乏完美的决策，但是如果不能将其落实到实践中，提升最终的执行能力，那么这些决策带不来任何效益。

大至集团发展战略，小至零部件的尺寸和规格，海尔的管理制度中都有着明确的规定。面对林林总总的规章制度，张瑞敏强调的是执行到位。

在一次集团会议上，按照规定，销售公司要检查各部门的用户回访记录。当检查到冷柜电热本部时，销售公司负责人发现竟有多个用户没有回访记录，只在备忘录上写着“占线”。

得知此事后，张瑞敏视其为典型案例，他认为：“说了不等于做了，做了不等于做对了，做对了不等于做到位了，今天做到位了不等于永远做到位了。”各部长须引以为戒，及时察觉下级的工作是否得到了实实在在的执行，认真对待手头的每一份工作。

在管理中，张瑞敏讲究执行力，即将海尔的每一条规定落实下去，确保高、中、基层工作人员都执行到位。

一位用户家中的海尔冰箱无法制冷，便向海尔维修部门反映问题。售后服务部的维修人员接到电话后立即出发。中途，维修人员意外受伤。但是，为了在约定时间到达用户家中解决问题，维修人员只对伤口进行了简单包扎。

用户的冰箱安置在厨房和餐厅中间，影响维修人员对冰箱的检查。为了能够更全面地检查冰箱，维修人员使尽全力将冰箱挪动出来，以致已经结疤的伤口再次流血。

最后，维修人员终于查明冰箱产生故障的原因并进行了维修。待冰箱运转正常后，维修人员拿出擦布将冰箱外层的灰尘清理干净，又额外检查了其他家电设备。确保一切无误后，维修人员留下一张售后服务卡，这才向用户道别。

正是因为海尔公司对所有员工都灌输了强劲的执行力、工作落实到位的思想，所以海尔才能成为中国家电市场中的佼佼者。

商业的现实思考

行动创造结果，结果改变命运。执行力关系到企业发展的成败，企业管理者如果能对员工的执行力进行培训、规范，则必定会大大提高企业的市场竞争力。

机会只有一次，稍纵即逝

人的等待想法越重，那他失去机会的可能性就越大。

——马云

培根说过："幸运的时机好比市场上的交易，只要你稍有延误，它就将掉价了。"可见，机会是一种可遇不可求的东西。面对机会时，智者学会了将它紧紧抓住，立即行动；而平庸的人则由于拒绝，眼巴巴地看着别人成功。

马云的精彩故事

了解马云的人都知道，马云是一个急性子的人。他只要看到机会，就会迅速出击，采取行动。

2005 年 8 月，阿里巴巴公司在北京宣布与雅虎公司签署合作协议。在新闻发布会上，马云宣布："阿里巴巴公司将收购雅虎中国的全部资产，并且阿里巴巴公司还会获得雅虎品牌在中国的无限期使用权。"

马云宣布的这个消息，让当时的很多业内人士都惊讶不已。在他们眼中，收购雅虎中国公司可不是一件小事。就像业界的一位评论员所说："任何一家企业要想成功收购雅虎中国公司，必须做好充足的准备。否则收购的企业就会陷入经济危机。"

面对外界人士的质疑，马云回复道："等我犹豫的时候，雅虎中国公司很可能就成了别人的了。这是我等了 7 年的机会，我必须迅速反应，立刻拿下它。否则，我会遗憾终身。"

被问到淘宝成功打败易趣的经验时，马云说道："如果当初易趣先采取免费策略，那么，淘宝网就不会有今天的成绩。换言之，淘宝成功的主要原因就是先人一步实施了免费策略。”

淘宝网总裁孙彤宇也说道：“淘宝今日的成绩离不开免费政策的支持。但是更关键的一点是，这个政策实施的时机非常好。如果当初，淘宝上线一段时间后再使用免费政策，恐怕就只能成为 eBay 公司的刀下鬼了。eBay 公司当时根本不给我们任何思考的时间，我们只有在上战场前就做好牺牲的准备才能幸免于难。如果我们犹豫片刻，就会死无葬身之地。”

可见，等待是杀死机会的凶手。就像马云所说的：“人的等待想法越重，那他失去机会的可能性就越大。”所以，面对机会，我们只有快速出击，才会取得最后的胜利。

商业的哲学智慧

成功的人都像马云那样，一看到机会就牢牢抓住，最终获得了胜利。而很多人因为选择了等待，才成了别人的跟随者，甚至不得不放弃原来看好的商机。

20 世纪 70 年代的时候，美国的加利福尼亚州德尔镇有一个叫作法兰克的年轻人，他因为家里十分贫穷，于是决定去芝加哥碰碰运气，寻找出路。法兰克在繁华的大城市转了几天之后，发现大街上有很多人以擦皮鞋为生。为了有足够的钱交房租，他也只好为别人擦鞋。

半年之后，他觉得擦鞋太辛苦，重要的是不能赚大钱。于是，他用自己的积蓄租了一间小店，边卖雪糕边给别人擦鞋。他发现，卖雪糕居然很赚钱，于是又开了第二家雪糕店。雪糕的生意越来越好，后来他干脆不擦鞋了，专门卖雪糕。

由于法兰克头脑灵活，做事勤奋，几年之后，法兰克的“天使冰王”雪糕已经稳居美国市场的领导者地位。他拥有美国 70% 以上的市场占有率，后来又在全球 60 多个国家开了超过 4000 多家分店。

与此同时，还有一个年轻人叫作斯特福，他与法兰克一起到达芝加哥。他是一位十分富有的农场主的儿子，不仅念了大学，还考上了研究生。当法兰克在大街上给别人擦皮鞋的时候，他正在芝加哥一家最豪华的酒店里面做市场调查。在耗资十几万美元，经过一年多时间的精确分析的，他统计出来最赚钱的工作是：卖雪糕。而这个时候法兰克已经拥有了许多家雪糕店。

当斯特福经过一年的时间终于说服自己的父亲，准备打造雪糕连锁店的时候，法兰克的雪糕店已经遍布整个美国。最后，斯特福不得不放弃这项业务。

可见，面对机会时如果不在别人之前采取行动，就只能眼巴巴地看着别人走向成功。

商业的现实思考

罗曼·罗兰曾经说过："如果有人错过机会，多半不是机会没有到来，而是因为等待机会者没有看见机会到来，而且机会过来时，没有一伸手就抓住它。"所以，企业要善于发现机会，更要善于抓住稍纵即逝的机会。

现在！立刻！马上！

做任何事，都是赶早不赶晚，尤其是在这个信息飞速发展的时代，晚了一步，就等于晚了半个世纪。

——马云

人们常说："早起的鸟儿有虫吃。"在这个斗转星移、变幻莫测的时代，晚一分钟都可能会失去一个极好的机会。成功总是先叩开那些有准备的人的大门，所以，如果我们有了好想法，发现了好的机遇，就要立刻行动起来，为成功的到来做好准备。

马云的精彩故事

虽然马云不是电子商务行业的先驱者，但是他却成了电子商务行业的引领者。那么，究竟是什么造就了马云在电子商务界的地位呢？

在一次采访中，马云说："我之所以能够独步武林，靠的就是'现在、马上、立刻'这六个字。"

"当创业这个发令枪打响以后，我就不会去看对手怎么跑了，只认准我自己的目标，一路狂奔。因为我觉得，如果我集中精力看对手怎么做，那么等到自己回过神来时，对手可能已经快到终点了。换言之，行动得越早，成功的概率就越高。如果一直看别人怎么做，那么我就等于输在了起跑线上。"

不仅如此，作为阿里巴巴的领导者，马云的时间意识特别强。他认为只有拥有时间意识，才能在有限的时间里，做尽可能多的事情，才能更好地执行好想法。

当初在看到易趣在 C2C 市场上的发展势头时，马云不禁担心起阿里巴巴的未来。在综合考虑之后，马云决定创建一个新模式来对抗易趣的攻击。

在确定了这个想法后，马云迅速挑选了十几位技术骨干，安排他们到"秘密基地"做研发工作。为了快速抢占市场，马云对这些技术骨干说："你们必须在一个月内完成全部研制工作。一个月后的今天，我要看到淘宝顺利上线。现在我们没有多少时间了，如果在一个月内淘宝不能上线的话，那么我们将失去存活的希望。"听了马云的话后，这些技术骨干都变成了与时间赛跑的人，他们几乎每天都趴在电脑前工作，其他事情根本无暇顾及，有时连吃饭都顾不上。

一个月后，淘宝顺利上线，上线后的淘宝成了易趣在中国的最大竞争对手。至此，马云创建的 B2B 模式免受了一场竞争恶战。

由此可见，企业的管理者一定要有时间意识，要提前做好准备，只有这样，才能在未来的竞争中取得胜利。

商业的哲学智慧

一个企业要想长久发展下去，不仅需要领导者有时间危机意识，而且需要每一位员工都具备快速行动的意识。

马云经常对员工说："你们现在、立刻、马上按照我说的做。"

马云参加完新加坡的亚洲电子商务会议回到公司后，对高层员工们说："我认为阿里巴巴应该上线了，而且我打算采用集贸市场的方案让阿里巴巴上线。"但是，马云的想法遭到了高层员工的一致反对。其中一位高层员工对马云说："我们都不同意你提倡的'网上集贸市场'方案。希望你允许我们在此基础上做些调整后，再考虑上线的问题。"马云听到这位员工的话后，当下就火了，大声说道："等你们调整好了，时机就走了。现在、立刻、马上按照我说的去办，至于其他事情，以后再说！"

面对马云的强硬态度，员工们只得听从他的安排，立刻去准备阿里巴巴上线的各项事宜。终于，在马云要求的时间内，阿里巴巴成功上线了。因为及时上线，阿里巴巴获得了诸多好机会，这为阿里巴巴未来的发展奠定了良好的基础。

在这件事之后，阿里巴巴的高层员工深刻认识到了一个道理：只有抢占先机的人，才拥有取胜的资本。

培根说："真正迅速的人，并不仅仅是事情做得快，而是做得成功而有效的人。"意思是说，人们只有快速反应、主动出击，取得成功的概率才会更高。

因此，企业领导者一定要培养员工的快速反应意识，让企业中的每一个员工都成为快速行动者。只有这样，企业才会发展得更好，走得更长远。

商业的现实思考

任何企业的成功，都是建立在行动的基础上的。因此，企业领导者要想实现远大的发展目标，就要立刻做好行动规划，快速行动起来。行动得越早，成功就会来得越早。当你的下属犹豫时，不妨试试多对他们说："现在！立刻！马上！"

世界在变化，你要采取行动

世界时刻在发生变化，如果你自己不采取一点小小的行动，这个变化就跟你没有一点关系；如果你采取一点行动，你就可能是这个变化的受益者。

——马云

在当今这个信息时代，企业发展的外部大环境发生着日新月异的变化，一劳永逸的成功模式早已不可能再被复制。优胜劣汰、适者生存是永恒的法则，企业只有付出行动，积极适应外部环境的变化，才能永久地发展下去。

马云的精彩故事

从 2011 年 5 月开始，面对网商市场的激烈竞争，阿里内部开始讨论淘宝网的分拆问题，6 月做出决定时，马云在公司内部发表了讲话。

他说："今年事情一件接着一件来，从年初 B2B 的诚信问题，到支付宝的事情，还有刚刚半分钟以前我发出的邮件，关于把淘宝一拆为三，变成三家公司的决定。我先详细汇报一下我们做出的重要决定，这个从去年就开始考虑了很久的决定。

"第一，整个互联网电子商务形势发生剧烈变化，特别是近两年来，SNS 、搜索引擎……新公司层出不穷，大的局面发生了剧烈变化。2009 年我们提出'大淘宝战略'，整个集团必须先抓住 C，然后再做 B。所以阿里巴巴把 B 从主力舰变成旗舰，后来又进入暂时修复调整阶段，准备全面进入消费者领域。现在，我们经过这几年抓住了消费者，但是'大淘宝'也出现了局限性，它更像是被困的帝国。

“现在整个电子商务形势发生了变化，互联网发生了变化，正是需要我们做出抉择的时刻。

“第二，消费者发生了巨大的变化。现在的消费者已经不再满足于今天淘宝以及电子商务所提供的各种各样的服务，他们需要更加个性化、专业化的服务。消费者的需求在发生变化，企业需求也在发生变化，随着企业的升级、转型，以及内需的扩大，越来越多的企业正在开始从事电子商务。如何为他们提供更好的服务？

“第三，假如我们今天不随着外部形势的变化而变化，那一定是有问题了。互联网高速发展，组织结构、人才梯队都要跟着变化。淘宝在短短的几年里扩张到这么大的规模、这么大的影响力，但其实机会却越来越少，很多优秀的员工没有进一步发展的机会。现在，组织结构必须调整变化。

“第四，虽然碰上了各种各样小的竞争，淘宝今天的规模还是很大。但如果要发展，我们就必须跟上整个行业规模。行业越健康、行业越大，我们越好。我们把大淘宝战略提升为‘大阿里’战略，这样它就可以提供信息流、资金流、物流、云计算，还有无线服务。

“这次拆分，我们把淘宝拆分为三家公司：第一家公司为淘宝网，第二家公司是淘宝商城（天猫），第三家公司是一淘。我们这次是战术调整，建设新的商业文明，建立整个中国电子商务基础设施和开放、繁荣的生态系统的战略没有变，我们只是从组织上进行调整，所以它们是独立的三家子公司。

“在今天这个形势下，阿里巴巴必须主动求变，不能别人逼着我们变。”

商业的哲学智慧

面对消费者观念的变化以及整个行业形势的发展，2011 年马云做出了拆分淘宝的决定，马云用 2013 年“双十一”阿里巴巴 359 亿元营业额证明了这个曾经被质疑的决定的正确性。这充分说明了面对市场变化，企业积极适应的重要性。然而很多企业固守老模式、老思想，最终被时代抛弃。

前不久，饭统网毫无征兆地倒闭了。这个旧日订餐业明星谢幕时，餐饮领域暗潮汹涌，新兴企业各出奇招，激烈竞争面前谁也无暇顾及饭统网的失败。

半年前，饭统网产品总监臧涛对《财经天下》周刊表示，市场正朝他们走来："由于'三公消费禁令'等政策的出现，中高端餐饮企业重新思考他们的定位，也更加能接受网上促销的模式，对于我们这些第三方专业互联网渠道是一个机会。"他说得没错，美团、大众点评等与餐饮业有关的网站都成了香饽饽，但半年后，饭统网却关闭了。

分析原因，不难发现是餐饮业的新潮流抛弃了饭统网。2003 年，饭统网和大众点评网都是初生牛犊，同样是中国餐饮业进入互联网时代的象征。但是，大众点评不断适应行业潮流，最终越做越大。而饭统网在过去 11 年里，错过了几次腾飞良机。最近的一次是近两年兴起的移动互联网客户端服务。2010 年，饭统网尽管早早推出了自己的手机 App，但却没有在后续的研发上投入足够的成本。而且在随后 2011 年的团购大战中，饭统网也并未把团购作为自己的主营业务。就此，饭统网不再热门，失去了资本方面的关注度，渐渐陷入资金流不足的窘境，最终在产品总监发现的商机还未来得及实施时，饭统网就已经完败于自己的老对手。

可见，当今时代，故步自封、不能顺势而上的企业只能走向衰落。面对变化着的世界，最好的做法就是自己采取行动，适应潮流发展自己。

商业的现实思考

俗话说，此一时，彼一时。在日新月异的时代，具有强大竞争力和长远发展空间的企业需要顺时而变的改革家式的领导者，也唯有这样，企业才能长久地在不断变化的市场上立足。

第 08 课

沟通哲学——让心与心之间无障碍

用激情演讲增强员工的信心，用故事哲理让员工明白事理，用自嘲赢得员工的好感……马云和员工之间走得如此之近，这也成就了阿里人之间的无障碍交流。

打造个性亲和力

阿里巴巴不希望用唾手可得的利益来吸引人才，而是要用企业文化和领导者的个人魅力，让人才自己靠过来。

——马云

在商业活动中，极具亲和力的人，更容易赢得人心。如果一个企业中有一个极富个性又具有亲和力的领导者，这个企业必然会吸引大批人才加入。马云的个人魅力和亲和力更是吸引了蔡崇信这样的大将加入阿里团队。

马云的精彩故事

阿里巴巴能有今天的成就，蔡崇信功不可没。阿里巴巴建立之初，马云构想的电子商务理念引起了大批国际投资集团的兴趣，蔡崇信供职的 Invest AB 集团便是其中之一。蔡崇信当时任 Invest AB 集团香港区的副总裁一职，主要负责亚洲地区的投资业务。起先，他来到阿里巴巴公司仔细考察，目的是找到一个有潜力的投资对象。

蔡崇信听了马云对于电子商务的看法，以及马云要做全球最大的 B2B 网站的目标后，被马云的理想深深吸引。随后，马云竟然邀请蔡崇信到自己的公司——湖畔花园的家中，进行实地考察。

蔡崇信在马云所谓的“公司”看到了让他吃惊的一幕：一个小小的四居室中，20多个人十分投入地工作，地板上乱七八糟地放着废纸、毛毯、床单。但是从他们的微笑中可以看出他们在这个单元房工作时的愉悦心情，以及他们对自己事业的热爱。而马云与员工打成一片，毫无距离地交流，更让蔡崇信感到震惊。

过了不久，蔡崇信又到杭州找马云谈投资的事情，但是他对投资的事情并没有多大的积极性，反而对马云“十八罗汉”创业的故事十分感兴趣。渐渐地，“十八罗汉”创业的激情和团结打动了他。

马云的魅力最终吸引了蔡崇信。蔡崇信辞去了 Invest AB 集团副总裁一职，请求加入当时几乎一无所有的阿里巴巴。他的这一举动连马云都感到吃惊。就这样，蔡崇信正式加入阿里团队，由一个年收入几十万美元的高级副总裁，变成了一个月只有 500元工资收入，还是自己凑钱给自己发工资的阿里人。

这样的故事在阿里巴巴不胜枚举。有一次马云受邀参加哈佛大学的活动，在演讲中，马云的睿智和幽默打动了哈佛的学生们。哈佛精英们对马云佩服得五体投地，不仅让马云享受了签名、合影等明星级待遇，还有 35 个研究生当场拦住马云，请求和他一起“芝麻开门”，到阿里巴巴工作。

商业的哲学智慧

虽然马云长相平平，但他却能给和他接触过的人留下深刻印象。我们在生活中经常会有这样的发现，有的人一言一行都能给人留下难以忘怀的印象，而有的人给人的印象则如过眼云烟；有的人虽然只是偶然见过一面，却让别人记忆犹新，而有的人尽管与人相交甚久，却从未在对方心中掀起波澜。这都是因为人的个性在起作用。

钢铁大王卡耐基小的时候，家里很穷。有一天，卡耐基放学回家，在经过工地的时候，看到一个老板正在指挥着工人盖一幢大楼。

卡耐基上前问道：“怎样才能成为像您这样的人呢？”老板回答说：“第一要勤奋……”“这我知道，”卡耐基说，“那第二呢？”“穿件红衣服。”那人回答说。

卡耐基不懂，继续问："这样就能成功吗?"老板指着一群穿蓝色衣服的工人说："那些工人都穿一样的衣服，所以我一个都不认识。"然后又指着旁边的一个工人说："你再看那个穿红衣服的工人，我却认识他，因为他穿的衣服颜色和别人不同，引起了我的注意，并让我发现了他的能力，我打算过几天给他安排一个好点的职位。"

故事中那位穿红衣服的工人，不一定是所有工人中最有才能的，但是他却得到了老板的赏识，因为他通过一件红衣服展示出了他与其他人不一样的个性，让人一看到就觉得与众不同，从而突出了他的优势。

个性是一种不因潮流改变而改变的、一种你有别人没有的特质。正因为马云身上具有那种能够让"十七罗汉"死心塌地跟随他创业的特质，具有在别人面前幽默风趣的亲和力，他才能不断地吸引顶尖人才加入他的阿里队伍，并且随着队伍的越来越强大，也就打造出了今天的阿里巴巴。

商业的现实思考

独特的个性和亲和力具有一种无形的力量，并在社会交往过程中起着重要作用。企业领导者如果具有独特的个性和亲和力，并用这种无形的力量促使人才愿意追随自己，企业在竞争中就会得到许多意想不到的成功机会。

用激情演讲带给大家信心

有些人，创业时期是很有激情的。但激情来得快，去得也快。所以，我希望你们的激情能保持三年，保持一辈子。

——马云

在带团队时，激情的演讲会带领员工走出迷惘，重获信心。在企业中，能够用演讲带动气氛的管理者，必定是最有魅力的管理者。

马云的精彩故事

2009年，黄龙体育中心一片沸腾，2万多名员工、客户和嘉宾，共同为阿里巴巴庆祝10周年生日。

马云3次登台，第一次着中山装，与17位创始人一起上台亮相。

第二次，他以嘻哈乐手、白发魔女、印第安酋长的混合造型亮相，在公司高管的伴奏下，独唱《狮子王》中的主题歌 *can you feel the love tonight*。

第三次登台，马云身穿白衬衣，发表了激情演讲。

"我们永远会坚持客户第一，员工第二，投资人第三。让华尔街所有投资人骂我们吧，我们坚持客户第一，员工第二，股东第三。我们专注电子商务，前10年专注电子商务，后10年我们还是专注电子商务。前10年我们专注中小企业，后10年我们还是专注中小企业。因为只有专注中小企业，专注电子商务，才能让我们走得久……

"我今天当着27000多名阿里巴巴的员工和朋友，描绘下10年后，我们的具体指标是什么。阿里将为全世界1万多家企业提供一个生长的平台，我们将创造1000万家中小企业的网上群体，我们要为全世界创造1亿个就业机会，我们要为全世界10亿人提供消费平台。

"今天很残酷，明天更残酷，后天很美好。绝大多数人会死在明天晚上，看不到后天的太阳。阿里人必须看到后天的太阳。世界给了我们这个舞台，全球给了我们这个机会，动用所有的智慧，所有的勇气，一切的努力，去帮助1000万家企业生存、发展，去创造1亿个就业机会，为10亿人提供价廉物美的平台！"

这次演讲将马云的目标、期望、信心和激情完全表现出来，更将整个晚会推向高潮。阿里人听了演讲之后，对自己、对企业的未来更加充满信心。

商业的哲学智慧

如果说马云是商业界用演讲点燃激情与信心的大师，那么华为集团的CEO任正非也是当之无愧的激情演讲大师。

任正非曾经不愿接受媒体采访，但这并不代表他会淡出公众视野。相反，他的内部演讲从来都是业界广为传播的典范。

在公司面临危机的时候，他说："检验一家企业或部门是否具备良好的企业文化与组织氛围，不是在企业一帆风顺的时候，而是在遇到困难和挫折的时候。古人讲的患难知人心，就是这个道理。我们是世界上活得最好的公司之一……冬天总会过去，春天一定来到。我们趁着冬天，养精蓄锐，加强内部的改造，度过这个严冬。我们一定会迎来残雪消融，溪流淙淙，华为的春天也一定会来临。"短短的几句话就透露出了任正非对华为集团未来的信心、与员工同舟共济的决心以及对员工的期待，这给当时处于IT严冬中的华为带来了春天的希望。

在谈到危机中企业高层管理者的作用时，任正非说："战争打到一塌糊涂的时候，高级将领的作用是什么？就是要在看不清的茫茫黑暗中，用自己发出的微光，带着你的队伍前进。领导者一定要像克劳塞维茨所形容的高级将领那样，在茫茫的黑暗中鼓舞精神，激励斗志，高歌前进。"几句慷慨激昂的话，将管理者的职责和任务表达得十分透彻。

任正非还善于运用温情来打动员工，坚定员工追求成功的决心。他说："我们每一个人的成功，都来自亲人的无私奉献。我们生活、工作和事业的原动力，首先来自妈妈御寒的冬衣，来自沉默寡言的父兄，故乡的水车、小屋、独木桥，还有曾经爱过你但已分别的姑娘……"对于那些心怀梦想、受过高等教育、远离家乡打拼的华为的年轻人而言，还有什么比故乡和爱情更能唤起他们内心的共鸣？任正非巧妙地将温情转化为年轻人拼搏的原动力。

此外，在一次演讲中，任正非引用《孟子》的名句："故天将降大任于斯人也，必先苦其心志，劳其筋骨，饿其体肤，空乏其身，行拂乱其所为……。”这使华为员工自觉对号入座，把自己正承受的压力当作承担大任的前奏，从而唤醒了员工心底的希望，使员工对现实和企业有了更高的认同感。

商业的现实思考

一个讲话时激情澎湃的人，必然是一个浑身充满正能量、能够在困难时刻给他人信心的人，而且他能通过演讲，将自身的正能量传达给别人，感染别人。

让自嘲来得更鲜活一些

男人的才华往往和他的相貌成反比。

——马云

领导者的尊严与缺陷，一般很忌讳被作为谈资，但真正智慧的领导者却敢于自嘲。自嘲，被认为是最高级别的幽默，是一种交际方式，一种拉近人与人心灵距离的好方法。马云正是用他高超的自嘲方式，一次次让人印象深刻，并赢得了他人的尊重，建立了好人缘。

马云的精彩故事

马云成功了，但他一直将自己的姿态放得很低。无论是在演讲还是讲话中他都喜欢贬低自己来拉近与听众的距离。其貌不扬的长相、糟糕的数学成绩、高考屡败屡战、求职每每碰壁、创业初期被骗……这些都被他用作自嘲的素材。

他说自己是“一个白手起家的亿万富豪，一个爱自嘲自黑的普通人”。他总是把自己贬得比别人低，以增加与听众之间的共鸣，他说：“是啊，马云其貌不扬，一路走得磕磕碰碰。他和我们没什么不同，甚至比我们还屌丝，但他把握住了机遇，努力奋斗了，现在终于成功了。”

2006年，马云作为嘉宾出席了哈佛中美学生领袖峰会。在会上被学生提问后，马云笑答：“我当时说男人的长相和智慧往往成反比，是说如果上帝给了平凡的长相，就要将自己培养得更有魅力、更加聪明。李开复确实长得帅，不过我要说，IT界丑陋的人确实要比好看的人多很多。每一个成功人士都有不一样的成长背景，比如我非常欣赏李开复先生的严谨治学和温文尔雅，如果以他为标准，我可能连10分都达不到，但是如果拿我的标准衡量的话，恐怕他也就10分了。”

马云对别人说自己对互联网一窍不通，却领导着阿里巴巴这个电商企业时，自嘲道：“我是盲人骑着瞎虎。这么久以来我没敲过一个代码，我是一个普通人，在这个公司我是最轻松的，我所做的工作顶多就是收发邮件、浏览邮件和讲话。到今天为止，我也不知道自己是怎么走到这一步的，所以不要将马云想成神，也别认为马云多么厉害，我成功，是老天爷他眷顾……”

《赢在中国》总制片人王利芬女士曾经感慨地说：“在马云身上，有一点是一般人做不到的，那就是他没有一点虚荣心，他不怕没面子，能十分坦然地面对自己不太成功的过去。连自己的长相也在他自嘲之列，这一点对一个人来说真的不容易，而且有许多人因为做不到这一点而将自己放大，之后要不断地为这个放大的自我费许多精力，要演戏。而马云不用，他台上台下都是一个人，真实地表达自己的不足，也真实地表达自己的才华。我很难想象什么人能将马云忽悠起来，也很难想象什么人能把马云的自信打下去让他自卑。”

马云的自嘲和自我贬低非但没有破坏他在公众心中的形象，反而让他赢得了掌声、尊重和人缘。

商业的哲学智慧

自嘲体现了一个人温文尔雅、宽容大方的气度，不仅避免了交流中的不快和尴尬，而且会加深对方对自己的印象，赢得尊重。有时候不失时机地自嘲，还会产生意想不到的效果。

一位男士到保龄球馆打保龄球。正当他准备投球的时候，忽然一个东西从相邻的道上飞了过来，正砸在他的脚趾上。刹那间，他感觉到一股钻心的疼，不由地抱着自己的脚在原地跳了起来。

原来隔壁的道上，一位女士正在练习保龄球。她投球的时候重心偏移了，再加上她的力气很大，所以这个球就冲着旁边这位男士飞了过去。只听见“哎哟”一声，这位女士就知道自己闯祸了，她慌忙跑去赔礼道歉。

一跑到男士面前。女士就看到男士右脚趾的一个趾甲被砸掉了，她赶紧一边鞠躬一边道歉：“对不起，我第一次打保龄球，请你多多包涵。”

听到女士的道歉，男士不但没有恼怒，反而笑了笑说：“女士，你再练练一定能够打中。第一次打就连我那么小那么倒霉的趾甲都打到了，下一次一定能打中瓶子。”

女士被他的幽默逗得不那么紧张了，她说：“你真是个男子汉，这么疼都不说疼。”

男士咧了咧嘴说：“唉！我不是女人，也不是太监，那就只能当男子汉了。”他这话一出口，把在场的人都逗乐了。

之后，这位女士执意将男士送去医院。再后来，就是故事的结尾：这两个人由此结缘，喜成佳偶。

可见，一个善于自嘲的人，就等于掌握了摆脱尴尬和制造愉快的能力。因此，在生活和工作中，面对别人的冷嘲热讽，不妨试试使用自嘲这个方法，也许会收到意想不到的效果。

商业的现实思考

企业领导者在沟通时，不妨适度地放下自己领导的“架子”，适度贬低自己，自嘲一下，给沟通增加点乐趣，同时也能鼓励员工敢于同自己沟通。如果能做到这样，就既能和员工有效沟通，又能和员工打成一片，提高自己在企业中的影响力。

做一个会讲故事的沟通者

您往台下一站怎么看也不像个人，您往台上一站，怎么看都像个神。

——马云

在企业内部沟通中，有时候一个短小精悍的看似不起眼的小故事都抵得过精心准备的长篇大论。人们都乐意从故事中获得经验，吸取教训。马云就是一个善于用故事与员工沟通的领导者。

马云的精彩故事

在阿里巴巴，马云是公认的故事大王。他的故事幽默风趣，老少皆宜，不仅常常在讲话中信手拈来，而且让听众乐在其中，并从中深受启发。

为了让员工思维活跃，调动员工的工作激情，马云在员工大会上讲了这样一个故事：“70 年代末我在杭州学英文，在西湖边上，老外说你们广播操很好，我就教他们广播操。教完之后我回过头来看看，他们也回过头看一下，我一笑，他们也一笑，我弯了一个腰，他们也弯了一个腰。第二天表演这个动作的时候，所有人都转回头，笑了一笑，弯了腰。这个就是习惯。你前面一贯认为对的东西，也许当时是出于我们竞争的需要，当时做这个动作的时候傻傻的，于是越来越傻，越搞越大。”

接着，马云回到正题，问道：“为什么这么多年来我们没有进步，阿里巴巴网站这几年来没有重大突破？因为我们太封闭了，这么多年的行为要改变是很累的。”然后，马云接着讲第二个故事。

“两夫妻生了一个孩子，一个星期想不出一个名字，然后爷爷一脚踢进门来，说你们不要想了，一个根，一个宝都要有，其他随你们挑。那只能是根宝了，你已经限制了，姓徐也不能改，那就是徐根宝，要么就是徐宝根。我们今天也是这样，凡是都在这里，改是没有希望。”

马云的演讲之所以那么受欢迎，是因为他善于用诙谐幽默的故事来讲明大道理。大道理人人都会，如果照本宣科，苦口婆心，不但自己觉得索然无味，还会让听众反感；而生动活泼的故事不仅能调动气氛，听众还更易于接受。

2008 年 12 月 6 日，在《企业家》杂志组织的年会上，马云为经济危机做了演讲。正好那天早上他看到一份报纸，报纸上说北京湖里有一只鸭子被冻住了，而且还附着照片。于是，马云便将这只鸭子的故事作为自己的演讲素材。

“今天北京的报纸上登了一只大傻鸭，这只大傻鸭被湖面上的冰给冻住了。因为它没有料到今年的冬天会这么冷，而那些有准备的鸭子提前上了岸，于是就安全了……金融风暴也是如此，来了并不可怕，可怕的是没准备……我说过，金融风暴最黑暗的时期已经过去，因为半年前阴云密布而大家浑然不知才是最可怕的。现在虽然雨很大，但大家都在关注，就会慢慢好起来了……”

经济危机是一个严肃的话题，马云却用故事生动地指出了大家预见危机的迟钝性，并且通过反面例子鼓励大家乐观看待金融危机，顿时，不仅使大家严肃紧张的心情得到缓解，而且带给大家信心。

商业的哲学智慧

富有魅力的领导者总是那么相似。马云善于用故事启发员工，张瑞敏也善于用故事传达自己的经营理念。

有一次，张瑞敏和他的几名员工一起到大连出差，顺便去了一趟大连市动物园。动物园的虎山上，有虎、熊、狮子，甚至还有狗，号称“三兽同笼”“虎狗同穴”，随行的几名员工都不由自主地拍案称奇。

这时，只有张瑞敏在一旁笑着说：“这其实就是‘创造概念，创造市场’，如果单单只是在虎山上放几只虎，谁也不会感到稀奇，这在哪儿都可以看到，人家为什么偏偏去看你的呢？而放入狗、熊或狮子，那可就不同了，一下子就把人们的好奇心给调动起来了，这样必然会吸引游人。这样一来，创造了一个概念，也创造了一个市场。”

员工听了张瑞敏的这番话后恍然大悟。张瑞敏一时兴起，接着又讲了另外一个故事：“有一只象，从小被拴在一根柱子上，等它长大了，它也老老实实守在柱子旁。而从别处来的一只大象，只用鼻子一卷，就把柱子卷走了。”

张瑞敏讲的故事看似简单，实际上他是在用这些浅显易懂的故事教育自己的员工。他的真实用意是，希望海尔员工在市场竞争空前激烈的今天，不能只满足于自己拥有的那一片小天地，故步自封、墨守成规，而要不断创新。

退一步来讲，如果张瑞敏用传统的方式和比较强硬的话语给员工灌输这些道理，员工会愉快地接受吗？

商业的现实思考

讲故事是领导者的一种沟通才华，谁都不愿意花时间去听一堆索然无味的大道理，也不愿意去接触那些毫无温度的专业术语。如果领导者足够睿智，用生动活泼的故事将这些大道理和专业术语讲出来，谁又会拒绝呢？

平等交流，倾听员工倒“苦水”

阿里巴巴以人为本，人是我们的本钱。大家以后回过头来看最后能影响这家公司的人就永远是阿里巴巴的leader，要用欣赏的眼光来看。

——马云

兼听则明，偏信则暗。在企业中，善于倾听员工发牢骚并采纳员工合理建议的领导才是真正有交际才华、有气度胸怀的人。要想发现企业发展的弊端，掌握员工的心理状态，管理者就必须学会与员工平等交流，倾听他们倒“苦水”。

马云的精彩故事

马云在阿里巴巴内部沟通上一直将自己与员工放在平等的位置。在一次内部讲话中，他说：“有人说我智商很高，情商很低，其实情商低的人基本上把自己看得很高，认为自己智商很高，把人家当成傻子。天下是没有傻子的，除非他真脑瘫了。你只是没有机会告诉他，告诉他他都懂。你有了机会，有了各种机缘，你成为今天的人，你要把自己清空，把自己看低。个子高要蹲下来，不蹲下来永远跳不高，这是我们的文化价值，是我们的精神实质。我们是平凡的人，但是我们一起来做一件非凡的事，我们看别人永远要比看自己高，我们永远要把自己降低。你最讨厌老板什么？他装作他很懂，还觉得员工傻，其实只是员工不说而已。权力只有下放，下放才有权力。在你的手上，眼睛盯着的不是你的权力，让每个人分担一点权力，每个人都守住，这时候才真正有权力了。很多人说我要控制，那你永远会失败。阿里巴巴以人为本，人是我们的本钱。大家以后回过头来看，最后能影响这家公司的人就永远是阿里巴巴的leader，要用欣赏的眼光来看。”

马云不仅注重与员工的平等交流，他还告诫中小企业经营者要善于倾听员工向他们吐“苦水”。

一次，浙江义乌一家小型箱包加工厂老板向马云诉说自己的苦恼，他说给员工的福利待遇很好，比如保底计价、工龄奖、表现奖、满勤奖、老人介绍新人奖、8 小时以外加班费……还在工厂里设立台球室，购置投影仪定期播放电影电视，为的就是丰富员工的业余生活。

可是，他厂里的员工从开始的90 多人，到现在只剩10 来个人了，而且新人一时半会也没增加多少。有订单，但是人员少，招不来人，原材料还涨，企业很难往前发展。

马云回答说：“员工来公司不是打台球，也不是看电影看电视，老板要问问你自己有没有坐下来倾听员工走的真正原因，他们都离开了，他们到了哪里？难道他们去的公司的台球桌更大，电影更多？假如把台球桌拆了，把员工工资增加了会怎么样？假如老板和员工分享公司的未来会怎么样？员工是不能哄的，老板、员工双方要坐下来好好沟通，特别是老板，要认真听取员工的不满，只要解决了员工考虑的问题，员工自然心存感激，就不会离职了。”

商业的哲学智慧

马云认为台球桌、放电影这些东西解决不了员工相继辞职的问题。留住人不一定要用物质福利，通过倾听员工心声让员工感到自己受到尊重，让员工觉得在这里工作很有幸福感、归属感，员工自然就不会离职了。日本松下公司为了引导员工顺畅地表达自己的情绪，将松下幸之助的人体模型作为员工发泄苦闷的工具。

在松下公司，所有分厂里都有吸烟室，里面摆放着一个极像松下幸之助本人的人体模型，工人可以在这里用竹竿随意抽打“他”，以发泄自己心中的不满。停手了，喇叭里会自动响起松下幸之助的声音：“这不是幻觉，我们生在一个国家，心心相通，手挽着手，我们可以一起去求得和平，让日本繁荣幸福。干事情可以有分歧，但记住，日本人只有一个目标，即民族强盛、和睦。从今起，这绝不再是幻觉!”当然，这还不够，松下公司说：“厂主自己还得努力工作，要使每个职工感觉到我们的厂主工作真辛苦，我们理应帮助他!”正是通过这种让员工发泄不满的方式，使松下公司的员工自始至终都能保持高度的工作热情。

松下公司的这种做法被世界上许多国家的企业借鉴。在美国一些企业，有一种叫作 HopDay（发泄日）的制度设定，就是在每个月专门划出一天给员工发泄不满。在这天，员工可以对公司同事和上级直抒胸臆，开玩笑、顶撞都是被允许的，领导不许就此迁怒于人。这种形式使下属的不满情绪得到宣泄，大大缓解了他们的工作压力，提高了工作效率。

美国威斯康星州格林贝市的儿童保育中心总经理帕特·布普纳，每隔一个月就要请自己手下的 22 名员工出去吃一次比萨。就餐时先用一个小时让员工们彼此随意发发牢骚，也可以就管理问题提出自己的看法。随后，再用一个小时发表积极的见解，并就新出现的问题提出改进的建议。举行这种“正式的宣泄集会”的费用很低，不过效果却很好。

能将一种消极的发泄变为积极的提供建议，显示出了帕特·布普纳高人一筹的管理智慧。当然，发牢骚的目的就是为了让员工能够积极与上级沟通，以达到解决问题的目的。

商业的现实思考

物质上的满足代替不了精神上的压抑。管理者如果懂得与员工平等交流，认真倾听员工的心声，员工倒尽心中的“苦”后，积淀下来的就是感恩企业，认真工作的“甜”。

批评、吵架，也是一种交流

那时在湖畔花园能够尽情地吵、尽情地闹，有时候吵架也是一种缘分，闹更是一种缘分。

——马云

在人际交往中，人们最不常用、最不喜欢的就是争吵和批评。当发生意见不合的情况时，大多数人会选择沉默或者视而不见。但是，当有一天有人无法忍受时，愤怒和抱怨就会让原本亲密、信任的关系瞬间灰飞烟灭。适度的争吵和批评，更加有利于团队成员的交流和信任。

马云的精彩故事

马云创业之初，“十八罗汉”经常会为了一些意见和方案，争得面红耳赤，甚至互不相让，最后争吵起来。马云成功后，在湖畔学院的一次讲话中，回想起那段峥嵘岁月时，不禁感慨万千。

他说：“阿里巴巴的18个人，那时在湖畔花园能够尽情地吵、尽情地闹。有时候吵架是一种缘分，闹更是一种缘分。我记得有一次孙彤宇跟我吵架，整整一个多星期，一笑都不笑的；李琪也是，到美国出差，共8天时间，8天没有理我，不跟我说一句话。但是我们个人之间没有任何矛盾。

“有一次开会是从晚上开到早上4点，我们约法三章：如果彭蕾对李琪有意见，必须跟李琪谈一谈，打一架、吵一架都没有问题，只要能把问题解决掉。如果解决不了问题，彭蕾找我，声明李琪这个事情做错了，这个问题就shut up（闭嘴）。如果李琪不对，彭蕾觉得有问题却没有跟李琪讲，找了王五、张三，彭蕾就违背了游戏规则。”

马云和他的团队之所以在那么艰苦的条件下，一直坚持梦想，即使吵架也没有隔阂、解散，和他们对吵架、批评的看法有很大的关系。当他们将吵架与批评作为一种沟通、提升自我的方法时，自然不会产生大的矛盾。

商业的哲学智慧

俗话说，君子和而不同。“十八罗汉”争吵的基础是他们共同的理想——创立阿里巴巴集团。争吵中必然包含着每个人对自己观点的肯定和对他人想法的批评。在沟通过程中，表扬或批评，都是一种有效的反馈机制。只是我们需要记住，作为反馈机制的重要组成部分，批评应建立在以下几个条件之上：

第一，尊重事实，避免责备。批评不等于语无伦次的责备。批评的目的是使一个不正确的情形正确起来，而不是责备某个人。任何批评都要尊重事实，以理服人，这是进行批评最基本的条件。不尊重事实的批评，纵使你有再充分的理由，做出再精辟的分析，都只能是“无源之水”。所以在批评他人的时候，千万不要使他觉得正在受到责备。

第二，尊重对方人格。谦恭的态度会让自身的学识与经验在人际交往中自动放出光芒。批评应该是只对事不对人，即使自己的身份、学识或经验非凡，也不要给别人施加压力，这会让别人反感。如果在话语间有轻视对方、故意嘲弄的言辞和行为，不仅达不到以批评促进感情的目的，可能还会因此伤害到已经建立起来的友谊。

第三，选择好批评的氛围。不同的语言情境、不同的场合，可以造就不同的交际效果。在谈话中提及对方的不足或与对方在谈话中发生争执时，最好用心平气和的态度来结束谈话。面对一些尖锐的问题时，可以先批评对方一些不痛不痒的小问题，这样有利于创造一个好的谈话氛围。在这种氛围中，随着问题的不断加深，自然而然就会触及实质性问题。这种剥洋葱式的方法，会使对方在情感上比较容易接受自己，进而接受自己的意见。

商业的现实思考

批评和吵架是一种很难让人接受的沟通方式，但它却可以提高沟通者对问题的重视程度。企业管理者在万不得已的情况下要批评员工甚至与员工争论时，不妨本着尊重事实、尊重对方人格的原则来进行，这样才不至于失去领导者的风度，员工也才能更好地接受你的意见。

鼓励员工在内网上发声

这个社会缺乏正直、正义的声音，也许我马云讲的不都是正直、正义的声音，但是我马云也要发声。

——马云

三人行，必有我师焉。优秀的企业领导者都希望员工为公司的发展提建议，并且不会在意建议的优劣。毕竟，说出来，就意味着员工在为公司考虑。至于建议的好坏，则是后续的问题。

马云的精彩故事

2012 年 1 月 10 日，马云在阿里巴巴集团 HR 会议上讲话时说道：“今年我想，2011 年内网的情况有巨大进步，开放、争论社会上不好的东西也会被带进来，但被我们的火力镇压了一点，正气又起来了，这才是对的。

“内网要比社会更健康。这个社会缺乏正直、正义的声音，也许我马云讲的不都是正直、正义的声音，但是我马云也要发声。现在我怕的是只要有观点，只要有人限制，只要有人蛮横，都变成了伤口，这是不对的。

“所以我要求组织部的人积极参与，今年在内网上面没有发过言的人，我这儿都要扣分的，至少是通报批评，数据都有的。要么你告诉我没有观点，你觉得员工讲的都是对的，我就不相信了；要么至少是表扬，如戴珊你这个观点真好。

“现在的问题是内网上员工很积极，而且很多是2011年、2010年进来的员工，我们应该去帮人家成长。现在每个中层管理者都把自己当成高深莫测了，认为自己不能随便发表意见。其实不是高深莫测，而是这些人没有原则，他们在担心老板怎么看，同事怎么看。怕说错了，老板笑话。

“这些人多可悲啊！假设我们在自己家里面还不敢说，面对一个问题的态度还不如刚进来一年的员工，我就很好奇地问，我们的干部是成长了还是倒退了？

“所以我今年在关注，观点好坏不重要，重要的是你把观点想法亮出来。太多了也不行，有些人的微博，一天到晚在发，他的Full Time Job是干这个的，Full Time Job在内网上那也不对。有的时候经理也提醒他一下，兄弟，你是微博的版主？有的人要么从来不玩。

“我们不能极左，也不能极右。这个公司内网上的气氛，我觉得它比外面社会上好。我至少看到了一些很亮的东西，2012年在组织建设文化过程中、成长过程中，我们立了一个很好的里程碑，我们开始走向了透明。”

马云很注重阿里巴巴内部员工的沟通，观点好坏是其次，最主要的是，通过沟通可以发现问题，弥补不足。

商业的哲学智慧

马云通过让员工在内网上亮出自己观点的方式来发现问题，因此，阿里巴巴的很多问题在产生之初就被解决掉了。英特尔公司的开放式沟通模式，则打造了一个高效、严谨、团结的团队。

英特尔公司的开放式沟通模式，既有自上而下的沟通，也有自下而上的沟通。管理层通过网络，向全球员工介绍公司最新的业务发展情况，同时通过网上聊天，与员工进行互动，回答员工提出的各种问题。

每个季度，公司都会定期出版员工简报，让员工及时了解公司的最新情况。此外，英特尔公司还有一个“一对一面谈”制度，即公司与员工之间就工作期望与要求进行沟通。面谈通常通过员工会议的形式进行，而且由员工来决定会议议题，制定会议议程。

英特尔公司通过这些沟通方法和形式，提升了员工的沟通意识，当谈到如何在英特尔公司获得更好的个人发展时，一位英特尔员工深有感触地说：“关键还是要善于沟通，不要等着老板来找你谈工作，而要随时和同事、老板保持顺畅的沟通关系。”

英特尔公司的用人之道里还有一个重要原则：评价员工工作业绩是以结果为导向的，不管你做得怎么辛苦，付出多少劳动，老板最终都会以结果来衡量你的成绩。因此，每个新员工进入英特尔公司之初，得到最多的告诫就是：不要去做远远超出自己能力的事情，必须善于沟通，融入团队。这样一来，便避免了个别新员因认为自己能力超强，而忽视与团队成员沟通协作现象的出现。

商业的现实思考

管理者最基本的职责是发展与维系一个畅通的沟通管道，唯有不断沟通，不断让一线员工发出声音，领导者才能最大限度地了解客户的需求，了解公司决策的缺陷所在，促进公司业务更好地发展。

第 09 课

创新哲学——要有天马行空的想象力

阿里人敢于冲破固有思维、原有知识的束缚，善于倒立思考，以独特的视角解决问题和进行创新，这是比之物质财富更为重要的精神财产。

小想法，大创新

在我看来有三种人：生意人，创造钱；商人，有所为，有所不为；企业家，为社会承担责任。企业家应该为社会创造环境，企业家必须要有创新的精神。

——马云

人类的每一次巨大进步，都伴随着创新。同样，一个企业竞争力的提升也离不开企业内部的自我创新。其实，很多时候，创新不需要多么新奇大胆的假设，一个小小的想法变成现实，便可以成就一番事业。

马云的精彩故事

2013 年 3 月 31 日马云在 IT 领袖峰会上发表了名为《如果你有梦，就把它做实》的演讲，在演讲中，他提到了只要把小小的想法做实，企业就会实现大作为。

他说："大企业要有小作为，小企业要有大梦想。我们每个人都要去想想自己有了一些想法后，怎么把它变成现实，怎么把它变成真正的不是一个空想的事。大企业的小作为往往是很多事情，是一个瞬间的小想法影响了你这个企业未来发展的决定，影响了整个企业甚至社会变革。

"我相信马化腾他们的微信也是一个小小的偶然的触发形成的，坦诚跟大家讲支付宝就是一个小小的想法变成了一个巨大的变革。所以我想今天的IT界、互联网界存在一个巨大问题，我们动不动都爬到屋顶上讲大产业、大行业发展、国家体制改革、国家政治改革，好像政治不改革，你干不了事，不了解行业情况，就干不了事。其实跟你一点关系都没有。世界金融危机时，有一次我听到一个县领导讲话，世界经济发生了巨大危机，欧洲经济发生了巨大危机，所以我们县经济不好。跟你有什么关系？

“阿里巴巴走到现在为止生存下来很重要的一点就是我们关心自己。如果一个人不关心自己，不关心自己员工、家人、朋友，不要希望他会关心所有人。我不太希望一个人大公无私，一个没私的人不太可能有公。IT发展到今天我们缺技术、思想吗？不缺。今天缺的是把这些东西变成现实。”

的确，如果把小小的想法、技术变成现实，企业就已经实现了一次巨大的飞跃。

商业的哲学智慧

创新并不是一件离常人非常遥远的事情，更不是发明家的专利。脑子转得快，看问题的视角比较超前，能看到多数人忽略的细节，都可以帮助你创造出一个新世界。

服装品牌“李维斯”的创始人安德森·李维斯一辈子的成就与他善于观察、能发现别人没发现的小细节，并将小细节变成想法，最后付诸实施有关。

当年美国西部兴起淘金热时，与许多梦想发财的人一样，李维斯也踏上了西部淘金这条路。到了西部后，在前往矿山的路上，有一条大河。当大家都涌向矿山时，李维斯却对大河产生了兴趣。原来，他发现每天都有很多人过河，但大家都会为过河会湿衣或不会游泳而苦恼。他决定先不前往矿山，而是在河上摆渡。由于只有他一个人想到了这个点子，他的生意非常好。当别人还没有到达矿山时，他已经挣到不少钱了。

到了矿山后，他发现在短时间内凭运气发财的可能性不大。此时，他又有了一个主意，为了使自己先攒些钱，他决定先卖水。因为他发现了一个细节：在矿山附近，淘金者们很难喝到干净的水。于是，他做起了卖水的生意。因为就他一个人想到这个主意，他的生意也非常好。

一天，有个淘金者向他抱怨："天天都在淘矿石，裤子总是没穿几天就被磨出洞来了。"李维斯从这句不经意的话中听出了商机。因为他之前经营过帆布生意，于是，他想用结实耐磨的帆布来做裤子卖给淘金者。他用帆布做的裤子对淘金者非常有吸引力，他在很短的时间内就挣了很多钱。不久之后，他用帆布做的裤子就在全美畅销了。此时的李维斯已经放弃了淘金，而是专心经营帆布裤子的生意，因为他找到了更多的"金矿"。

李维斯没有新奇的想法和过人的天赋，但他却从一个淘金者一跃成为全球知名品牌服饰的创始人。他的成功源自于他注意到了别人没有注意到的细节，从细节中发现了商机，并且付诸行动。

商业的现实思考

小想法，大创新，进而造就大企业。作为企业的管理者，如果能够发现别人没有注意到的小细节，具有一些别人没有的小想法，并将这些想法踏踏实实地落到实处，日积月累，则企业一定会实现巨大飞跃。

与众不同，才能吸引眼球

在所有人唱歌、跳舞的时候，我们讲话一定要轻，但是在所有人冷静下来的时候，阿里巴巴必须发挥自己的作用。

——马云

在这个世界上，成功者往往是特立独行、独辟蹊径的人。没有自己的想法，只会模仿，亦步亦趋的企业是无法长远发展的。马云说："做小企业一定要做到独特。"只有独特的企业才能让人记住，才能引领潮流。

马云的精彩故事

在谈到企业发展问题时，马云谈到了他与众不同的发展模式，他说："我们异军突起后成为全世界 B2B 领域里的第一位，无论访问量、客户数量都是第一位的，原因很简单，美国都是为大企业服务的。在我看来，要为大企业服务是很难的。第一，等到他搞清楚怎么做的时候，他往往会自己做，会把你甩了；第二，美国的电子商务都是为大企业省钱，我觉得中国要为中小企业服务。因为中国中小企业很多，中小企业最需要帮助。就像你可以造别墅，但客户群是有限的，但当你造很多公寓的时候，就有很多人愿意住，所以我是造公寓，为中小企业服务的，对于中小企业你不能去想办法帮他省钱，因为他的钱已经省到了骨头上面了……为中小企业服务的思路是帮助他们赚钱，让他们通过我们的网络发财……"

在企业文化建设中，当大多数企业将文化建设作为口号时，马云却实实在在地将文化落在了实处。阿里集团至少每年要把 1/5 的精力和财力用在改善员工的办公环境和培训上。阿里巴巴对员工的工作时间没有严格的要求，只要完成了工作任务什么时候下班都可以。IT 行业，研发人员的工作用脑量大，员工总是处于一种紧张繁忙的状态。阿里巴巴为他们提供优雅舒适的工作环境，让员工心情舒畅，开心工作。这也是一般企业人才流动率高达 10% ~15%，而阿里巴巴连续数年的跳槽率仍然控制在 3.3% 的根本原因。

刚做淘宝的时候，马云实行免费政策。他说："淘宝收费需要有一点创新的办法，我认为所有模仿的东西都不会超出自己的期望，谷歌能达到超乎人们期望的高度就是因为他们的创新，而全球最大门户网站雅虎也是自己创新出来的。"

商业的哲学智慧

由此可见，马云在经营的各个层面都不是一成不变，或者只会跟风的，而是有着自己的思想和创意，有一套与众不同的经营模式和经营理念。正是因为这种与众不同，阿里巴巴才会在行业中独树一帜。

创新就是懂得适时改变，引领潮流。

曾几何时，因为搭载塞班系统，诺基亚长期盘踞在手机市场上，稳坐“老大”位置。然而，就在2010年，一个全新理念的手机操作系统——安卓突然问世。它的出现，竟让塞班这位王者让出了“宝座”，诺基亚缔造的手机神话也随之被无情打破。

那么，安卓为何有如此“神力”，让当初坚不可摧的塞班系统从此“江河日下”呢？

原因很简单，安卓赢在了理念上。大家都知道，塞班简单、易操作、稳定，最适用于滑盖和直板机型。但是从2008年下半年开始，三星I908E和苹果公司推出的iPhone，开始引领触摸屏手机的潮流，这让很多智能机的用户，开始改变消费观念，他们不再仅仅追求系统的稳定性，而是更喜欢时尚、新奇的东西，以及更为华丽的操作界面等。

而安卓恰恰适应这个消费潮流，它的系统界面非常华丽，用户可对其进行个性化设置，同时还可以运行很多新游戏，这让智能机用户得到了前所未有的新体验，对之深爱不已。

而后诸多手机厂商，如三星、摩托罗拉、HTC和LG等手机均看到了安卓带来的销售潜力，纷纷放弃塞班系统，开始研发搭载安卓系统的触屏手机。一时间，安卓系统成为手机操作系统的主流，而大屏幕触屏手机也将安卓系统作为营销卖点，享受着消费者高度追捧的待遇。

商业的现实思考

唯有独一无二，方可吸引眼球。只有经过自己独立思考并创造出的东西才会源远流长，模仿他人可能会一时成功，但不能一直成功。对于企业经营者来说，不要去追随他人的足迹，而要自己开拓企业发展的道路并留下足迹。

倒立思考，才能看到全新的世界

如果你倒过来看世界，它会变得不一样。

——马云

世界上之所以有那么多人亦步亦趋，人云亦云，是因为他们思考问题的角度是一模一样的。做企业亦如此。有时候，企业家思考问题时，不妨换个角度，倒立思考，也许你会发现一个全新的世界。

马云的精彩故事

马云让阿里巴巴员工把倒立作为“必修课”。员工必须在进入公司3个月内学会倒立：男性要保持倒立姿势30秒才算过关，女性则是10秒。如果无法做到这一点，即使其他方面再优秀，最后也无法继续留在公司。马云不仅这样要求员工，他自己也是倒立高手。问到原因，马云说：“第一，倒立可以锻炼身体，不仅不需要辅助器械，而且随时随地就可以进行，非常方便；第二，通过练习倒立，促使员工对问题进行换位思考，用另一种眼光来看待，可以培养创新思维。”

选择注资1亿元创办淘宝网的时候，马云遭到了很多人的质疑。当时中国的互联网行业尚未萌芽，而且提供类似网络市场服务的易趣已经占领了中国80%以上的市场份额，国外的eBay在2002年以3000万美元的价格收购了易趣1/3的股份，并在2003年以15亿美元的价格收购了易趣余下的股份，为的就是能够加强对中国市场的投入，在中国市场占据领先地位。

因为有如此强大的对手的存在，当时很多人都选择放弃电子商务这一块业务，认为自己没有什么竞争力，而马云却偏偏选择了与之竞争。这一做法在当时被形容为“疯狂”的“豪赌”。

马云注意到eBay虽然做得很大，但同时也存在很多弱点。基于这一考量，马云认为同eBay竞争，自己还是很有胜算的。马云那时候常说：“eBay可能是海里的鲨鱼，可我是扬子江里的鳄鱼，如果我们在海里交战，我便输了；可如果我们在江里交战，我稳赢。”马云选择走和eBay不同的路线，本地化的营销是淘宝网制胜的法宝。与eBay坚持收费不同，淘宝网并不急于收回成本，而是先培育市场，把客户的满意度放在首位。

马云的不按常理出牌取得了胜利。淘宝网发展至今，已成为无人不知无人不晓的电子购物平台。这些成绩都是当初人们想象不到的。如果马云选择按常规思维办企业的话，就不会有今天的淘宝网了。

商业的哲学智慧

走在前人走过的路上，永远不可能变成第一。只有在别人经验的基础上换一种思维模式，反其道而行之，才能创造出新的东西，释放出属于自己的精彩。

很久以前，交通还不是很便利。那个时候去黄山卖鳜鱼的商贩都是千里迢迢徒步去的，等到把鳜鱼送到目的地，有好多鳜鱼都已经开始腐烂变质了。

没有办法，鱼贩只能死马当作活马医，把鳜鱼先腌制一下，再入锅烧煮。经过这样加工过的鳜鱼，虽然闻起来臭，可吃起来却异常香。从此以后，鱼贩就索性用一层盐一层鱼的方法来储存鳜鱼，然后再运进黄山。

于是，闻名遐迩的黄山臭鳜鱼便应运而生了，而它那独特的味道不知倾倒了多少往来的食客。

因此，当我们专注于某项任务而又无计可施的时候，反其道而行之可能能够激发灵感，事半功倍。

有一位家长带孩子去池塘摸鱼。在摸鱼之前，他再三嘱咐儿子摸鱼时要小心，一定不要弄出声响来，否则，鱼就会被吓得游到水深处，那样就摸不到鱼了。

过了几天，儿子一个人去摸鱼，没想到竟然比他们两个人时捉到的鱼还要多。家长忙问这是怎么做到的。儿子回答：“您不是说过，一有声响鱼就会往深处跑吗？所以，我就提前在池塘中间挖了一个深水坑，然后再向池塘四周扔石子，当鱼听到声响都游进深水坑的时候，我就只管摸鱼了。”

商业的哲学智慧

企业发展时常会遇到瓶颈，这是由于企业还停留在老的发展模式上。“条条大路通罗马”，通往成功的道路不止一条，所以，企业发展没有必要只认准一条路。在看清前景不适宜自身发展的时候，不如换一个角度，倒立思考，这样，企业就有可能会发现一片发展的新天地。

理性转型，实现企业完美飞跃

九年了，世界变了，中国变了，经济变了，网商变了，我们如果不变，那么就是我们还在走老路，我们一定会很后悔。

——马云

穷则变，变则通，通则久。每个成功的企业都经历过暴风雨，幸运的是，它们在大风大浪面前选择理性转型，最终九死一生，赢来了企业发展新的春天。只有在遇到瓶颈时敢于理性转型的企业，才能实现自身的完美蜕变。

马云的精彩故事

在2012年的网商大会上，马云发表了演讲，在演讲中他提到从2013年1月1日起阿里巴巴将转型重塑平台、金融和数据三大业务。

第一个转型点是平台战略，包括淘宝、天猫等七大业务。从2013年1月1日开始，阿里巴巴将从自己直接面对消费者变成支持网商面对消费者。马云说："网商对客户的了解远远超越我们，我们不应该制定政策，相反要帮助网商面对消费者，为网商提供工具。"

第二个转型点是金融。阿里巴巴将让诚信的网商富起来，用互联网的技术支撑社会未来诚信体系的建设。"在这个体系中，我们不需要抵押，需要信用。"马云说，"经过过去2年的试验，阿里巴巴已经向15万家企业平均发放4.7万元人民币贷款，未来将用更好的技术去评价信用，帮助网商也是帮助我们自己。"马云强调，不赚钱是不道德的，赚钱没有错，不应该有羞耻感，做企业不赚钱才应该有羞耻感。

第三个转型点是数据。阿里巴巴将分享并挖掘大量数据的价值和机会。马云说："假如我们有一个数据预报台，就像为企业装上了一个GPS和雷达，你们出海将会更有把握。"同时，为了支持小企业发展，阿里巴巴内部已经决定全面推出"双百万"战略，即培育一百万家年营业额过百万元的网商。

在马云看来，小就是美，企业做得好比做得大更有味道。毫无疑问，马云所提出的这一转型策略，再一次将阿里巴巴推向快速健康发展的新境界。

商业的哲学智慧

的确，战略性的企业转型会使企业实现完美蜕变，这一结论不仅阿里巴巴证明了，那些知名企业都用自己日后的成就证明了。

1997年，当安踏开始由运动鞋代加工向品牌战略转型的时候，中国体育用品市场和全球市场一样，大部分被欧美的几个强势品牌垄断了。显而易见，直接竞争安踏几乎不占优势。于是总经理丁志忠另辟蹊径，与中国国家乒乓球队签订协议，聘请世界冠军孔令辉出任形象代言人，先从国内中小城市入手，建立自己的品牌和销售网络。从1999年起，以孔令辉为代言人的电视广告出现在中央电视台体育频道上。广告播出两个月后，全国的订货商开始蜂拥奔向晋江的安踏工厂，安踏销售部门人满为患。而在2000年悉尼奥运会上，孔令辉一举夺得乒乓球男子单打冠军，安踏这个不为人知的小品牌一夜成名。

同样，华硕笔记本电脑也依靠转型方式实现了企业的飞跃式发展。2005年，代工产品占华硕笔记本出货总量的60.5%，2006年这一比例锐减到48.2%，形势相当严峻。在这样的大背景之下，华硕公司的生存和发展受到了严重威胁。2006年3月，华硕机构划分为五大事业处，目的是为了能在2007年实现“品牌和代工分家”“营收挑战8000亿新台币”的战略规划。为解决品牌与代工的矛盾，华硕在7月初宣布一分为三，除了将品牌事业留在华硕外，和硕联合负责PC代工业务，永硕联合则负责非PC代工业务。华硕的复合营销最终使笔记本的销量增长了150%，同时全球市场的销量也大幅增长。

商业的现实思考

松下幸之助先生说：“只有努力创新才会有前途，墨守成规或一味模仿他人，最后一定会失败。”企业发展遭遇瓶颈不可避免，理智的经营者应当学会适时地提出创新转型，转型战略往往是帮助企业突破瓶颈，将企业推向调整发展道路的神器。

向华谊兄弟学创意和创新

要从娱乐公司里学习创新和创意，创新一定在业外。

——马云

创新是多方面的。很多企业在创新中走向了误区，认为只有发展出本行业别人没有的产品、技术才是创新。其实，交叉学习、摆脱惯性思维都是创新，做到这些企业就能融汇各家所长，提升实力。

马云的精彩故事

投资华谊公司，最开始马云是没有兴趣的。当华谊总经理王中军邀请马云去参观公司时，马云问他："你到底想赚钱，还是想做大产业，做中国的时代华纳？如果做时代华纳，中国是有机会的。未来中国几个大产业，有一个产业是会增长10倍的，那就是文化产业。如果你想挣钱，我一点兴趣都没有。以前没有，今天也没有。钱越多，责任越大。"

王中军说："我想做时代华纳。"于是马云和王中军提出要改变华谊的商业模式，之后马云开始投资华谊，目的就是把华谊打造成中国本土的时代华纳。

当马云关注华谊公司后，坦言自己最大的收获是从华谊学习创新。他说："我一进去以后发现，他们的创新和创意，是我们这些公司要学习的。要从娱乐公司学习创新和创意，是我们这些年没去想的，创新一定在业外。我看他们公司倒不大，开个party的样子，但是好像几百亿元的公司才吃得消。我就问，你们怎么搞出来的？一个故事，冯小刚吹吹牛，然后就编了个电影，而这个电影那么有意思，那么有乐趣。我突然觉得，我在帮他们的时候，他们也在帮我，帮我对很多问题进行想象。

"这就是投资华谊，我个人乐此不疲。在前面三年，我给华谊很多帮助。我一个月至少花几天，跟王中军天天谈，改变他的思想，重塑他的商业模式。后来，再帮他带进一批投资者，如虞锋等人。我再说服冯小刚要有信心，我说中国一定会有一部电影的票房过1亿美金。这里面他们也教会了我很多，比如对创新的认识。然后我在公司内部再把总监要做导演的思想灌输进去，这是从华谊学到的。"

商业的哲学智慧

马云可以打破一个企业家和管理者的固有思维模式，从文化产业学习创新，从导演身上学习创意，这是一般企业家无法做到的。只有摆脱固有思维模式的束缚，绝妙的灵感和创意才会撞击大脑。

有这样一个著名实验：将 6 只蜜蜂和 6 只苍蝇装进一个玻璃瓶中，然后将瓶子平放，让瓶底朝着窗户。实验人员想知道接下来会出现什么样的情况。实验人员观察到，蜜蜂不停地想在瓶底寻找出口，一直到精疲力竭而死或饿死；而苍蝇则在不到两分钟的时间内，就穿过另一端的瓶颈逃逸一空。

为什么会出现这样的结果呢？心理学家解释说，这是因为蜜蜂对光亮的喜爱，它们都以为“囚室”的出口必然在光线最明亮的地方，所以不停地重复着这种看起来合乎逻辑的行为。然而，正是由于它们的智力和经验的限制，最终导致了它们的死亡。而那些看起来要“愚蠢”得多的苍蝇，它们对事物的逻辑毫不留意，全然不顾光亮的吸引，四下乱飞，结果误打误撞碰上了好“运气”。这些头脑简单的动物在智者消亡的地方反而顺利逃生。

实验中，蜜蜂和苍蝇的不同命运，是因为它们具有的不同习惯所造成的。盲目遵循经验和习惯可能会造成无效的追逐，不追求创造性思维，一味按部就班。按照固定的思维行事，就像蜜蜂一样因为遵循着“光亮的地方就是出口”的经验而很有可能导致自我毁灭。

当一个人敢于打破常规，不断地向外扩张学习，交叉思考时，行业理念就会发生改变。当管理学家将生物学实验融入管理学中时，生涩的管理学原理立刻变得生动有趣，更易让人接受了。

做生物实验时，如果把青蛙放进装有沸水的锅中时，青蛙马上跳出来；但如果把青蛙放进一个装有温水的锅中，并慢慢将水加热至沸腾，刚开始时青蛙会很舒适地在水中游来游去，到发现水太热时，它已失去力量跳不出来了。

这个实验的管理学寓意是：首先，大环境的改变能决定企业的成功与失败，但大环境的改变有时是看不到的，管理者必须时时注意，多学习，多警醒，并欢迎改变。其次，太舒适的环境往往蕴含着危险。舒适的发展方式，也许对企业最具威胁。要改变这一切，唯有不断创新，打破旧有的模式。最后，当管理者觉察到趋势的小改变时，必须从不同角度认真思考。而学习，是发现改变的最佳途径的。

商业的现实思考

山重水复疑无路，柳暗花明又一村。在企业发展过程中，如果能够突破常规的束缚，摆脱思维定式，交叉学习，那么展现在眼前的将是一片充满光明的新天地。

面对未来，拥抱变化者才能赢

阿里巴巴公司的文化里有一条非常重要的价值观：拥抱变化！我们认为，除了我们的梦想之外，唯一不变的是变化。

——马云

在以互联网信息为背景的时代环境下，社会发展日新月异，面对未来，能够敏锐地发现变化、拥抱变化的企业，最终会成为时代的宠儿。正如马云所言，只有那些跟随未来发展趋势拥抱变化者和主动创新者，才能获得成功。

马云的精彩故事

2013 年 6 月 2 日马云在“外滩国际金融峰会”演讲时提到了目前中国金融行业存

在的问题和未来发展金融互联网的构想。

中国金融行业一直被抱怨，人们总觉得这里做得不够好，那里做得不够好，但不可否认的一点是，银行行业服务了20%的客户，赚了80%的钱。

但马云却说："我看到的是那些80%没有被服务的、该被服务好的潜在的企业，如果把他们服务好，中国经济的巨大潜力就会起来。我们必须用新的思想、新的技术去服务那些没有被服务好的企业。这可能是中国未来金融行业发展的巨大前景所在。以前没有技术可以做到，今天有机会了。

"我个人认为，互联网金融就是机会。未来的金融其实有两大机会，一个是金融互联网，金融行业走向互联网，第二个是互联网金融，纯粹的外行领导，其实很多行业的创新都是由外行先进来的。金融行业也需要搅局者，更需要那些外行的人进来进行变革。

"中国其实不缺银行，也不缺任何一个新型机构，但是缺乏一个对10年以后中国经济成长承担责任的金融机构。今天的金融，确实做得不错，没有今天的支撑20%客户这样的金融机构，中国的经济30年来不可能发展到今天，但是靠今天这样的机制，我不相信今天的机制能够支撑30年以后的中国所需要的金融体系。我们今天必须去思考。很多问题不是今天造成的，而是历史造成的。我们很难改变历史，但我们可以改变未来。今天做准备，10年以后才有机会。今天我们引进开放会有问题，但是今天的问题就会变成10年以后的成绩。

"在座的都是金融专家，我是外行人，因为外行，不怕说外行话。我希望外行人能够参与这个领域，不仅仅是来搅局，而是共同创造一个未来。金融是为外行人服务的，不是为自己金融圈里自娱自乐、自己赚钱的。"

商业的哲学智慧

面对市场，马云总是以最敏锐的眼光发现变化，并且尽可能快地做出行动来发展自己。

马云接受采访时这样回忆支付宝的诞生：阿里巴巴只想做电子商务，银行事情由银行去做；但银行不做互联网支付，阿里巴巴只能自己做了。

2011 年 9 月马云在一次会议上提到中小企业创业难、融资难的问题，讲到阿里将通过阿里集团的小额贷款业务为中小企业打造公平的创业环境。但是银行并没有因为这话做出相应改变，这就给阿里集团的小额贷款业务留下了巨大的空间。

在这之后，马云有句话在网上广为流传：如果他们（银行）不改变，我们将改变他们（银行）。

2013 年 6 月 13 日，阿里集团旗下支付宝推出余额增值服务。这项服务被定名为"余额宝"。通过余额宝，用户在支付宝网站内就可以直接购买货币基金等理财产品并获得收益。

余额宝首期支持天弘基金的增利宝货币基金，支付宝称"这是天弘基金为支付宝用户量身定制的一款基金产品"。余额宝内的资金仍可以同时用于网上购物、转账和缴费。支付宝对余额宝还提供了被盗全额补偿的保障，确保用户资金万无一失。

从支付宝到余额宝，马云布局了 10 年。此前，阿里小微金融产品已经覆盖支付、小贷、担保、保险等各个领域。支付宝推出余额宝，意味着阿里在金融领域再下一城，开始介入理财领域。

商业的现实思考

马云用拥抱变化、不断创新的方式创造出了竞争者想也不敢想的产品，使阿里巴巴牢牢地站在行业发展的前端。企业领导者要敢于面对未来做出行动，发展自身，唯有这样，才可以实现企业的长远发展。

第 10 课

进取哲学——先活着，再做好、做大

小企业是市场竞争中的弱者，只有在竞争中活下来，踏踏实实地积蓄力量，坚定理想，专注前行，才能在日后做强、做大。

深陷困境，更要坚持梦想

今天很残酷，明天更残酷，后天很美好，但是绝大部分人是死在明天晚上，只有那些真正的英雄才能见到后天的太阳。

——马云

梦想的可贵，并不体现在平坦的追梦大道上。相反，它体现在身陷困境，即使一无所有，仍然坚持梦想的时候。也唯有坚持梦想，永不放弃的企业才有机会品尝实现梦想时的喜悦。

马云的精彩故事

1999 年年初，马云花光了东拼西凑的 50 万元创业资金，阿里巴巴无时无刻面临着资金链断裂的危险。

1999 年 10 月，在马云和他的创业团队为资金问题一筹莫展时，有个叫古塔的印度朋友神秘兮兮地对马云说北京有一个“神秘”的外国人要跟他见面。当时马云并没有将这件事情放在心上。

2000 年的冬天，马云决定去北京和那个“神秘人物”见面。去了北京之后，古塔才告诉他那个人是日本软银总裁孙正义。马云完全没有打算跟孙正义合作，只是想见见这个大名鼎鼎的人物。

在偌大的会议室，孙正义对马云说了句“讲讲你的阿里巴巴吧”，马云就开始讲阿里巴巴的发展目标。本来准备讲一个小时，可是刚刚开始6分钟，孙正义就从办公室那一头走到马云旁边。孙正义：“停下来，你要多少钱？”马云：“我不要钱。”孙正义：“你不要钱你来找我干什么？”马云：“又不是我要找你，是人家叫我来见你的。”

马云后来回忆说，这场会面是他这一生中“最戏剧化”的场面，而那6分钟也是他人生中“最传奇的6分钟”。回忆这场“一生中最戏剧化的场面”时，马云这样说道：“从孙正义的眼神中，我知道我们一定要握手。我们对视了一小会儿，不约而同地呵呵笑了起来，4只手也紧紧地握在了一起。不用说话，彼此心里都知道，我们是一辈子的朋友，早就注定了的。”

“我见过聪明的人物有很多，孙正义却是其中最特别的。他神色木纳，说很古怪的英语，但是几乎没有一句多余的话，像金庸笔下的乔峰，有点大智若愚。”

这就是马云看中孙正义并接受他的投资的原因。后来，互联网泡沫破灭之后，受到最严厉谴责的孙正义，尽管痛苦，但未曾停下自己追求理想的脚步。毕竟，面临困境，仍然能够毫不动摇地坚持理想的人不多，孙正义如此，马云亦如此，所以他们成了挚友，所以他们大有作为。

商业的哲学智慧

我们在羡慕马云和孙正义无限风光的时候，不能忘记他们曾经对目标和梦想的坚守，尽管被批评、被嘲讽，甚至被谴责，但他们追求梦想的信念一直支撑着他们走过寒冬，迎来鲜花盛开的春天。同样，生命的潜力，往往在坚持信念的时候，才可能全部爆发。

一群因国内战争而要到邻国去避难的难民在艰难地行走，酷热的太阳无情地照在他们身上。饥渴难耐的难民们慢慢地移动着脚步，不知道自己什么时候会倒下。在难民队伍中，一位身体虚弱的母亲，只身带着3岁的女儿，步履犹显艰难。

终于，那位虚弱的母亲感觉到自己快支撑不住了。她抱着自己的女儿，找到了难民中的一位神父，苦苦地哀求他，请求他把这个可怜的小女孩带到邻国的难民营去，因为她感到残存的体力已经无法让她支撑到边境了。

略通医术的神父在简单地检查了这位可怜的母亲的身体后，发现她的状况尚可支撑一段时间，便断然拒绝了她的请求："你自己的孩子，当然要由你自己负责，很抱歉，我无法代劳！"

听到平时慈爱的神父这般无情的拒绝，虚弱的母亲想到别人更不会收留自己的孩子，毕竟在这种时候，谁都要先保住自己的性命。她抱着孩子犹豫一会后，重新回到了难民队伍中，继续向前走。"无论如何，我都要将孩子带到难民营中去，她还那么小，还有很长的生命……"把女儿带到难民营成了这个母亲最后的信念，就这样，她一天一天地坚持下去。

几天后，他们终于来到了边境，在国际红十字会的援助下，可怜的母亲和小女孩在难民营中找到了栖身之所。这时候，神父前来探望这对母女，他感到很欣慰："正是我没有接受你托孤的请求，今天才能在这里看到你们母女平安！"

商业的现实思考

企业亦如人生，唯有深陷困境仍不放弃梦想的企业，才不会被梦想抛弃。企业家如果在遇到困难时始终坚守自己正确的梦想，那么他将会在未来收获丰硕的果实。

融汇百家之长才能脱颖而出

碰到一个强大的对手或者榜样的时候，你应该做的不是去挑战它，而是去弥补它。

——马云

孔子有言道："三人行，必有我师焉。择其善者而从之，其不善者而改之。"的确，一个企业，如果善于学习合作伙伴的优势，吸取竞争对手的教训，便可以做到融汇百家之所长，弥补自身之所短，在商业竞争中脱颖而出。

马云的精彩故事

马云的"七剑下天山"中第五剑写道：在武侠世界里，真正的领袖都具备这样的特点，融汇百家之所长，最终成大器。比如郭靖先后拜了数位师傅，比如杨过、张无忌先后练了诸家功夫。正是由于学习的东西多，因此领悟到的东西也比其他人多，最终脱颖而出，成为武林中人人敬仰的大侠。阿里集团就是电子商务世界的大侠！

马云事业上的成功并不是一蹴而就的，他身上那善于发现，及时把握，集百家之所长为我所用的特点都对成功起着十分重要的作用。马云喜欢打太极拳，久而久之，他吸收了太极精神的精华，并从中悟出了管理之道。

他说："我觉得太极拳带给我最大的感受是哲学上的思考。阴和阳，物极必反，什么时候该收，什么时候该放，什么时候该化，什么时候该聚。这些东西跟企业里面是一模一样的。你去看西方的管理哲学，西方这一块管理哲学，是从基督教的思想过来的。包括日本的精益管理，也都有自己的哲学思想在里面。中国公司的管理，要不就是从西方学一些管理思想过来，要不就是从日本学习一些流程管理的方法，没有一个文化根基。我认为我们必须要有一个文化根基，中国的管理才能够进入到世界的管理财富中。我从太极拳里悟出了儒释道文化，很有味道的东西。我把它融入企业管理，这样我是很有根源的。否则你今天去剽窃了一下 GE 的六西格玛，明天去学习了一下日本的精益管理，后天再去学习下欧洲的资本运作，但人家的东西是有根基在里面的，你没有根基是不行的。"

商业的哲学智慧

马云从太极中悟出管理之道，让人拍案叫绝，这也反映出了他喜欢学习、善假他人发展自己的进取品质。无独有偶，任正非在别人都赞赏华为自主创新的勇气时却反其道而言之——反驳自主创新，并提倡开放包容，互相学习。

在任正非看来，“自主创新”一词本来就存在一个误区：研发团队很容易为了“自主”而建立一个封闭的系统，进而故步自封。任正非说：“我们在创新的过程中强调只做具有优势的部分，别的部分应该更多地加强开放与合作，只有这样才可能构建真正的战略力量。”

任正非说：“为什么要排外？我们能什么都做得比别人好吗？为什么一定要自主？自主就是封建的闭关自守，我们反对自主；我们一定要避免建立封闭系统，一定要建立一个开放的体系，特别是硬件体系更要开放。不开放就是死亡，如果不向美国人民学习他们的伟大，就永远战胜不了美国。开放的心态对于保证研发的方向至关重要，否则就会‘闭门造车’，我们今天的创造发明不是以自力更生为基础的，是一个开放的体系，向全世界开放，而且通过互联网获得巨大的能力，华为也获得巨大的基础。”

任正非鼓励和要求华为的高层要敢于端一杯咖啡，与世界上的大人物撞击思想。“地球村就是一个开放式大学，处处有学问，处处值得华为人去学习。”他说。

的确，闭门造车者只会“发明”出不符合时代潮流的产品，融汇百家之所长，方能成就自身的独特优势。

商业的现实思考

马云说：“成功不在于你做了多少，而在于你做了什么，历练了什么。”成功的企业家不会做很多事，他只是做到了学习优秀企业的长处并为我所用，日积月累，自身逐渐强大。

明确战略，小公司的战略就是活着

战略有很多意义，小公司的战略简单一点，就是活着，活着最重要。

——马云

弱小的东西，生命往往更加脆弱。在企业发展过程中，小公司面临的压力更大，在外部环境严峻时，它容易受到更多的影响。在马云看来，小公司的战略就是活着，你活着人家死了，你就是品牌，就是这么简单。

马云的精彩故事

马云作为《赢在中国》的导师，总是能够一针见血地指出参赛选手企业面临的问题，然后给出清晰的解决方案。

一次，一个名叫邵长青的小公司经营者带着他的项目——建立跨行业跨地区通用理财积分交换管理软件系统及数据库系统以打造联合营销平台，来到了《赢在中国》。下面是马云对他们的指导。

马云："你能用半分钟时间解释一下你公司的战略吗？"

邵长青："我公司的战略，首先我的目标，我是中产阶级生活理财第一忠实伙伴，这是我们的使命。在这个行业中还有两个竞争对手，我能不能这样解释，我只能打败他们，可以吗？"

马云："好。因为你讲了好几个战略我很好奇，小公司的战略是几个字，活下来，挣钱。但是我觉得打败对手绝对不是战略。你讲战略的时候，你要很清晰地说，我想做什么，我该做什么，怎么做，我对手的情况怎么样，你要能够在半分钟内把它讲清楚，你只要讲得很清楚，投资者知道你要干什么，这就可以了。不要因为对手去制定战略。”

马云不但告诉选手经营小企业活着就是战略。他还曾说：“这三四年以来我改变了很多，但是我有一样东西希望跟大家分享，就是越困难的时候，越要说我往前。大家都很困难的时候，你就要再往前熬一熬，再熬半天就熬过了，熬过了之后路就开了。什么是品牌和企业？我比别人活得长，你活着人家死了，你就是品牌，就是这么简单。”

商业的哲学智慧

不可否认，马云这一“小公司的战略就是活着，活得比别人长，就是自身的优势，就是品牌”的战略思想，使阿里集团在商海的大风大浪中不断前行。的确，要是企业没有存活下来，自然也就没有品牌实力，更谈不上与同行业者进行竞争。

张瑞敏认为，海尔要想进入国际市场，首先要让海尔产品在国际市场生存下来，然后再慢慢地做强，最后才能做大。张瑞敏也把这样的过程总结为“先活着，再做强，再做大”，并且将之作为海尔国际化之路的重要策略。

比如在美国市场，海尔首先打入的不是空调，而是冰箱；但是在欧洲市场，海尔却选择将空调作为第一个打入的产品；在东南亚，海尔既不卖冰箱也不卖空调，而是将洗衣机作为主打产品。也就是说，海尔集团在进入某个区域市场前，都会针对这个区域市场的消费需求，并根据不同的特点来制定不同的进入策略。这种战术减少了市场阻力，而且即使失败了，也不会全军覆没。

事实证明，张瑞敏提出的“先活着，再做强，再做大”的策略是正确的，它帮助海尔打开了国际市场。就拿海尔进入美国市场来说，在美国，160 升以下的冰箱在市场的需求量很小，就连 GE、惠而浦这样的国际型大公司都没有投入多大的精力去开发市场。但是，海尔通过深入的市场调查后发现，美国家庭人口正在逐渐变少，这就意味着他们的消费方式也将发生变化：小型冰箱会更受消费者欢迎。另外，与大型冰箱相比，小型冰箱更容易受到独身者和留学生们的欢迎。

海尔发现这个商机后，决定将小型冰箱作为打开美国市场的突破口，并集中优势兵力，大量生产和销售160升以下的冰箱。为此，海尔开发了电脑桌冰箱，这种新型冰箱不仅体积小，还可以当电脑桌使用。这种小型冰箱投入市场以后，很快就风靡美国大学校园，并且迅速占领了美国市场一半的份额。成功打入美国市场以后，海尔进一步执行“做强、做大”策略，让海尔冰箱在美国市场站住了脚跟。

试想一下，如果海尔没有采取“先活着，再做强，再做大”的策略，后果将不堪设想。

商业的现实思考

人们常说：“没有金刚钻，不揽瓷器活。”在企业中，企业领导者一定要认清自身现状，实实在在地以生存为本，正如马云所言，小企业的战略就是活着，只有一直活着，才有可能做成品牌。

稳扎稳打，先做好再做大

我今天是种萝卜的，才刚种下去，你们就要让我把苗拔起来，看是否长出了萝卜，看萝卜长得多大。只要种的是萝卜，总能长成大萝卜的。

——马云

马云曾经对企业的发展速度问题打了个比方：“我们花了两年的时间打地基，我们要盖什么样的楼，图纸没有公布过，但有些人已经在评论我们的房子怎么不好。有些公司的房子很好看，但地基不稳，一有大风就倒了。”的确，只有稳扎稳打的企业才能提高竞争力，不断向前发展。

马云的精彩故事

《赢在中国》第一赛季有一个名叫周宇的选手，他的参赛项目是女性社区连锁店，尽管实现了盈利，但他的净利润较少。而且周宇毫不避讳地说，因为连锁店太多，每个店都会出现大大小小的问题，但自己却无法兼顾。

对此马云建议说："你以后要少开店，开好店，店不在多，而在精。你要请一些优秀管理人才来帮你管理，比如说请一个好点的财务。我也不懂财务，但我请了一个非常好的CFO来帮我。一定要建一支好的团队。从运营管理的角度来看，少开店、开好店，有一天你才能开更多的店。上次我给一个选手提议少开店、开好店，跟现在给你的建议一样，别急着做大。做好、做强自然会变大，如果迅速做大，会掉到陷阱里面去。"

少开店，开好店，才能有实力开更多的店，稳扎稳打才能厚积而薄发。

2010年11月30日，马云在阿里巴巴组织部会议上提出阿里巴巴积极的休养生息发展策略，也提到了建立物流体系要稳扎稳打，踏踏实实。

他说："阿里巴巴前段时间做了一个很重要的决策，整个公司未来三年的战略思考是'积极的休养生息发展'。我们这么多年奔波下来，需要进行休整，尤其是B2B。B2B从主力舰变成旗舰，今天从旗舰变成潜水艇，积极的休养生息政策，原则上不会有大的改动，我们目前在做的一件事情是在物流行业。"

"我们休养生息，不是一口气想吃成一个大胖子，B2B这个模式听起来有点tough，但是说实在的，如果我们当年不把B2B打出水来，会有淘宝吗？会有支付宝吗？没有。很多人到沙漠上找水源，一看这个水太少了，再找一个大的，结果在路上都死掉了。有一口泉水，赶紧挖下去，喝好了，再找下一口，等到你们家七口泉都出水的时候，再找有战略意义的东西。"

"今天我们已经有淘宝这口泉，有阿里巴巴这口泉，有支付宝这口泉，我们要为社会做一个物流体系，完善整个社会化大发展，让更多人参与生态建设，这就是我们的导向。但是我们要稳着做，踏实着做，让我们的员工不要疲惫，经过这么多年来，我们稍微 relax，这是积极的，而不是消极的休养生息。”

商业的哲学智慧

马云鼓励企业经营者要先做好，再做大，稳扎稳打，厚积而薄发。事实上，在阿里巴巴的发展中，马云也是这样做的。伟大的企业总有相似之处，联想集团的经营战略是“以稳为主，稳中求快”。

对于这项战略，柳传志解释道：“领导者只有沉稳做事，企业才能长久活下去。”

20 世纪末，电脑行业是一个暴利行业，很多人都抱着赚一单是一单的想法在做生意。对此，柳传志却说：“不管行业的利润有多高，我都要稳步前进。”

首先，柳传志选择到内地做市场。经过几年的运作，内地市场终于稳固下来了。这时，柳传志便拿着挣到的钱到香港去建立生产基地。之所以要到香港去建立生产基地，是因为他想为联想集团打造一个稳定发展的贸易链条。

几年后，柳传志建立的贸易链条逐渐稳定下来。此时，他又开始进军制造业，生产自己品牌的产品。

终于，功夫不负有心人，柳传志的联想牌电脑成了国际知名品牌，而柳传志也成了集财富和名誉于一身的成功者。

但是，当柳传志获得成功时，当初那些抱着赚一单是一单想法的生意人却早就退出了电脑行业。

商业的现实思考

实干兴邦，空谈误国。理想的实现只能靠干，不能靠空谈。只有在别人不断扩张规模时，沉得下心，踏踏实实、稳扎稳打的企业，才可能在商海中厚积薄发，一举击败竞争对手，进而不断发展壮大。

摒弃盲从，舍鲸鱼而抓虾米

让别人跟着鲸鱼跑吧，我们只要抓些小虾米。我们很快就会聚拢50万个进出口商，我怎么可能从他们身上分文不得呢?

——马云

有时候特立独行的人，会发现举世无双的宝藏。马云并不是一个盲从的人，正因为这样，别人创业都想与大企业合作，他的战略却是促进小企业获得财富和竞争力的同时，壮大自己。

马云的精彩故事

早在90年代初，当别的创业者绞尽脑汁思考如何同大企业合作时，马云就敏锐地预测到：随着互联网的普及，大公司的影响力和市场将会缩水，反之，成千上万的小公司会获得大量商机。互联网不仅可以为小公司的产品推广做宣传，而且互联网一旦形成规模，将价格低廉。这样一来，小企业将节省不少成本，将更有竞争力。

中小企业在世界商业发展中一直处于劣势地位，在以外向型出口产业为主的亚洲商圈，这种情况尤为突出。在亚洲，中小型出口商十分密集，然而，他们却没有足够的资金在海外做市场推广。于是，嗅觉敏锐的马云，牢牢地抓住了这一机会。

1992年，参加亚洲电子商务大会时，马云立志要做适合中国中小企业发展的电子商务模式。因此，阿里巴巴刚一创建，他就毅然做出决断——“弃鲸鱼而抓虾米，阿里巴巴放弃那15%大企业，只做85%中小企业的生意。”马云说：“如果把企业也分成富人穷人，那么互联网就是穷人的世界。因为大企业有自己专门的信息渠道，有巨额广告费，小企业什么都没有，他们才是最需要互联网的人。而我就是要领导穷人起来‘闹革命’。”

接着，马云还说：“见过卖虾米成功的，却没有见过靠捕鲸鱼发财的。”的确，虾米虽没有鲸鱼贵，但虾米多，每天都有；鲸鱼虽然价格高但数量毕竟少，不可能每次都有那么好的运气可以捕捉到。这句话给我们的一个启发是：和小企业合作，尽管收益少，但企业多，可以源源不断地赚钱，但和大企业合作，风险系数更高。

正是十几年来马云带领阿里团队发展以服务中小企业为目标的电子商务，心无旁骛，专注地抓住了这些“小虾米”，阿里巴巴才能最终站在行业之巅。

商业的哲学智慧

马云在创业初期没有盲从，睿智地抓住了“小虾米”，最终一举成名。詹姆斯·布坎南·杜克没有盲从，最终改变了美国人的吸烟方式——从口嚼烟块到吸烟卷，而这一改变，也让他成为美国的烟草业巨头。

19 世纪 80 年代初期，美国烟草业开始衰退。到杜克全面接管父亲的烟草公司时，公司几乎到了无路可走的境地。今后怎么办？经过一番反复思量后，他决定生产纸烟，做卷烟生意。

那个时候消费纸烟是贵族的象征。因为烟叶需从土耳其进口，且手工制作，成本高，价格昂贵，还得配以高级火柴，一般美国民众消费不起。因此，那个年代，纸烟的市场需求并不大。

杜克决定生产纸烟，在当时看起来是没有前途的选择。依旧生产口嚼烟的同行对他表示质疑，而他看到的全是纸烟的优点，于是信心十足地干了起来。他雇用了 10 名工人，每天生产约 2 万支“达勒姆公爵牌”和“针头牌”卷烟。当时，在北卡罗来纳和弗吉尼亚地区虽也有企业在生产纸烟，但多是当作一种副业来生产，不占主要地位，比重很低，只有杜克把所有资本押到了纸烟上。

随着工业化大生产的发展，美国的城市一个个拔地而起，大批工人忙于繁重的劳动，没有时间慢慢咀嚼品味板烟的滋味，人们迫切需要更小型的、廉价的、花二三分钱即可买到一支的纸烟。而杜克的纸烟正好满足了他们的需求。1880 年美国烟草市场竟然消费了 5 亿支纸烟，杜克一下子翻了身。而他的同行们仍然在循规蹈矩地生产着早已不受欢迎的口嚼烟。

到 20 世纪初，在短短的 20 多年里，杜克控制了美国的烟草业，成为美国烟草业巨头，拥有的资产高达 27400 多万美元。

当杜克在享受作为烟草巨头的荣耀和财富时，那些曾经质疑他的循规蹈矩的老同行们，有的在为自己企业的发展一筹莫展，有的则已经从美国烟草行业消失。

商业的现实思考

社会、行业的每一次大洗牌都伴随着革新，盲从绝对不是推动企业进步的力量，虽然它可能会带来短期利益，但行业领先大门的钥匙，永远掌握在特立独行、不断革新的企业手中。

组织起来的蚂蚁，定能撼动大象

淘宝文化就是蚂蚁文化，组织起来的蚂蚁一定能够打败大象。

——马云

千里之堤，毁于蚁穴。微不足道的错误慢慢积累起来后，终会酿成大祸。反之，微不足道的积极力量慢慢积累起来，就会创造出奇迹。马云是一位奇人，而淘宝网就是他创造的奇迹。

马云的精彩故事

2003年5月，马云投资1亿元建立淘宝网，仅短短一年时间，淘宝网就已经成为亚洲购物网站的领导者。2013年11月11日0点，淘宝进账359亿元，在电商大战中独占鳌头。

10年间，淘宝网令中国的电子商务实现了质的突破，人们开始习惯于足不出户、在网上购物的生活模式。在这种生活形态构建起来的同时，更多人开始琢磨起利用互联网创业。在淘宝上开网店，成为最时髦的行为。

马云曾说："蚂蚁文化就是淘宝文化，组织起来的蚂蚁能够打败大象。"在创业过程中，马云始终强调一个"小"字，以小见大，蚂蚁也能撼动大象，正是淘宝网的核心精神。阿里巴巴在香港上市后，马云仍把它定位为一家小公司，"小"却具有大的爆发力，大的社会影响力。这样定位的背后，体现了马云追求创新、追求灵活的精神。

而提到淘宝网，马云总会说起柠檬绿茶的故事。2003年王维栋、张定华夫妻二人在淘宝网上开设网店"柠檬绿茶"，从最初的夫妻档一步步发展到注册公司，"柠檬绿茶"已经拥有近300名员工，日均交易量早已突破2万笔。

"柠檬绿茶"只是在淘宝网上创业的一个缩影。随着淘宝热，诞生的不只是富豪。义乌一家高职学院专门培养学生"网络开店"，学校周边村镇借势发展电子商务，变成"淘宝村"。这些普普通通的90后学生网商，不仅解决了大学生就业难的问题，而且以很低的成本创业，其中不少人成了百万富翁。这就产生了连锁反应，看到大学生网商赚钱，许多义乌本地的实体商贩也纷纷投身于电子商务，促使传统的商业模式发生了转变。

马云说道："互联网环境下电子商务的本质，是互联网信息技术和传统实体经济完美融合的一种新经济模式。当下千万级的网商以及互联网环境下的每个消费者，是新经济时代第一批移民，他们将引导中国经济的转型。"

商业的哲学智慧

淘宝网发展壮大并影响发展大局的趋势，不禁让人想起了“蝴蝶效应”——南美洲亚马孙河流域热带雨林中的一只蝴蝶，偶尔煽动几下翅膀，可能在几周后引起德克萨斯州一场龙卷风。淘宝网也是用自己蚂蚁般的力量，撼动了中国经济这头大象。

所以，不要轻视小事物的影响力。所谓九层之台，起于垒土，合抱之木，生于毫末。微弱力量的叠加，可以创造奇迹。一张纸的厚度也可以到达天空。

在斯坦福大学的一节工商管理培训课上，教授向学员们提出了这样一个问题：一张厚度为 0.05 毫米的纸被对折 32 次之后，将会有多厚呢?

这个问题看起来很简单，但是学员们一时却说不出准确的答案，只能估计。一个女学员说：“大概有几英尺厚吧！”

教授听到后，就笑眯眯地问她：“大概几英尺呢？你的依据又是什么呢?”

女学员一时哑口无言，这样一个用计算器就能算出来的问题，还需要刨根问底吗?于是，她回答道：“这是我估计的，并没有实际计算。”

听到这样的回答，教授便从皮包里掏出一台计算器和一把游标卡尺，请女学员来测量一张纸的厚度，并计算一张纸折叠 32 次后的厚度。女学员一边嘀咕着“又差不了多少”，一边不情愿地走上讲台进行测量、计算。

出乎意料的是，计算结果是 2147483.648 米。也就是说，一张纸在折叠 32 次后的厚度已超过 214 千米，比 24 个珠穆朗玛峰叠加起来还高。

商业的现实思考

千里之行，始于足下。企业管理者如果能够重视小事情的影响力，纠正小错误，完善小缺陷，积攒小实力，做到以小见大，对企业来说何尝不是一件十分有意义的事情。

找到“护卫舰”，阿里的前途更光明

今天我还是这个梦想，唯一的区别是我向我的梦想前进了一步，但是我还在往前走。

——马云

睿智的企业领导者，更善于在企业发展如日中天时为长远发展找好“护卫舰”。同行都说马云“花心”、阿里巴巴“花心”，因为近年来它投资收购无数。可是，如果一家企业做到很有影响力了，在此基础上不继续高瞻远瞩，企业的发展前途将在哪里？

马云的精彩故事

其实，如果我们仔细分析阿里投资或者收购的一些案例，就不难发现阿里在移动端早就为自己找到了许多日后发展的“护卫舰”。

第一，IM 应用——陌陌。2012 年年底，陌陌完成 B 轮融资，估值达到 1 亿美元。很多人都认为阿里是陌陌 B 轮融资的领投人。而当时腾讯被传正在策划发展移动电商平台，要战略注资美丽说；这样一来，阿里战略注资陌陌则被认为是通过在即时通信领域的布局反击腾讯。

第二，移动音乐——虾米音乐。2013 年 1 月 10 日阿里巴巴集团宣布加入“音乐事业群”，两天后就传出阿里收购虾米音乐的消息。从长远来看，阿里积极推进虾米音乐，一是符合用户用手机听音乐的潮流；二是如果阿里巴巴日后发展自己的移动电话，虾米音乐将会是一个优势应用；三是如果数字音乐真的实现大规模收费，支付宝将成为潜在受益者。

第三，移动数据分析——友盟。2013 年 3 月阿里战略投资了友盟的 B 轮融资。友盟的主要业务是提供对移动端众多 App 的相关运营数据的分析。这不仅对阿里分析移动互联网趋势有利，而且对阿里巴巴调整自己在移动端的业务十分有利。

第四，移动化社交网络——新浪微博。2013 年 4 月，阿里巴巴战略注资新浪微博 5.86 亿美元，占新浪微博 18% 的股份。通过这一途径，阿里拿到了微博半实名的关系链、用户和媒体传播属性，目的是利用新浪微博加强做移动电商的优势。

第五，移动互联网浏览器——UCweb。2013 年 8 月，阿里巴巴战略注资 UCweb。这是阿里巴巴布局移动浏览器的一种尝试。

音乐、浏览器、IM、电商、数据分析，似乎阿里巴巴正在寻找一切能够在日后增强自己发展优势的“护卫舰”。正是因为有了它们，在未来的竞争中阿里巴巴才会更有底气。

商业的哲学智慧

唏嘘之余，我们不得不佩服马云的深谋远虑。企业发展到如日中天时，更需要智者为企业找到“护卫舰”。毫无疑问，马云堪称中国互联网创业的教父，而与马云联手一起试图做大广州恒大淘宝足球俱乐部的许家印也是这样一位智者。

自 1996 年创立恒大以来，许家印领导下的恒大集团通过励精图治，不断进取，已经成为中国规模最大、销售面积最多的龙头房地产企业。

随着恒大高调进军一二线城市，许家印以其独到的战略眼光，不仅将目标锁定在房地产上，还在不断整合扩张恒大集团旗下的业务，恒大足球、旅游综合体、影视文化产业等层出不穷，同时涉足快消品矿泉水行业，进军医疗健康行业，通过找到多种形式的“护卫舰”助力房地产主业的销售。

恒大集团不断完善和强化旗下恒大足球的方方面面，从高水平的引援，到照搬意大利世界杯冠军教练团队，以及全面筹建恒大足球学校，一时间，风生水起。

2010 年收购恒大时，许家印豪言“3～5 年内问鼎亚冠”，这一在当时被视为“不可能完成”的任务，在2013年年底提前完成。许家印几乎凭一己之力重新制定了中国乃至亚洲的足球秩序，一个亚冠冠军未必能治愈中国足球10多年以来的创伤，但每逢大赛必然刀口舔血的日子，终于结束了。

“只许成功，不许失败。”许家印又喊出了这句话。只是这一次，让他信誓旦旦的不是已经亚洲无敌的广州恒大俱乐部，而是一瓶小小的矿泉水。2013年11月10日，恒大集团举办发布会，宣布推出其首款高端矿泉水产品“恒大冰泉”。广州恒大足球队主教练兼恒大足球学校校长里皮、中国女排主教练兼广东恒大排球俱乐部主教练郎平、前世界足球先生菲戈、前西班牙兼皇马双料队长耶罗，当天正式受聘出任该品牌的全球推广大使。

恒大冰泉在2013年年底亚冠决赛上的高调亮相，让割据四方的水企巨头们神经立刻绷紧了。他们开始打量这位虎视眈眈的新对手，以及许家印定下的让人惊讶的战略目标：恒大冰泉2014年要卖100亿元，2016年要卖300亿元，年产量达1500万吨。

对于恒大冰泉的追求，泉阳泉饮用水公司前任董事长李博不无感慨地说道：“恒大做水，或许会将中国瓶装水市场带到一个新的起点。”

正是睿智的许家印找到了这些助力恒大地产发展的“护卫舰”，恒大集团才风光无限，前景一片大好。

商业的现实思考

孔子说，人无远虑，必有近忧。的确，时时刻刻活在当下，不做长远布局的企业看不到发展远景。当企业活得很好，很滋润的时候，就需要高瞻远瞩，提前为自己找到“护卫舰”，唯有此，企业在商海中才可顺风顺水，一路前行。

第 11 课

营销哲学——向世界推销你的公司

企业一方面要生产高质量的产品，提供优质的服务；另一方面，也要做好营销工作。只有将产品和营销有机结合，才能成就品牌，实现企业的价值追求。

免费的媒体报道是最好的宣传

创造事件营销，让媒体作为新闻自觉去报道你，这样很省钱。

——马云

从一定程度上说，消费者最先是通过企业的产品来了解企业的，而了解产品则大部分依赖于媒体宣传和名人效应。企业的经营者如果忽视了电视、网络、报纸，以及名人效应在消费者心目中的分量，忽视媒体为自己企业做的宣传，那么毫无疑问，他的企业将会失去许多机遇。马云就是一个善借免费媒体、免费名人宣传自己企业的人。

马云的精彩故事

早在1996年，马云就曾经借助中央电视台《东方时空》栏目宣传自己的企业。当时，《书生马云》的播出对马云本人和中国黄页都起到了十分重要的宣传作用。2006年3月，马云受邀为中央电视台经济频道的节目《赢在中国》担任评委。通过《赢在中国》的舞台和点评，马云未花分文让阿里巴巴成为万众瞩目的焦点，成功地实现了品牌的推广。

不仅如此，马云还善于运用名人为自己的企业增强宣传和推广的力度。

2000 年，马云想在西湖“论剑”，他想邀请的嘉宾是新浪的王志东、网易的丁磊、搜狐的张朝阳以及 8848 的王峻涛等。这些人和马云是同行，马云想请他们看似理所当然，但马云将金庸请来做这次“论剑”的主持人，可谓别有用意。

一方面，金庸的名气和他的德高望重，对网民有足够的影响力；此外，金庸对媒体有很强的吸引力，金庸要来的消息一传出去，网民和媒体必会关注，事实上，从“论剑”当天 100 多名记者不请自来就可见一斑。另一方面，马云知道那时的自己还未具备能够请来互联网界大亨的影响力，但是金庸具有相当大的吸引力和号召力，在金庸的招牌下，丁磊首先被拿下。不久，张朝阳也决定赴约。随后，王志东也给马云带来了肯定的答复。最后，王俊涛看到 74 岁的金庸在台上主持，激动得热泪盈眶。

大家都明白，参与“论剑”，其实就是给马云和阿里巴巴免费做宣传，如果不是金庸要来，恐怕没有几个人愿意来给马云捧场。事实上，这一次西湖“论剑”确实让阿里巴巴名声大噪。

2005 年第五届西湖“论剑”，马云请来了美国总统前克林顿发表演讲，这一次，他把阿里巴巴宣传到了国际市场。

商业的哲学智慧

我们不得不佩服马云运用免费媒体为阿里巴巴做代言，同时用名人效应来发展自己的战略。如此在媒体资源上不仅不花一分钱，反而获得了更好的宣传效果，扩大了阿里巴巴在商业界的影响力。此种做法，可谓十分明智。

你一定听过这样一则广告：“你只闻到我的香水，却没看到我的汗水；你有你的规则，我有我的选择；你否定我的现在，我决定我的未来；你嘲笑我一无所有不配去爱，我可怜你总是等待；你可以轻视我们的年轻，我们会证明这是谁的时代……我是陈欧，我为自己代言。”2013 年 3 月，“陈欧”体广告迅速在网络蹿红，各行各业的工作者纷纷用“陈欧”体在网络上为自己的行业代言，大家互相模仿，不亦乐乎。

但是广告红了的背后，最大的受益者是聚美优品，而陈欧正是聚美优品的 CEO。

一时间，消费者纷纷知道了聚美优品的定位，而且对于化妆品最大的消费群体中青年女性来说，一个长相帅气、富有人格魅力的成功青年男子做代言，更加激发了她们在聚美上买化妆品的动力。同时，自己公司的 CEO 做代言，还会为企业省下大量的代言广告费用，聚美优品这一创意，可谓“一石二鸟”。

商业的现实思考

微软公司的比尔·盖茨，苹果公司的乔布斯都曾利用自身的个人魅力和名人效应来免费宣传自己的企业，推广自己的产品，并且最后都取得了骄人成就。企业领导者应当培养用免费报道发展自身的能力，这样才是对企业最好的宣传。

给公司取一个响亮的名字

一定要给公司起个让全世界都能记得住的好名字。

——马云

接触一个人，最先知道的就是他的名字，同样，认识一个企业，最先知道的也是企业的名字。独特的、优秀的公司名称往往会给人留下深刻的印象，这从一定程度上来说可以为企业的发展带来机遇。阿里巴巴这个名字，马云思考斟酌了好久。

马云的精彩故事

创建阿里巴巴之前，马云认为自己要打造的公司应该有影响世界的气魄，因此名字应该是响亮的、国际化的、容易被大众记住的。因此，在给公司起名这件事情上，马云给予了很高的重视，他甚至苦思冥想了很久还未得到答案。

直到有一天，马云去美国出差，在餐厅吃饭的时候，他突然意识到互联网就像一个无尽的宝藏，正等着他去挖掘，这似乎与家喻户晓的童话《一千零一夜》中善良的阿里巴巴凭借一句“芝麻开门”打开财富大门的故事有着异曲同工之妙。而马云发展电子商务的宗旨就是要为中小企业者敲开财富的大门。想到这一层，马云豁然开朗。

于是，兴奋的马云叫来餐厅的服务员，问他是否知道阿里巴巴这个名字。没想到服务员兴奋地给马云讲起了这个故事。随后，马云又问了德国人、印度人、加拿大人、美国人，他发现只要会说英语的地方，大家都知道阿里巴巴，甚至发音都一样，马云喜出望外。毫无疑问，阿里巴巴很响亮、很国际化、被人们所熟知，于是，马云将“阿里巴巴”作为公司的名字。

可是，当马云去注册域名时，却被告知“阿里巴巴”已经被注册。尽管只有50万元的创业资本，马云也毫不犹豫地花费了1万美元买到阿里巴巴的域名。在办理注册手续时，马云同时将alimama、alibaby域名注册了下来。他说：“阿里爸爸、阿里妈妈、阿里贝贝本来就应该是一家。”

现在，阿里巴巴集团已经享誉全国，大有闻名全球的趋势，无可否认，阿里巴巴这个名字本身就是阿里集团一笔巨大的财富。

商业的哲学智慧

名字在一定程度上代表了一个企业产品的内涵、公司的文化，以及企业的宗旨、战略定位等。马云把公司名称定为阿里巴巴，正是基于这样的考虑。

说到苹果公司苹果标志和名称的由来，大家都认为是乔布斯为了纪念他的偶像——吃下毒苹果而亡的图灵。但是在《乔布斯传》中，从乔布斯回答女儿的话中可知，他否认了这一观点。

其实，“苹果”这一创意的真正来源是乔布斯读大学的时候，好友罗伯特的叔叔经营着一个很大的苹果园，他们每年夏天都到那里打工，疯狂娱乐和工作。到乔布斯创办电脑公司的时候，他一直找不到一个理想的公司名字。那年夏天他又和朋友去苹果园打工，工作时，他突然来了灵感，为什么不叫“苹果电脑”呢？

“苹果”与“电脑”之间看似毫无关系，但这两个极不相同的东西放在一起，会给人很深刻的印象。而且苹果在世界范围内都是家喻户晓的水果，起名“苹果”更容易在国外推广，而那个被咬了一口的苹果商标，一方面是它区别于樱桃和桃子的关键，另一方面主要还是由于造型的与众不同使之让人印象更加深刻。这正是乔布斯非同凡响的思维的体现。

当苹果系列产品享誉全球，当世界的各个角落里有那么多“果粉”时，我们是不是应该对乔布斯的智慧感到惊异？

商业的现实思考

名称对于一个企业的发展起着至关重要的作用。一个好名字对于企业来说是一笔无形资产，领导者如果在企业成立之初便给企业冠以一个响亮的名字，企业将会在发展中赢得更多的发展机遇，同时，也会因为合作伙伴的人脉效应，获得更多的潜在合作伙伴。

先做产品，再创品牌

我认为蒙牛、小肥羊不是策划出来的，而是踏踏实实的产品、服务和体系做出来的。

——马云

知名品牌可以为企业带来潜在的客户群和巨大的利润。现实中，很多企业总是请名人或利用媒体为自己宣传，提高知名度。然而，他们忘记了企业最本质的宣传点就是产品，只有产品赢得了客户的信任，企业才能做成大品牌。

马云的精彩故事

马云担任《赢在中国》的评委时，他曾和一名经营普洱茶的选手王力伟关于云南普洱茶的名气和质量关系讨论了很久。

马云："有人跟我讲，喝普洱茶对胃好，茶看起来越脏越好，这个茶是被你们炒大的，还是真的有这么好？"

王力伟："我跟您说，真的有这么好，当然也有人在炒。"

马云："生产不在你们这儿？"

王力伟："生产基地在昆明，我们在昆明官渡区建了4000平方米的厂房，原料来自西双版纳。"

最后，马云没有选择这个项目晋级到下一关。他点评道："你项目不错，我不选你的原因是我不看好普洱茶，全国人民都说好的东西，我觉得一定会出问题，而且我不太相信那些策划的大仙们，我认为蒙牛、小肥羊不是策划出来的，而是踏踏实实的产品、服务和体系做出来的。重要的一点是普洱茶的质量和品质，有了质量以后策划才可能成功，没有这些东西，所有策划都是不成功的。品质不仅仅是团队，更是文化和制度，是一整套东西，别人能模仿你的表面，但不能模仿你的理念。"

产品只有赢得客户信任，才能成为大品牌。

商业的哲学智慧

阿里巴巴从默默无闻到变成知名品牌，发展如日中天，这和马云一贯认真强调产品质量是分不开的。一个想要在行业中发展为知名品牌的企业，无论做什么事情，都应该追求精益求精。

一家美国公司在中国某玻璃厂订购了一批价格昂贵的玻璃杯，为此美国公司专门安排一位监督人员来监督玻璃杯的生产过程。而来到这家工厂后，这位监督人员发现，这家玻璃厂的技术水平和生产质量堪称“世界一流”，出厂的产品几乎件件完美无缺。

一天，监督人员来到生产车间抽查工作，他发现有一部分杯子被工人们从生产线上挑了出来。他拿起这些被挑出的杯子仔细看了一下，并未发现这些杯子有任何特别之处。于是他好奇地问：“这些挑出来的杯子是做什么用的?”

工人一边工作一边回答道：“这些被挑出的杯子都是不合格的次品。”美方监督人员非常不解：“可是我没有发现这种杯子和其他杯子存在什么不同之处啊!”“你看，这里多了个气泡，这说明杯子在吹制过程中漏进了一点空气。”“但是这个小气泡并不影响使用，不是吗?”工人很自然地回答：“工作必须精益求精，不允许存在任何缺点，哪怕是客户看不出来的缺点。”

“那么这些次品一般能卖多少钱?”

“1 元钱左右。”

当天，这位监督人员向美方总公司汇报：“一只完全合乎我方检验和使用标准、价值 20 元的杯子，在无人监督的情况下，用几乎苛刻的标准被挑选出来，而后只卖 1 元钱，这样的员工和企业有什么不可信任的呢？我建议公司与该厂马上签订长期供销合同，我也没有必要继续留在这里了。”

企业上下对产品品质追求精益求精，甚至达到了近乎苛刻的时候，产品必然会得到客户的认可，企业就有了发展成知名品牌的机会。

商业的现实思考

任何一家想在竞争中取胜，想发展成知名品牌的企业，对产品的质量必须力争达到完美无瑕。只有员工将工作做到位，提高工作效率和工作质量，企业才能获得持续发展的契机。精益求精地做好产品，赢得客户的信任，才是企业创建品牌的奥秘所在。

打造有内涵的公司品牌

品牌不等于广告，广告砸出来的只是知名度。

——马云

品牌是企业的一种无形资产，它代表了消费者对一个企业及其产品、售后服务、文化价值的一种认可和评价。知名品牌往往具有消费者信任的品质和质量，这不是用明星代言可以获得的。品牌，说到底，承载着一家企业的文化内涵和市场地位。

马云的精彩故事

2012年，马云在公司内部博客上发言称，品牌不等于广告，广告砸出来的只是知名度，品牌是口碑相传的，品牌的“品”就是口碑相传，“牌”是要有品位、有文化内涵，绝不是广告砸得出来的。广告只会把你的成本越砸越高，高到客户买不起。做品牌是需要时间的，品牌要有品位，品牌要带有文化和精神，很多人误以为广告就等于品牌，做广告会给你增加很多成本，做广告的原因是什么：是你的产品什么都很好，也知道客户非常需要，只是客户不知道在哪里找到你，你做广告是有用的；你现在客户在哪里都不知道，客户要不要你的产品也不知道，打广告打出知名度有什么用呢？在没有明确谁是客户，你能给客户带来什么独特的价值的时候，没有一个可持续的质量、团队、文化，广告只会给你带来知名度，光有知名度往往带来的只是增加成本，而不是效益，而这个成本一定会转嫁到客户头上，而客户没有必要也没有责任为看你的广告而付钱，凭什么因为你有知名度，我就买你的产品，更何况客户还有更多更好的选择。

马云一针见血地指出了品牌的真正内涵，这一方面体现了他对客户负责的态度；另一方面，我们也可以看出阿里巴巴这个品牌创建时的艰辛。

阿里巴巴内部纪律规定，业务员要明确拒绝回扣，在马云看来，给客户回扣这样的事情会让交易变得不公平和不诚信，而且还不利于在商业界树立自己的口碑。

2007年，马云在东莞论坛上演讲，谈到这个问题时，马云说："大家去看看企业是不是这样运行：拿50万元的订单，你要给5000元的回扣了，所以当时我们为此召开了一个会议，讨论我们要不要给客户回扣。如果你是一个中小型企业的老板，你叫阿里巴巴做生意，阿里巴巴给了你的员工5000元的回扣，你会不会觉得特别恶心？后来我觉得不管怎么样我们就是不给公司回扣。做出这个决定很难，但是今天正因为这个决定，我们在我们的客户当中，树立了一个很好的口碑。但是，当时这个决定是比较难的，所以好的决定都是难的。"

在马云看来，越是要树立大品牌的企业，越要拒绝功利性的思考。

商业的哲学智慧

知名品牌总是有源远流长的文化底蕴作为自己的品牌支撑力。阿里巴巴品牌的文化底蕴来源于童话故事《一千零一夜》。在《一千零一夜》中，善良正直的阿里巴巴经过千辛万苦，喊了一句"芝麻开门"打开了通往宝藏的大门，这和阿里集团建立之初要发展电子商务为中小企业打开财富之门的使命相同。事实上，阿里集团也是这么做的。宋河集团也用深厚的文化底蕴来发展自己的品牌。

河南省宋河酒业股份有限公司位于河南省鹿邑县枣集镇，此处为道家文化的发源地，古代宋河酒被赞誉为"天赐名手，地赐名泉"，宋河酒业有着独特的历史文化优势。众所周知，中国白酒市场趋于饱和，客户群体逐渐变得麻木，宋河酒业有着辉煌的历史，它必须发觉客户群体的崭新需求，以保持领先地位。

经过苦苦探索，宋河酒业决定将地域文化融入产品之中。"人法地，地法天，天法道，道法自然。"这段话取自《道德经》。宋河股份总裁兼营销公司董事长王祎杨以此为灵感，想到了“自然香”这一品牌定位。

在老子思想的熏陶之下，宋河酒业提取道家文化的精华，创造性地提出了“自然香”的理念。这一理念恰到好处地迎合了当代社会对自然、对淳朴之风的追求。

“就行业而言，自然愉悦的心情与酿酒文化是一脉相承的。回归传统、自然，提倡绿色高品质的生活，本身就是酿酒所应追求的境界。对于宋河来说，注重传统、抓住酿造的源头及宋河所拥有的老子智慧的文化源头，才是做好宋河品牌文化的前提。”王祎杨如是说。

公司利用道家文化作为底蕴发展品牌，终于获得了回报。“自然香”这一绝佳的定位使宋河粮液从白酒行业中脱颖而出，在市场上抢获先机，拥有了固定的消费群体。

商业的现实思考

广告和明星砸不出品牌，充其量只是提高产品知名度，而消费者只会为自己信赖的品牌买单。企业经营者要深深懂得，如果从企业发展之初就严把质量和服务关，打造有内涵的公司品牌，到品牌响亮之时，不用明星代言，知名度也会大增。

以互联网思想和技术谋天下

B2B也必须用互联网的思想、互联网的技术去解决未来小企业生存的问题。

——马云

在当今互联网发展的时代，如果一家企业不能用互联网思想和技术谋求发展，那它终将会被时代所淘汰。睿智的企业领导者会尽早促使企业通过对互联网技术的完善来顺应潮流发展，提高企业自身的竞争力。

马云的精彩故事

2012年7月23日，马云参加B2B员工大会，提出了以互联网思想和技术来完善B2B，更好地服务中小企业客户。

他说："我们的B2B营销很厉害，但是技术基础比较薄。现在淘宝技术非常好，产品也不错；支付宝技术也很好；阿里云是纯技术。原先我们不是一个整体公司的战略，阿里云管自己的，淘宝管自己的，B2B管自己的，支付宝管自己的。今天形成体系以后，我们可能是中国互联网公司中唯一集了技术、产品、营销和运营的公司。很少有一家公司既懂企业，也懂消费者，就是我们，有B2B，有淘宝。很少有公司能够在工程和产品上面都做得不错，除了腾讯以外就是淘宝。很少有公司能够技术、工程都做得不错，就是支付宝和百度。很少有公司是纯技术的，特技术的，只有阿里云。

"我们有了公司的大框架，有了技术、工程、产品、服务和营销，接下来我们如何真正形成开放、协同、繁荣的阿里巴巴生态系统呢？我们需要中间这根线串起来。B2B注重营销，但是我们正因为这方面（营销）做得不错，另外的方面就做得很糟糕，B2B缺乏互联网的思想，互联网的技术。13年下来，我们在互联网的思想上面有退步，至少没进步，在互联网的技术上面，我们不够创新。

"淘宝今天承担了什么责任？淘宝是用互联网的思想和互联网的技术，去改变了整个中国消费和零售的状态。支付宝正在用互联网的思想和互联网的技术去重新为未来整个中国金融做支撑。B2B呢，我们也必须用互联网的思想、互联网的技术去解决未来小企业生存的问题，而不仅仅是手头上拿两个产品去卖。假如不走出这两个，我们永远是一家很辛苦的公司。尽管跟别人比，我们很不错，但是你比别人有优势的时间不会太长。

"今天ICBU有两个模板：eBay、亚马逊。我负责任地说，全世界还没有一家真正懂得用互联网的思想和互联网的技术去为小企业服务的企业，我们尽管拥有这么多人，但我们还没有做到。假如说我们不做到，一定会抱憾终身，起了一个大早，赶了一个晚集。”

商业的哲学智慧

毫无疑问，马云提出的用互联网思想和技术提升完善 B2B，必然会使阿里巴巴的几个主要业务中 B2B 的缺陷得以弥补，阿里的竞争力会进一步提高。

一时风光无限的小米科技，正是把互联网思想和技术用到极致的典范。

可以说，小米是一家建立在互联网思维之上的公司，小米从创立到运营，从研发到销售，自始至终都贯穿并严格执行着互联网思维。小米科技 CEO 雷军认为，互联网思维不是一种工具，而是一种观念，他将这种观念总结为“专注、极致、口碑、快”。

在小米创立之初，雷军就和团队立了一个保证：小米要同时涉足硬件、操作系统、互联网应用三个层面，在当今的手机市场中，唯有将这三者结合到一起，才有可能把整体的体验做到最优。事实上，小米公司是这么保证的，也是这么做的。

首先，小米的手机操作系统 MIUI 便是互联网的“快”的执行者。集团内部将小米用户当作研发的外援团，他们鼓励大量的用户通过微博、论坛等途径向小米提出意见，MIUI 研发部门则会根据用户的需求，不断完善操作系统，保持一周一次小更新的频率。比起 IOS 一年一次、Android 半年一次的大更新，MIUI 在高手林立的手机操作系统中更加具有时间优势。

除此之外，小米科技的产品销售战略也饱含互联网思想。小米在自己的官网销售产品，利用互联网技术直接面对消费者，省掉了产品经销的中间环节，使消费者花相同的钱买到配置更高、体验更好的产品。这也成了小米科技的又一个优势。

小米科技之所以能够在短短几年的时间里在手机行业割据一方，互联网思维和技术为它带来的优势功不可没。

商业的现实思考

互联网时代已经到来，其衍生出来的互联网思维正在不断地冲击着人们的思维模式和行业发展规则，如果企业领导者快人一步，做好利用互联网思想和技术发展自身的工作，那么企业将会在商业大战中遥遥领先。

分拆自己的优势，领先市场

今天的微软很苦、很累，假如15年以前微软分拆，我想问在座一个问题，还会有谷歌吗？谷歌还会活得那么爽吗？我看未必。

——马云

企业发展到如日中天时，面对内部固有的缺陷和外部竞争者的虎视眈眈，智慧的领导者会考虑在最好的时候拆分企业，使得拆分后的新企业在最大程度上克服缺陷，发挥自身的独特优势，在竞争中更具实力，始终占据领导地位。

马云的精彩故事

2011年7月，拆分淘宝一事被阿里巴巴提上了工作日程。面对公司内部意见不一、争论激烈的情形，马云在7月5日进行了内部讲话，分析和阐述淘宝分拆的背景及优势。

他说："我们的行业也存在着很大的危机，行业需求更加专业化。行业的发展等待着淘宝发生巨大的变化。我有时候在想，分拆其实很难，十五六年以前大家记不记得当时美国政府要分拆微软，最后没分成，结果今天就是榜样。

“今天的微软很苦、很累，假如15年以前微软分拆，我想问在座一个问题，还会有谷歌吗？谷歌还会活得那么爽吗？我看未必。今天的行业内有人跟我说，阿里巴巴做到那么大了，你们对市场不公平，有本事你把自己搞小！我们现在就把自己搞小，试试看。

“昨天中午我跟淘宝30多位同事在杭州交流的时候，我说什么叫市场领导者，市场领导者就是第二名加第三名加到第十名加起来的总额乘以三还是不如第一名大，这叫领导者；什么是领先者，领先者就是比第二名高出了一口气。我们今天分拆以后的结果，我希望淘宝的三家公司都能在各自的领域里面，做市场领导者，然后我们再分几次给他们看看。

“因为我们靠的不是资本，我们靠的是智慧，我们靠的是勇气，靠的是敢革自己的命，靠的是我们在最好的时候敢把自己给分拆了。我不知道近百年的商业史中有几家公司敢于有这样的举措，敢于这么做，敢把自己的优势给解散掉？

“我看我们可以。如果我们可以，将来中国移动也可以，中国石油也可以，我们能逼着人家也这么改一改。所以我们这次的成功会让更多国有的、靠资源起来的企业也变一变小，假如它们能这么做，并且还是能做大，我们服了人家，所以做一个榜样也挺好。

“另外，我觉得我们的组织需要变革。淘宝在短短几年里面进行了两次巨大的飞跃，第一代领导人孙彤宇他们打下淘宝的天下和基础，第二代陆兆禧和在座各位，大家把这个公司变成这个体系，变成这样的影响力。但是我想跟大家讲，这个公司发展得太快了。虽然今天的公司在高速地生长，身体在成长，但是我们的组织并没有成长。我们看到太多的公司由于高速成长，组织没有调整，文化没有进步，员工没有提升，新的人才没有出来，导致公司轰然倒下。

“今天淘宝正面临这样的挑战，假如我们不进行改革，我可以这么讲，很多今天发生在B2B大家觉得难过的事都会出现在淘宝身上。”

3年前，看马云拆分淘宝，大家都捏了一把汗。3年后，回过头看阿里巴巴这一决策，我们不得不佩服马云的智慧和战略眼光。

商业的哲学智慧

如果15年前，微软真的被美国法院分拆成两家企业，也许今天它就不用那么辛苦地与谷歌、苹果竞争了。

2000年，微软因为滥用垄断地位被美国政府提起诉讼，法官判决将微软分拆为两家公司——操作系统公司和应用软件公司，但这位法官的裁决后来被上诉法院驳回，同时微软也与美国司法部达成和解，公司维持原状。当时，微软的高管们开心坏了。

然而，十几年后，谷歌崛起了，苹果公司也崛起了，它们都是微软强劲的对手。对于微软，更加不利的是，互联网的重要性已经超过了操作系统。谷歌在维持自己主导地位、应对谷歌崛起中显得越来越力不从心。

的确，2000年的时候，微软的办公系统和操作软件在市场上炙手可热，微软没有面临严峻的挑战，自然没有危机意识，分拆为两家公司是如日中天的微软接受不了的。

随着互联网的发展，微软也意识到了互联网的重要性，开发了IE浏览器，并且IE一度在浏览器市场获得了霸主地位，但微软认为没有必要改变商业模式，仍然沉浸在已有的成绩中。然而，正是微软在网络搜索和其他网络服务领域动作缓慢，才给了谷歌可乘之机，谷歌一举成为互联网市场的主导企业，而苹果和谷歌安卓也打造出了优秀的手机操作系统，微软的优势在逐渐消失。

如果当年微软分拆为两家公司，也许分拆后的操作系统公司会意识到继续拓展市场，将更多精力放在开发手机操作系统上，那么今天的移动行业恐怕是另外一番景象。而分拆后的应用软件公司也许会将业务进行拓展，突破并发展原有的核心领域，预见到网络应用和服务的发展前景，率先进入网络搜索领域，从而避免将该市场拱手让给谷歌。

假设没有意义，历史不会倒退，但如果后来的企业可以从微软的经历中吸取教训，则是明智的。

商业的现实思考

微软的今天和淘宝的成功都已证明：合并不代表企业一定更加强大，反之，分拆也未预示企业的衰落。企业领导者要以一种理智的心态来看待企业的分拆，如果分拆后各个企业可以发挥更大的优势，何乐而不为?

第 12 课

合作哲学——创造互利共赢的新境界

这是一个整合的时代，企业只有在合作中才能优势互补、共同进步。马云不断地寻求国内外的优秀合作伙伴，与之共赢发展。每一次合作目标的达成，就促使阿里巴巴完成一次巨大的飞跃。

雅巴联合，创造共赢

精力再充沛，个人的能力还是有限的。超过这个限度，就是人所不能及的，也就是一个人的短处了。所以合作就显得极为重要。

——马云

要想在商业社会中立足，谁都不可能是一座孤岛。一个企业要想取得成功，必须学会与其他企业一起合作，善于借助合作者的力量来实现自己的目标。企业领导者要想带领一个企业朝着明确的目标前进，就需要有企业联合的意识，使企业在市场竞争中永远立于不败之地，这样的企业才能成为常胜将军。

马云的精彩故事

2005年8月11日，中国传统的七夕情人节。马云在中国大饭店举办新闻发布会，宣布了一个极具轰动效应的事件："今天是中国的情人节，阿里巴巴和雅虎7年的缘分，在今天结合在一起了。"马云笑着说："我们这次宣布的是阿里巴巴全面收购雅虎中国的所有资产，包括了雅虎的门户，雅虎的一搜，雅虎的IM、3721，雅虎在一拍网上所有的资产。同时，雅虎给阿里巴巴公司投入10亿美元的现金，成为阿里巴巴重要的战略投资者之一。"自此，阿里巴巴收购雅虎中国全部资产，同时得到雅虎10亿美元投资，创造出了中国互联网史上最大并购的纪录。

阿里巴巴和中国雅虎的这次“联姻”对于阿里巴巴和雅虎中国具有十分深远的意义。这次“联姻”，雅虎中国占阿里巴巴40%的股份，并且阿里巴巴正在不断地发展壮大，这在一定程度上可以挽救此前雅虎中国的颓势。对于阿里巴巴来说，首先，10亿美元的投资和雅虎中国的全部资产换取阿里巴巴40%的股权，这样一来，阿里巴巴的市值就大增，国内的互联网公司没有几家可以同时拥有像阿里巴巴一样强势的互联网业务。此外，马云之所以与雅虎中国合作，主要是看中雅虎中国强大的搜索引擎，目的是为了实现阿里巴巴的电子商务和雅虎搜索引擎的结合。马云认为，未来的电子商务离不开搜索引擎，而搜索业务恰恰是阿里巴巴的短板，通过“联姻”可以改善阿里巴巴的搜索业务，同时也能帮助到更多的中小企业。马云和他的团队，必然在这次“联姻”中，将阿里巴巴推向网络帝国之巅！

商业的哲学智慧

阿里巴巴和雅虎中国的并购，使阿里集团获得了大量市值，使处于衰退期的中国雅虎获得了大量股份，两家企业各有所得。商场中有一句话叫“敌人的敌人就是朋友”，可见在自身力量不足以对抗强大的竞争者时，如果可以联合竞争者的其他对手，相互合作，孤立竞争对手，则可以实现共赢。

众所周知，在美国，微软、苹果、谷歌三大公司彼此曾经是竞争对手，其中谷歌的实力尤为突出。

微软公司十分具有排他性，几乎从不使用对手的产品。但是，2013年7月，在微软Build开发者大会上，微软使用一台苹果Mac电脑现场演示了其Windows Azure云服务可以很好地在iOS系统中运行。要知道，这样公开使用对手产品的事情在微软公司从未发生过，外界纷纷猜测，这预示着微软将变得更开放，愿意与产业链上更多的厂商合作，甚至包括对手苹果公司。

果不其然，当破产的柯达打算出售其成像专利技术时，苹果和微软联合起来参加竞购，其他的竞购者包括谷歌、HTC、三星等公司，最终苹果、微软和谷歌3家公司以5.25亿美元购得专利，3家公司虽然各得所需，但有人分析说，微软、苹果联手竞拍就是为了防止成像专利完全落入谷歌手中。而且共同的认识和忧虑是促成微软和苹果合作的主要原因。随着谷歌安卓系统的崛起，它们都怕自己的移动操作系统被扫地出门，而且微软认为安卓系统侵犯了自己的Linux专利，苹果认为它抄袭了自己的iOS系统。

商业的现实思考

企业可以通过优势整合解决自身没有办法解决的问题，实现企业的发展目标，获得共赢。优秀的企业领导者要借助共赢，使企业摆脱困境，实现长远发展。

强强联合，谱写未来新篇章

做战略最忌讳的是面面俱到，一定要记住重点突破，所有的资源在一点突破，才有可能赢。

——马云

企业间的强强联合，可以实现企业的优势互补，优化资源的分配与利用，降低生产成本，利用对方市场，最终达到扩大市场占有率、提高自身竞争力的效果。显然，马云非常善于利用企业间的强强联合来发展自己。

马云的精彩故事

近年来，马云更加重视通过企业间合作的方式来扩展自身的规模，增强自己的实力，实现合作双方的共赢。

2013 年 5 月 10 日，阿里巴巴入股高德地图，占其 28% 的股份，成为高德地图最大的股东。马云投资高德地图的真正用意在于对 O2O（Online To Offline，即将线下商务的机会与互联网结合在一起）领域的布局，地图服务是整个 O2O 商业链的重要入口，酒店、航空、票务、旅游、买房等服务皆可与地图服务相结合起来。此前，在中国互联网三大领军企业百度、阿里巴巴、腾讯中，只有阿里巴巴缺乏优质的地图资源。入股高德地图，无疑使阿里巴巴弥补了这一缺陷。

2014 年，马云更是花大手笔加快了与其他企业合作，共谋发展之路的进程。

4 月 28 日，阿里和马云参股的云峰基金以 12.2 亿美元入股优酷土豆，成为优酷土豆的战略投资者。与阿里巴巴共谋，对于优酷土豆来说，推进了其打造一个以互联网视频为基础、线上线下融合的文化娱乐平台的目标。而优酷土豆对阿里巴巴的影响也可谓深远。首先，阿里巴巴的广告投放需求很旺盛，而优酷土豆正好给阿里巴巴提供了一个投放广告的平台。此外，阿里巴巴一直想找到一个移动互联网平台来推动自身的移动战略，而优酷土豆的 APP 流量和用户规模已经超过 PC 端，显然已经成为一个移动互联网平台。此次合作正好满足了阿里这一想法。

6 月 10 日，阿里巴巴宣布收购 UC 优视，并组建阿里 UC 移动事业群。此前 UC 优视一直被视为国内互联网格局的一个重要变量，此次合作意味着国内互联网格局中最后一个重要变量的尘埃落定。

阿里巴巴全面合并 UC，是弥补阿里巴巴在移动互联网中入口和流量不足的重要手段，同时也增强了阿里巴巴在 BAT 竞争中的优势，是阿里巴巴国际化进程中的重要一步。

商业的哲学智慧

毫无疑问，商业中的强强联合确实会起到优势互补、扩张企业知名度的作用。事实上，9 年前马云就已经十分重视通过企业合作、强强联合的方式为企业的前途谱写亮丽的篇章了。

2005年4月12日，淘宝宣布正式与搜狐形成战略合作伙伴关系，两家企业共享各自的用户群，在线上线下共同合作共同发展，共同为推动中国网上购物与网上拍卖做贡献。

搜狐CEO张朝阳十分重视与淘宝的合作，他表示："此次搜狐与淘宝的合作为蕴含丰富商机的C2C产业提供了一个崭新的合作模式。通过与淘宝网的合作，将为搜狐庞大的用户群提供一个安全且有保障的在线交易场所，这不仅有利于进一步巩固双方在网民心中的形象及地位，更将促进电子商务的迅速发展。此外，支付问题一直是困扰中国电子商务发展的重要瓶颈，网民惊喜地看到，淘宝网在支付方面的产品'支付宝'工具的推出，为网络交易安全提供了一种新的解决办法，网民将持续关注'支付宝'，并将寻求在未来的合作机会。"

淘宝与搜狐的合作实现了双赢。对于搜狐来说，淘宝网是全国最大的个人交易网站，它具有国内其他交易网站所不具备的品牌和技术上的优势，而搜狐恰恰能够借助淘宝的优势丰富自己的网站，为用户提供更多服务。

对于淘宝来说，搜狐拥有大量注册用户和巨大流量，淘宝能够依靠搜狐的网络平台，吸引搜狐的注册用户来注册淘宝。马云曾经表示："淘宝网看好搜狐在门户领域的领先优势以及强劲布局。"事实又一次证明马云是明智的。与搜狐合作之后，淘宝网拥有了大量的潜在客户，且知名度迅速提升，交易额也快速提高。此外，强强联合的模式也为淘宝网日后的发展提供了很好的范本。

商业的现实思考

单丝不成线，独木不成林。人的发展离不开集体，企业的强大离不开合作。善于发现伙伴优势并与之合作，共享资源，优势互补的企业，定能比对手更早地扩展市场，占领先机。

以“联姻”的方式谋求更大的发展

阿里巴巴要不自己做第一，要不打败第一，要不和第一名的人合作。

——马云

志向高远、傲视流俗的企业家心中都有“行业翘楚，舍我其谁”的风范。他们在商海中奋力拼搏，只为成为行业佼佼者。当然，如果自身实力不允许，他们会选择强强联合打造行业新平台，互利共赢。马云就是这样一位抱负不凡的企业家。

马云的精彩故事

2013 年 12 月，马云赴韩国参加第二届中韩互联网圆桌会议，秘密会见了多位韩国企业高管，还在韩国首尔大学发表了演讲。

除了参加会议外，与韩国企业的合作也成了大家热烈讨论的话题。当谈及阿里巴巴是否会大举进军韩国市场时，马云认为，当前本土电子商务企业大举进军海外市场存在较大的风险，因此，不宜操之过急。他说：“没有人比韩国人更加了解韩国市场。”

不过，阿里巴巴与韩国企业的“联姻”可能会以另一种方式进行。马云此次韩国行意在寻找战略投资者，在韩期间他与多家韩国企业高管会面商讨商业合作计划。马云在韩国时发了一条消息：“今天很多人在‘敲门’，我昨晚就想去敲门了，一直担心要是人家不开门咋办啊？要是人家开了门，然后接下来又咋办呢？”

马云这次还是敲开了移动手机巨头三星的大门，马云与三星电子多位高管会面，其中也包括三星手机业务主管申宗均。

马云和申宗均的交谈涉及阿里巴巴打造自己“谷歌眼镜”的决心。阿里内部已经开始秘密研发智能眼镜，并且计划在中长期将该产品实现商用，但阿里的研发需要存储新芯片、显示器和其他硬件的支持，因而阿里需要三星在内的多家 IT 公司助其一臂之力。一旦三星决定提供上述技术支持，阿里巴巴的产品将直接与谷歌竞争。

作为对等条件，申宗均要求马云通过阿里巴巴网络来提高三星产品的销量。我们可以预见，如果三星为阿里提供技术支持，而阿里用其平台销售三星手机，实现了技术与平台的互补，那么，两家企业在各自领域的竞争力必然会大大提高。

商业的哲学智慧

在所有人对马云的高瞻远瞩惊叹之余，马云又以迅雷不及掩耳之势完成了阿里巴巴与恒大足球的“闪婚”。

2014 年 6 月 5 日 11 时 11 分，马云与许家印高调在御景半岛酒店举行发布会，宣布阿里集团以 12 亿元入股恒大足球，恒大和阿里各自占 50% 股权，但它们均只提目标，足球队的管理、技术、人事依旧由教练里皮决定。这一消息让人诧异、惊喜。中国足球的老大和互联网巨头的结合，必然会使中国足球的面貌焕然一新。

对此，马云表示，许家印把他拉进足球圈子，为的是让他参与足球方面的变革，如果老套路，不够新颖就没有意义。“足球更需要搅局者。”马云说，“本来不想来，但后来想搅搅局，尝试新玩法。”

许家印表示，未来恒大足球会再入 40% 的股份，不断冲击国际顶尖球队。“逐步的目标实现后，如果具备上市的条件，我们会申请上市，这是整个足球俱乐部发展的战略。”许家印对恒大足球的未来充满憧憬。

阿里和恒大足球“闪婚”后，球队的表现我们拭目以待。然而，不可否认的是，恒大足球只不过是恒大集团的一张名片，在这张名片的背后是恒大集团处处高人一筹的商业布局和长袖善舞的商业手段。

而阿里巴巴选择在巴西世界杯前一周高调宣布与恒大足球合作，一方面可以大幅增加阿里巴巴集团赴美国上市前的媒体曝光度，另一方面可以大大提升阿里的世界知名度，对提升其估值和吸引潜在投资者来说意义重大。

此外，恒大冰泉“一处水源供全球”的战略口号持续打响，恒大集团正在紧锣密鼓地与吉林省谈关于发展运水铁路线路的计划，据说，吉林省委、省政府计划进一步改造线路增加运能，增设直达恒大冰泉水厂专线，全力支持恒大冰泉项目的发展。而这一战略与马云正在战略部署的“菜鸟”物流成为另一合作点。

可见，阿里、恒大足球“闪婚”，只是合作的开始。如果“菜鸟”与恒大冰泉合作，共同打造物流平台，那么这两家企业未来的商业触角将更加敏锐。

商业的现实思考

不想当将军的士兵不是好士兵，不想做龙头的企业不是好企业。企业领导者如果能够看到企业的发展潜力，抓住可以助其成长的合作机会，则企业将可以长远发展。

搭建“菜鸟”平台，利益共享

建立平台，必须考虑别人，因为只有别人成功，自己才有可能成功，你必须创新和颠覆一些行业。

——马云

不可否认，马云是一个言出必践的人。他曾说，银行不改变，我们就去改变银行，结果余额宝诞生。在淘宝、天猫网业务发展如日中天时，快递公司却饱受诟病，随着“菜鸟”物流被提上日程，马云为物流公司搭建了一个平台，这个做法将改变中国的物流行业。

马云的精彩故事

现在，“菜鸟”物流平台正在建设中，成效怎样，只有应用之后才知道。我们只能从2013年“双十一”前夕马云和王小丫的谈话中领悟马云对打造平台、实现物流企业与阿里集团共享利益的美好构想。

王小丫：“很多物流公司或者商家会用很多钱去建一些仓库，而菜鸟好像更注重搭建一个平台，具体怎么理解?”

马云：“我相信中国物流极具创新能力，但是缺乏一个系统去帮他们的效率更高。所以我觉得我们的职责是帮助这些快递物流公司做成功，只有他们成功了，我们才会成功，这跟阿里巴巴的一贯思路一样。所以我们定位“菜鸟”，只建立系统，不是去思考我们怎么做物流快递，去思考的是我们怎么帮物流和快递公司从事物流，帮助他们做好服务。”

王小丫：“就像您刚才说的，阿里巴巴始终都是在搭建一个让人们有更好的消费体验的平台，那么站在这个平台上，您怎么看待电商和物流之间的关系，如果说请您打一个比喻，它们之间是一个什么关系?”

马云：“我觉得假设电商是一种思想，电商是一个商品的话，物流就是一条腿，你总要走出去，否则停留在思想上面，总得走到人家家里去。我觉得今后重要的铁三角，就是电商、物流、金融。这个铁三角缺一不可，互相支持，但是不能互相踩脚，你建这个铁三角，你永远不能抢别人的饭碗，你只能促进别人的成长。电商不能说货卖得不错，是不是自己去卖点衣服。洗衣机卖得不错，我们收购一家洗衣机公司自己去干。你做了平台，就不能干另外的。物流也一样，我们参与投资物流公司的目的，不是因为我们会从里面赚多少钱，而是假设这家公司给它一些钱，给一些资源，它会发展得更好，会更健康，市场竞争能力更强。有的时候做这种大的平台和生态战略，你的出发点不应该从自己赚多少钱去出发，而是这个市场因为你进去之后会发生什么变化，这个市场发生变化以后，你的利益自然就出来了。”

在马云的观念中，始终有一种先让别人赚钱，自己最后获利的思想。创建“菜鸟”物流也是一样，他只是为物流公司搭建平台，在平台上实现物流公司与阿里巴巴的共赢。

商业的哲学智慧

2014 年 3 月初，京东收购腾讯的 QQ 网购和拍拍网 100% 股权、物流人员和资产，而腾讯以 2.14 亿美元入股京东，占京东在外流通普通股的 15%。它们的目的显而易见——打造一个强大的电商平台，以抵制天猫和淘宝的强劲发展势头。

众所周知，腾讯的优势在于它的 PC 端、移动端拥有大量的用户和流量，比如 QQ 和微信，但它自身的电商基础很弱，所以 QQ 网购和拍拍网一直没有起色。而京东却恰恰相反，它的供应链系统和后端运营能力非常强大，但移动端的布局和转型却是影响它快速发展的短板。

双方合作，显而易见会形成一种优势互补的状态。首先，腾讯 QQ 和微信会为京东提供大量的用户群和流量，甚至为京东在微信上营销提供了可能，这正好弥补了京东的短板；其次，腾讯正好可以将自己的 QQ 网购和拍拍网商户移交京东打理，自己专注做好 QQ 和微信业务。

2014 年 5 月 23 日，京东在美国纳斯达克上市，再次提升了其在未来商业竞争中的优势。

面对对手的步步紧逼，马云早有谋划。2014 年 6 月 12 日，阿里巴巴宣布与中国邮政在物流、电商、金融、信息安全等领域全面开展深度合作，共同建设中国智能物流骨干网络（即菜鸟网络）。京东与天猫、淘宝相比，它的优势在于强悍的物流系统，而天猫、淘宝此前的物流体系主要是和一些快递公司合作，但一些快递公司为了利润，并不接受偏远地区的配送业务，因而影响到淘宝和天猫在偏远地区的网购市场，而中国邮政虽然速度慢、价格高，但它的服务网点却遍布全国各地。

毫无疑问，面对腾讯和京东的挑战，马云为自己构架了一个更加强悍的对抗框架。可以预见，当阿里巴巴与中国邮政的合作卓有成效时，天猫和淘宝将更胜一筹。

商业的现实思考

二人齐心，其利断金。现代社会，拒绝合作的企业只能面临被淘汰的风险。企业如果少一些功利性思考，踏踏实实地打造平台以促进伙伴的发展，自身的获利还会远吗？

与对手携手打造利益共同体

没有传统的行业，只有传统的思想。

——马云

什么叫“结成利益共同体”？用任正非的话说，就是“将矛盾的对立关系，转化为合作协调关系，使各种矛盾关系结成利益共同体，变矛盾为动力”。的确，将竞争关系变成合作关系，更易于实现合作者之间的共赢。

马云的精彩故事

作为第三方支付平台的支付宝业务，一方面与银行在业务、资金，甚至生死存亡方面存在竞争关系，另一方面又把如何加强与银行合作当成其工作的重中之重。最终，支付宝通过推出快捷支付业务与银行打造出了一个利益共同体。

2013 年 3 月，为了降低网上支付的风险，各大银行纷纷采取措施降低通过第三方支付进行网上交易的限额，很多银行的信用卡都受到了限制。这一举措虽然保障了持卡人的资金安全，但在一定程度上影响了阿里巴巴的网购业务。

4月18日，支付宝和中国银行、工商银行、建设银行、农业银行、平安银行、北京银行等10家银行达成合作，在该10家银行的信用卡上推广支付宝最新推出的快捷支付功能。快捷支付不会受到网银额度下调的影响，同时将信用卡网上支付的成功率从60%左右提升到95%，营造出了更好的网络购物体验。毫无疑问，“快捷支付”功能的推出，十分有利于降低银行下调网银额度对网购的影响。

由于央行还没有给第三方支付企业发放牌照，此类政策也不明晰，所以各大银行对网银额度的一次下调就会让淘宝业务受到如此大的影响。可见，与各大银行合作，让支付宝与银行形成你中有我、我中有你的利益共同体局面，是支付宝应对政策风险的一大法宝。

反之，快捷支付业务使银行扩展了市场，增加了用户和存款。此举实现了支付宝与银行业务的共赢。

商业的哲学智慧

高质量的合作利人利己。马云具有与竞争对手合作、打造利益共同体、从中获利的胆识。他的这一思想与任正非不谋而合。

任正非提出的“利益共同体”的竞争策略主要体现在两个方面，一个是与客户“联姻”，一个是与竞争对手结成利益共同体。

与客户“联姻”的最初缘由是任正非看到了大多数企业都在一味地追求为自己盈利，却忽视了客户的利益，这种做法让很多企业失去了回头客，使企业在竞争中逐渐地处于被动地位。因此，任正非明确指示“要让利，以赢得客户的忠诚度”。

华为最早的“联姻”是与华为电气的合作。1995年，作为华为电器的前身，华为莫贝克电源公司将18个省邮电管理局的直属企业作为自己的股东。1997年，华为正式提出建立合资公司，通过让利赢得客户的信任。随后，华为与铁通合资建立北方华为。

继北方华为成功后，华为又在辽宁、河北、山东、四川、北京、天津等地，与当地政府电信局等合作，成立了合资公司并一起承担盈亏责任。通过这一系列措施，华为不仅迅速扩展了新客户，而且很快就稳定了市场。

对于同行业的竞争对手，任正非和很多企业管理者不惜一切代价进行恶性竞争不同，他将华为的竞争对手称之为友商。任正非指出：同行在诸多领域携手合作，通过合作取得共赢、分享成功，实现和而不同，和谐以共生共长。

任正非提出与友商合作是因为在2000年IT泡沫破灭的那段时间，华为与竞争对手的竞争越来越激烈。任正非意识到，华为要快速增长，就要从友商手里夺取份额，这就直接威胁到友商的生存，很可能成为对手攻击的对象。

因此，任正非提出："宁愿放弃一些市场、一些利益，也要与友商合作，成为伙伴，共同创造良好的生存空间，共享价值链的利益。"

例如，华为跟美国的3COM公司合作成立了合资企业，华为以低端数通技术占51%的股份，3COM公司出资1.65亿美元占49%的股份；3COM公司把研发中心转移到中国，降低了成本，而华为则利用3COM世界级的网络营销渠道向3COM的客户销售华为的数通产品和提供服务。此举大幅度地提升了华为的销售额，2004年华为的销售额增长达到100%。这一合作对华为的国际化进程起到了非常重要的作用。

商业的现实思考

两个企业在发展过程中，与其刀兵相见，不如合作共赢。企业要与那些对自己的发展壮大有巨大帮助的企业建立合作关系，成为利益共同体，这样才有助于提升企业的综合竞争力。

2014年马云的环球之旅

相信网购将会影响越来越多国家的经济和年轻人的生活方式。

——马云

一家企业在本土发展到如日中天时，国际市场将成为其发展的下一个战略目标。理智的企业领导者总会尽早地去国外做实地考察，如果赢得了更多的海外客户，企业将毫无疑问会进一步提升其市场占有率，也更加具有竞争优势。

商业的现实思考

2014 年 3 月初，马云突然离开中国，开始了环球之旅。他先后到了美国、法国、意大利三国，并在扎堆“江湖情”中感慨：“此行不仅见了很多企业家，也见了很多政府官员，包括意大利 39 岁的新总理和法国的几个部长，大家谈起在淘宝网上卖法国和意大利产品都很兴奋。相信网购将会影响越来越多国家的经济和年轻人的生活方式。去年淘宝网上卖火了美国华盛顿州的车厘子，也许有一天我们真能在网上买到法国新鲜的原产牡蛎或者意大利的纯真比萨饼！”

不难看出，马云出国旅游可谓“醉翁之意不在酒”，与其说马云出国旅游了一圈，不如说他是出国考察淘宝、天猫的国外市场。很明显，马云正在积极酝酿利用淘宝和天猫与全球优质资源实现对接，进一步加快阿里巴巴的国际化发展进程。

2013 年，美国车厘子、丹麦牛奶尝试在天猫售卖之后，2014 年年初，荷兰还与天猫合作预售情人节的鲜花。这些尝试都取得了不错的效果，很多国家都对天猫产生了兴趣。不过，马云已经不满足于这种小规模的尝试，他更加迫切地想形成一个完整的机制，更大限度地将国内商品送出去，将国外商品引进来。2014 年 2 月 19 日，天猫国际正式上线，它是目前国内第一批允许国内个人以“直购进口”的模式购买全世界商品的跨境贸易电子交易平台。

马云此行可以看作是趁热打铁，在国外对天猫正感兴趣时到访无疑会形成更大范围的影响力，争取到更多的国外合作伙伴。

商业的哲学智慧

可以预见，与国际市场合作后的天猫将更加具有市场竞争力和影响力，马云的环球之旅，对阿里集团意义深远。

成功确实属于那些具有战略眼光，且敢于将自己事业的触角延伸到全世界的人。

软银在日本迅速发展起来后，孙正义并没有沾沾自喜。他发现日本的硬件技术和美国相比差得很远，于是他尝试从美国引进一些先进领域的公司和业务到日本，最早开始被引入的是先进的美国硬件——局域网设备、路由器等。

这些尝试成功后，孙正义开始跟美国的思科谈合作。思科是美国著名的硬件设备商之一，但当时它的市场主要在美洲、欧洲，亚洲市场还未打开。孙正义想率先把它引进日本。为了分散风险，孙正义找了14家公司和软银合伙把思科引进日本，软银是最大的股东。合作成功后，软银不仅在国际上名声大噪，而且自身的软件销售市场也扩展到了国外。

1996年，当电脑还不是随处可见时，孙正义瞄准了在美国刚成立的雅虎公司的发展前景。在股东都不支持的情况下，孙正义果断地投了1亿美元给雅虎，想让雅虎进军日本市场。最终，雅虎成立了雅虎日本分公司。日本雅虎网站是当时日本国内极少数的综合新闻门户网站。结果，第一年，雅虎日本的浏览量就突破了1亿，并且盈利。至今，雅虎日本在日本综合新闻门户网站上仍是佼佼者。

最初，当iPhone进入日本时，对运营商提出了十分苛刻的条件，而软银毫不犹豫地表示接受。成为iPhone运营商后，软银集团展开了铺天盖地的宣传推广工作。孙正义亲自带着一批员工，手把手地教消费者使用iPhone；采取无须首付，0元购机的营销策略；并面向日本消费群体推出了一批自己开发的常用软件；在发达城市铺设无线网络。在全方位的服务下，日本消费者很快认可了iPhone。至此，软银顺利打开了iPhone的日本市场。

商业的现实思考

在全球化商业格局下，企业领导者更需要开阔的视野和国际意识，当企业实现了国内外市场的有机结合时，必然会具有更强大的竞争力和影响力。

第 13 课

财富哲学——掌握资本运作的主动权

经营企业是一场关于财富的游戏，智者身处其中，却能心居其外，做到有节、有度、合理地创造和支配财富，这是马云和众多商业大佬的商业心得。

一分钱掰成两半花

免费是世界上最昂贵的东西，所以尽量不要免费。等你有了钱以后再考虑免费。

——马云

历览前贤国与家，成由勤俭败由奢。的确，无论是国家、家庭还是企业，勤俭节约都是一种美德。对于企业来说，厉行节俭的意义尤为重大，节俭可以降低企业的成本，久而久之，节俭的不仅仅是财富，更是一种企业发展的优秀理念。

马云的精彩故事

众所周知，马云创业初期并不富裕，尽管东拼西凑他也只有50万元的创业资金。可是，创业初期各方面都需要投入，都要用到钱，在没有盈利的情况下，他只好厉行节约。也可以说，从一开始，阿里团队就是一个节俭的团队。1999年创立阿里巴巴时，马云没有钱租写字楼，于是他把自己的家作为办公室，而创业团队则围绕着马云的家租附近最便宜的民房，只为了节约交通费用。

创业时期，打出租车都是一件很奢侈的事。马云出门办事经常坐公交车，如果距离不太远，他就选择步行。遇到紧急情况，迫不得已才乘坐出租车，而且都是坐夏利，不坐桑塔纳，因为桑塔纳要比夏利每公里贵1元钱。

创业初期，彭蕾是阿里巴巴的出纳员，凡是花钱的事都由她做主，而她也是名副其实的“吝啬鬼”。

置办办公用品时，她宁愿多跑几次，也要做到货比三家。她满大街逛，只为淘到性价比最高的产品。据说“淘宝网”这个名字是受到创业初期彭蕾淘性价比最高的产品的启发而取的。

今天阿里巴巴的发展如日中天，资金状况早已今非昔比，但是勤俭持家的传统却从未改变。

阿里巴巴的办公室门口放着一台复印机，上面放着储蓄罐，储蓄罐旁边的墙上贴着一张纸，纸上写着复印机使用规定：个人因私复印每张5分，请自觉投币；公司内部文件要双面用。

一直到现在，阿里巴巴的很多办公场所都在居民楼中，很多人表示不理解，马云解释道：“目前，我们并不缺钱，而我们大多数分公司的办公地点，却都在单元房里。不要说在福州，就是在东京、纽约，我们都有能力租当地最好的办公地点，可我们没有。为什么？我们要让所有的员工知道，你来，就是把公司做大，把分公司从小单元房搬到当地最高级的写字楼！”

商业的哲学智慧

一般人都会认为，勤俭节约这种小事是穷人没有资本奢侈的时候才做的，可是，当看到那些已经上市的大企业仍然保持节俭的美德时，我们既感动又倍感羞愧。

沃尔玛公司是全球最大的零售企业，它素以“抠门”著称，从沃尔玛公司的命名过程中，我们便能够看出创始人沃尔顿的节俭程度。

美国人喜欢以创业者的姓氏为公司命名，因而沃尔玛开设的超市本应叫“沃尔顿玛特”。公司需要制作霓虹灯、广告牌和电器照明等，沃尔顿仔细地计算了所需成本后发现，按照上述形式命名，成本增加不少。而省掉“ton”三个字母可以节省一笔开支，于是决定公司的名称只保留“Wal · Mart”七个字母。

"Wal · Mart"不仅是公司的名称，也是沃尔顿节俭品德的象征。沃尔玛中国总部的管理者们对创始人的本意心领神会，他们没有将"Wal · Mart"译为"沃尔玛特"，而是译成了"沃尔玛"，由此足见沃尔玛的节省精神。

此外，国内第一代知名企业家王永庆与蔡万春两人都是勤俭节约的典范。

台塑集团创办人王永庆做毛巾操（一种以毛巾为道具的体操）所用的毛巾，29 年从未换过。他曾告诉工人："你们所戴的工作手套，如果手掌磨破了，不妨翻过来，可换戴在另一只手上再用。"

蔡万春是国泰企业的创办人，他年轻时当推销员，为了省钱，请客户抽整支的香烟，自己则抽半截的。当时，他买袜子总是若干双款式与颜色完全相同的，有人问他为何不多挑几种式样与颜色，他回答说："一双袜子穿久了总会破，可是往往不是两只同时破损。只破了一只就丢掉一双太浪费了。买同样款式与颜色的袜子，破一只就换一只，可省下不少钱。"

商业的现实思考

勤俭节约是企业发展进步的内在动力，可以实现可持续发展。在平时的工作过程中，节俭精神能够实现物品使用效率的最大化，避免不必要的开支，同时，可以强化员工的道德素养，为企业发展注入优秀理念。

让"死钱"变成"活钱"

企业家是懂得用最小的资源去把市场价值扩大化，能够发现一个价值且用各种各样的方法使它产生影响力的人。

——马云

愚笨的人只会存钱，而聪名的人则会想方设法让“死钱”变成“活钱”。只有用闲置的钱进行投资，才能使钱不断地增值。企业要善于运用手中闲置的资本，让钱生钱，用最少的投入获取最大的产出，如此才能不断地积累财富。

马云的精彩故事

2008 年，国际金融危机突然爆发，速度之快，影响之大，使得很多企业在始料未及中倒下。在“寒冷的冬天”里，马云在 ABAC 企业峰会上向众多中小企业家讲了自己的“失败史”。

他说：“2001—2002 年互联网泡沫破灭后，他带着阿里巴巴的员工一起反思，有钱时什么领域都想尝试，但是面临冬天时，究竟该怎么做?”

停顿了一下，他接着说：“假设明天公司就要死了，问问自己最后能做的三件事是什么？想好了，就把三件以后的事全扔进垃圾桶。”

一个小企业主说，现在行业这么不景气，她的朋友说互联网不会受到金融危机太大的冲击，让她投资互联网行业，她想听听马云的意见。

马云思考了一下，回答道：“目前对任何中小企业来说，现金为王。不要让手中资金断裂，目前你手中有资金也要熬一下。我不知道你手上现在有什么投资，如果有人问你买，价格不错赶紧卖掉，这是我个人的建议。”

此外，马云还写了一封信，这封信一时间广为流传。在信中他提醒阿里巴巴的同事们要“广积粮、缓称王”，做好过冬的准备。

他说：“市场不景气，很多从事服装行业生产和零售的企业主关门停业。这些人手里握有大量的资金，并且熟悉、了解服装行业。在盘活这些闲置资金的竞争中，具有广阔市场前景、具有先天竞争优势、能够迅速实现盈利的 B2C 电子商务企业具有与生俱来的优势。”

商业的哲学智慧

马云的话给了我们很大的启发，他告诉我们，企业要想撑过“冬天”，必须将手中的“死钱”变成“活钱”，如果像收藏古董那样把钱收藏起来，它只会愈加发挥不出价值。像马云一样善于以钱生钱的企业家不胜枚举，霍氏集团的创立者霍英东先生就是其中的典范。

“二战”后一次偶然的机会，霍英东看到当时香港政府的报刊有不少拍卖战时剩余物资的通告。他脑袋一转，心想：“有不少物资是目前市面上需要的，一买一卖，也许能赚些钱。”从此，霍英东开始留意报刊上的招标通告。

有一次，他看中了40部轮船机器，这些机器只要略经修理就可使用。参加投标，需付100元。他拿出自己省吃俭用节省下来的100元参加投标，出价1.8万元港币。几天后，港府通知霍英东，他中了标，要他准备1.8万元去取货。

接到中标通知，霍英东发愁了：“这1.8万元我要到哪去弄?”为了能够把握住这次机会，他到九龙去找一位好朋友。这位朋友一听，很感兴趣，就一起去仓库看机器。看完机器后，这位朋友对霍英东说：“别到处找人借钱了，干脆4万元把这些机器卖给我算了。”霍英东一听，喜不胜收，一口答应。

这宗无本生意，霍英东净赚2.2万元。在那时，2.2万元可是个不小的数目，在那个人人都想方设法存钱的年代，霍英东开始琢磨怎样以钱生钱，很快，他将2.2万元用于投资，又赚了一笔，从此，他的生意越来越好，越做越大。

由此可见，善于让“死钱”变成“活钱”，进行投资、理财，可以让自己的财富水涨船高。

商业的现实思考

巴菲特说：“产业运作是加法，而资本运营是乘法。”会做生意的企业家都懂得通过“以钱生钱”的方式来完成“产业”的腾飞，实现自身做大做强的目标。

照章纳税是企业的义务

不管做什么账，税一定要交，所以这是我的一个警告。

——马云

税收是国家财政收入的主要来源，依法纳税是每个企业都不可避免的义务，定时定点纳税体现了一个企业的社会责任感和诚信程度。一个偷税漏税的企业，必然不是一个具有良好发展前景的企业。

马云的精彩故事

在阿里巴巴，马云经常强调照章纳税对于一个企业的重要意义。他说：“阿里巴巴为什么能成功？其中一个关键的因素就是按照法律规定的税负缴纳，在这里，我需要提醒创业者的是，照章纳税是企业的义务，必须不折不扣地缴税，这样你的企业才有可能发展，否则，只是一场虚幻的梦境。”

2005 年，阿里巴巴首次公开财务数据时，纳税金额为 25480 万元，如果按照一年 250 个工作日算的话，他实现了自己当年要每天纳税 100 万元的诺言。2013 年，阿里巴巴日均纳税额达 2000 万元人民币，全年纳税总额超过 70 亿元。

对此，马云这样说：“依法纳税是企业和公民应尽的义务。对于企业来说，交税是其为国家和社会创造价值的表现，也是对自身成就的肯定。现在企业的纳税意识在不断提高，阿里巴巴在 2004 年就把一天纳税 100 万元作为公司未来几年的经营目标，并给自己设了一个紧箍咒，没有一天 100 万元的税，就是对社会没贡献。”

虽然阿里巴巴是诚信交税大户，但是中国企业的偷税漏税风气依旧很严重，很多创业者创业之初，为了节约资金，不惜以做假账、谎报收入的方式达到不交或少交税款的目的。对于这样的创业者，马云直截了当地说："偷税、漏税是企业的耻辱。把纳税看作是企业的义务、责任，是远见卓识的表现。一个企业在纳税上如果不对国家尽责，私自偷逃税款，那么，人们会有理由怀疑，对顾客你是否能讲诚信。纳税多是企业实力和经营业绩的体现，凡是纳税先进企业，就自然而然在消费者心目中树立起爱国守法、诚实可信的良好形象，人们就喜欢与你谈生意、做买卖，顾客盈门，良性互动。要是一个企业税源枯竭，拖欠税款，那必然信誉不良，经营萎缩，不仅消费者不乐意光顾，就连向银行贷款人家也会敬而远之。"

商业的哲学智慧

在中国，大多数企业都存在偷税漏税行为的情况下，阿里巴巴却做到照章纳税，体现了马云坚持原则的理念。

税收是国家财政收入的主要来源，依法纳税是每个企业和公民的义务。一个企业的偷税漏税行为，轻则影响自身信誉，重则导致国库空虚，甚至因偷税漏税触犯国家刑律，最终导致企业身败名裂。

2012年12月初，国家白酒行业的龙头品牌泸州老窖五粮液被爆出涉嫌偷税漏税10亿元人民币，一时间，大众哗然。

白酒作为中华酒文化的代表，一直都在国内占有很大的消费市场，随之而来的是泸州老窖、茅台、五粮液等纷纷涨价，此次爆出的偷税漏税消息无论是否属实，都让本就因持续涨价而不满的消费者，又一次对其感到失望。果然，偷税漏税行为爆出后，泸州老窖、五粮液的销售额迅速下降，经营受到非常大的影响。

无独有偶，由知名影星刘晓庆创办的晓庆文化艺术有限责任公司自1996年开始以不列或少列收入、多列支出、虚假申报等手段偷税漏税多达1500万元，最终法院以偷税漏税罪判处刘晓庆1年有期徒刑。该事件曾轰动全国，不仅刘晓庆个人的社会影响力受到严重影响，该文化艺术有限公司的业务也因此受到致命性的打击，从此一蹶不振。

一个企业如果不能一心一意诚信经营、依法纳税，而是处心积虑地想着如何规避税法，偷税漏税，甚至谎报收入，那么这家企业不仅缺乏社会责任感，更不会长久发展下去。因为，企业发展的不二法门是提高自身的核心竞争力，扩展客户规模，而不是思考如何钻国家法律的空子。

商业的现实思考

富兰克林说："在这个世界上，只有税收和死亡不可避免。"依法纳税体现了一家企业的诚信度和社会责任感，这样的企业才是值得尊重和信赖的，也只有这样的企业才能在商海中始终保持向前的姿态。

最优秀的模式往往最简单

优秀的公司模式都是简单的，复杂的模式往往会有问题。

——马云

很多企业的管理者往往会将一个很简单的策略弄得复杂化、烦琐不堪，还美其名曰系统条理化，结果在往下传达时因为太过复杂，最后下属会错意，导致计划流产。其实，简单的计划执行起来思路会更加清晰，也更加容易成功。

马云的精彩故事

马云当央视《赢在中国》节目评委时，有一位名叫林天强的选手带着重新整合影视产业链的项目参赛。

林天强认为，影视传播产业不仅仅卖电影票，还可以搭配着发展游戏点卡、音碟、书等东西。然而，对于如何盈利，从谁那里获利等，马云并不能从他所介绍的模式中找到答案。

显而易见，马云并没有让这位选手晋级。结束与这位选手的交流后，马云给出了这样的建议："我觉得他犯了一个大忌，他的模式说不清楚，我也不知道，但是我一定能做出来。我碰上很多这样的人，我不知道怎么说，但是我一定能做出来。这个是很忌讳的，你要讲清楚，最优秀的模式往往是最简单的东西。

"尤其初创的时候寻求简单很重要，你的模式要单一、简单，要能说清楚，不要怕单一了别人会拷贝，别人不一定像你一样特别想把这件事情做出来。优秀的公司模式都是单一的，复杂的模式往往会有问题，尤其是初创时期。所以，对电影这个行业的前景我非常看好，现在整个中国电影市场三十几个亿，跟中国经济增长一样是有很大的前景和发展空间的。"

的确，越简单的模式在实践中越能得到高效的执行。复杂的模式可能在理论上很完美，但在实践中却难以层层往下推广。

马云创立阿里巴巴之初，只想建立一个类似于BBS的东西，让客户在上面留言，他没有设计系统，没有所谓的规划方案，但是他成功了。相反，那些专注于设计复杂模式的创业者，反而失败了。于是，马云总结出了"最优秀的模式往往最简单"的经验。

商业的哲学智慧

"最优秀的模式最简单"的商业定律已经被阿里巴巴的成功充分证明过了。不可否认，选择简单模式领先对手的企业不止阿里巴巴一家。德国阿尔迪超市店面很小，看似不起眼，但它却在德国本土打败大名鼎鼎的沃尔玛超市，并逐步向全球扩展。它的非凡竞争力很大程度上来源于它简单的模式。

阿尔迪不做促销、不打广告、不使用现代化超市设备，简简单单经营着六七百种商品。这样一家超市居然能在德国打败沃尔玛，听起来有些不可思议，但它却做到了。似乎只有阿尔迪自己可以运用它简单的经营策略获得成功。

简朴的卖场观感。阿尔迪的大部分分店位于居民区附近和大学周边。超市里的货物装在纸箱中堆在货架上，价目悬在头顶，卫生纸只有一种牌子，收银台少得可怜，没有促销传单，只有每周一期的《阿尔迪信息报》，上面介绍了下周新上货品，由顾客随意翻阅。

简单的商品种类。阿尔迪要求每家分店只销售六七百种商品，每种商品只选择最好的品牌，每种商品只有一种规格的包装。商品大都是一些能够快速使用的产品，比如罐头食品、快餐、新鲜蔬果等。偶尔阿尔迪也会组织一些特供商品，如家电等，这种商品性价比很高，并不会持续供应，卖完便不会再出现在货架上。

便捷的售货模式。每家阿尔迪超市的员工都不会超过 10 人，他们一般身兼数职，哪里需要就去哪里。超市没有现代化收银机，只收现金，没有免费包装袋。商品上不需要标价，因为售货员早已对价款倒背如流，他们只需看一眼商品就可算出总价款，总价一般都是整数，不许找零，这使得整个交易过程十分快捷。

简明的经营策略。阿尔迪追求最低的成本，最低的价格，最高的质量。在这一策略指导下，阿尔迪不做广告，没有强大的市场营销、调查系统。它的广告就是印制的商品更新告示，每周一次。

简化的管理模式。阿尔迪推行管理分权化，力争做到调动每个基层经营单位和员工的积极性，减轻上层决策压力，分散经营风险。因此，阿尔迪将德国划分为 66 个经营区，每个区下有 60 多家分店。区域经理管理各分店，享有进货、配送、财务、人事的直接管理权。超市员工岗位不确定，哪里缺人就去哪服务。

尽管阿尔迪的模式简单，但它为顾客提供了低价高质量的产品，且不打折扣，因此深深赢得了顾客的喜爱和信任，这也是它打败沃尔玛的绝技。

商业的现实思考

成功的商业模式往往极为简单，但简单并不代表容易。企业领导者如果善于规划简单的模式，让简单的模式得到高效执行，就一定不会输给那些看似拥有复杂模式的竞争对手。

创业时，太多的钱是坏事

阿里巴巴能够走到今天，有一个重要因素就是我们没有钱，很多人失败就是因为太有钱了。

——马云

一些创业者在创业初期为了快速赶上同行的脚步，不惜东拼西凑借来资金，租地段最繁华、最好的写字楼，购买最贵的机器设备，投入大量的广告做宣传，但是最后却创业失败。而那些资金并不充裕的创业者因为顶着压力，最后反而获得了成功。

马云的精彩故事

马云说："阿里巴巴能够走到今天，有一个重要因素就是我们没有钱，很多人失败就是因为太有钱了。以前没钱时，每花一分钱我们都认认真真考虑，现在我们有钱了还是像没钱时一样花钱，因为我们今天花的钱是风险资本的钱，我们必须为他们负责任。"

1999 年，马云第一次和孙正义谈判软银投资阿里巴巴的事。在谈判中，双方很快达成了协议——软银投资阿里巴巴 3000 万美元，占阿里集团 30% 的股份。然而，回国后马云因为孙正义投资太多反悔了。

马云致电孙正义的助手说自己只要 2000 万美元时，助手惊呆了，只见过嫌钱少的，还没听说过嫌钱多的。最终，孙正义还是答应了马云的请求，达成了协议——软银投资阿里巴巴2000万美元，阿里巴巴团队仍然绝对控股。

很多人对此感到疑惑，马云解释道：“我在赌博，但我只赌自己有把握的事。尽管我以前控制的团队不超过60人，掌握的钱最多只有2000万美元，但2000万美元我管得了，过多的钱就失去了价值，对企业是不利的，所以我不得不反悔。”

大多数创业者都认为创业前期资金越充足越好，殊不知，投资者的钱并不是自己的，真正有魄力的创业者不会在意创业初期的资金短缺，相反他会用自己的实力赚到企业发展的后续资金。

商业的哲学智慧

正是不太充足的资金使马云的团队始终有一种紧迫感，并且专注地做电子商务，才有了今天的阿里巴巴。与马云持相同观点的还有360的CEO周鸿祎。

周鸿祎说：“创业者跟投资人合作，有不少人觉得融资是第一位的。而我觉得融资很重要，但“融智”更重要。钱多了，不见得就是好事。

“我第一次创业的时候，做3721网络实名，国内外没有这种成功先例，投资人找不到可以参照的模式，很难看懂。那个时候，我融资很艰难。当时，我看别人用国外已经有的概念融来很多钱，就特感慨：要是有一天能融到这么多钱，创业该多省心啊！

“后来到奇虎做社区搜索，融资几千万美元，而且奇虎团队很多人都有丰富的经验，按理说有钱有人，成功应该是顺理成章的事，但我们却走了一年半的弯路。事实证明，很多创业公司正是因为没有融到钱，既缺钱也缺人，所以才逼着自己做得很专注，逼着自己想出创新的方法。做3721的时候我没有钱，就想方设法去建立一个3721代理商渠道，这样才能自己养活自己，没想到做出了当时中国最大的面向中小企业的营销网络。

“相反，当时很多互联网公司很有钱，但很烧包，烧了很多钱还是一事无成。第一是钱多了，什么都想干，目标反而不专注了。第二是钱多了，招人就很容易了，人员快速膨胀，但一个新公司要形成一种强烈的文化并不容易，需要时间沉淀。没有这种凝聚的、统一的文化，执行力就下降了。目标分散，执行力下降，要想成功就很难了。所以，融资真的那么必要吗？创业者们还是先想想清楚。现在，我虽然做天使投资不多了，但还是尽量抽出时间来参加创业公司的聚会，参加一些论坛，尽可能给小的互联网公司提供一些帮助和支持。我给这些项目投一些钱，但我更愿意把我的经验和资源传递给这些创业者。我不敢自称有多么丰富的经验，但至少是实战派出身，而且也吃过很多亏，走过弯路，有很多经验教训。

“经历过两次创业，在做天使投资这件事情上我从两边考虑，用西方的话说，就是能够‘站在对方的鞋子上’考虑问题。这样，投资方和创业团队就能够尽可能减少彼此之间的矛盾和误解。

“一个人不管多牛，都需要在知识、经验和心态上不断成长，如此才能把企业做大。一个人如果故步自封，即使在某一方面他有特殊的才华和技能，都很难再进步，很难与市场与时俱进。投资者与这种创业者就很难沟通，因此也不愿意去投资这样的创业者。”

商业的现实思考

能够用钱解决的问题都不是大问题。对于一个创业者来说，太多的创业资本反而不利于其专注于自己的事业，只有踏踏实实用自己的能力赚到后续发展资金的创业者，才能在事业上有所建树。

在不需要钱的时候去融资

在你不需要钱的时候去融资，这时是融资的最佳时间。

——马云

资金是一家企业经济活动的持续推动力，能否获得稳定的资金来源，直接关系到一家企业的发展水平和发展速度。融资无疑是企业获得资金来源的一个重要手段。它可以弥补企业的日常资金缺口，为企业的下一步发展提供资金保障。然而，企业并不是在任何时候都适合融资，在不需要钱的时候去融资，更能体现出一个领导者的大智慧。

马云的精彩故事

马云分析融资的心理时意味深长地说道："我一直认为，不管做任何事都不能有功利心。做事不能功利性太强，融资也不能。我没有什么功利心，我只是想证明，我们这代人通过努力是可以做一件伟大的事情的。说归说，做还得脚踏实地，最后证明你不是个狂人。七八年前大家觉得你狂，做出来就不会有人说了，我不过比别人早做了3年而已。阿里巴巴融资是为做一番事业。融资的时候，必须跟投资者共担风险，这样你获得投资的可能性才会更大。"

一次，一位创业者请教马云："企业在什么阶段融资最为合适？"

马云回答道："不要从创业第一天起就想着融资，在没有盈利之前也不要去想，绝大部分企业在没有盈利之前融资是不正常的。

"做企业，首先要想到的是没有融资我也能盈利，等你盈利了，想扩大盈利的时候，那时就会有人想要投钱了。没有盈利的时候想说服别人投资，投资人多半会说：等你盈利了再说吧。"

接着，马云又建议道："对那些今天盈利情况很好的企业，你们要记住，你一定要在你很赚钱的时候去融资，在你不需要钱的时候去融资，要在阳光灿烂的日子修理屋顶，而不是等到需要钱的时候再去融资，那你就麻烦了。所以，在你不需要钱的时候去融资，这时是融资的最佳时间。"

商业的哲学智慧

在创业过程中，有钱走遍天下，无钱寸步难行是颠扑不破的真理。在商海里，每天都有公司因为有了投资而开山立派，每天也有公司因为囊中羞涩而关门大吉。

李彦宏认为，一定要在不需要钱的时候去融资。用一年的时间来做半年的事情，是李彦宏的风格。他认为，这样可以保证有一半的钱仍然在自己的掌握之中。在这样的情况下去向投资人借钱，你就会立于不败之地。因为就算借不到，我的公司也不会马上垮掉。在这种情况下，新创业的公司在寻求投资的时候才能表现得像个爷们，才能够与投资人以平等的身份切磋具体事项。而投资人看到公司的经济状况良好，就认为公司运作不错，便会很乐意进行投资。

不要轻易将主动权交给投资人，在创业的过程中没有人会乐善好施。李彦宏告诫创业的青年人，一定要在不缺钱的时候借到下一步需要的钱。

的确，融资是一个考验领导者能力和前瞻性的工作。即使对于那些发展势头良好、资金富裕的企业来说，对融资时机的把握也十分重要。首先，管理者要想清楚自己什么时候最需要钱，而非一直计算自己手中有多少钱，只有在不缺钱的时候做好财务预测，才可临危不乱。居安思危，如果真的等到缺钱的时候再去融资，那么主动权会更多地掌握在投资者手里，你越是急需用钱，在融资谈判中姿态越低，谈判结果就对自己越不利。

对于那些本身就缺钱的企业来说，融资时机尤为重要。一定要在项目发展势头良好时融资。融资毕竟是一笔生意，如果让投资者感觉到项目没有发展前景，投资没有利益，那么他们只会抱着一种观望的心态。因此，企业不能将所有希望放在投资者身上，而要好好发展自身项目，让投资者主动找自己。

商业的现实思考

适时地融资会助企业发展一臂之力，企业领导者须结合自身发展状况，认真分析融资的条件和时机，在资金充裕时融资，使企业在无形中不断发展。

上市只是一个加油站

上市只是一个加油站，上市的目的是为了加油之后能够走得更远，我们希望能够成为持续发展102年的企业。

——马云

一个企业成功上市，会使运营的资金更加充裕，公司的管理会更加规范，公司的知名度及品牌影响也会进一步扩大。面对上市后的种种好处，很多未上市的公司将上市作为自己发展的目标，但马云说，上市只是为了让企业走得更远。

马云的精彩故事

2014年3月16日，阿里巴巴集团宣布，已经启动该公司的上市事宜。阿里巴巴集团的上市地点确定为美国。

阿里巴巴发布的官方文件表示，阿里巴巴决定启动在美国的上市事宜，以使公司更加透明、国际化，进一步实现阿里巴巴的长期愿景和理想。

消息发出后，马云给阿里巴巴内部员工发了一份邮件，邮件中他发表了自己对上市的看法。

他这样写道："上市从来就不是我们的目标，它是我们实现自己使命的一个重要策略和手段，是前行的加油站。但阿里人要清醒地认识到资本市场巨大利益诱惑背后有着无比巨大的无情和压力。只有很少数的杰出企业能够在资本市场持久驰骋。阿里巴巴这次在国际资本市场必将会因为规模、期待值、国界意识、文化冲突、区域政治经济的不同遭遇空前绝后的挑战和压力。只有坚持我们的坚持，相信我们的相信，我们才有可能在压力和诱惑中度过未来艰辛的87年。能够面临这样全球性挑战的企业并不多，我们很荣幸成为其中一个。

“上市后我们仍将坚持‘客户第一，员工第二，股东第三’的原则。我们相信做任何艰难的决定，不管是在过去还是将来，坚持原则才是对各方利益最大的尊重和保护。上市某种意义上是让我们更有力量去帮助客户、支持员工、守护股东利益。”

马云曾经对媒体说：“今天的阿里巴巴还不到我想象中的一成。”他的雄才大略征服了在场所有的记者。的确，马云只把上市当成阿里巴巴前行路上的一个驿站，它不是阿里巴巴的目标，阿里巴巴的目标是成为一个持续发展102年的企业。

商业的哲学智慧

马云在巨大的成就面前依旧专注目标、踏实前行的品质不得不让人佩服。他强调的“上市不是目的，只是企业去往目的途中的加油站”这一观点得到了很多企业家的认同。

法国巴黎百富勤融资有限公司总经理朱东在2007年中国风险投资论坛——振兴东北投资高峰会上强调，中国企业上市的关键因素是企业的业务和规模，不要把上市当作企业的一个梦，为了上市而上市。

他说：“目前，很多中国企业为了上市而上市。其实有些企业的业务本身不适合上市。举个例子，百富勤有一家生产戒毒药的客户，这家公司的主要客户是全球12个国家的政府采购。这家公司在上市的时候必须向证券交易所交代谁是公司最大的客户，但是没有任何一个国家的政府会愿意公开其戒毒药的采购数量。后来百富勤建议这家公司放弃上市计划。”

朱东认为，确定了公司业务是否适合上市之后，企业要努力发展到一定规模再去上市，比如可通过吸纳风险投资或私有股权投资来扩大规模。“此外，我觉得企业到公开市场上融资一定要达到一个水平，就是说当市场上有主流投资者对你感兴趣的时候，再去融资。”朱东说。

上市不是企业发展的目标，而是融资的开始。上市能够为企业发展提供良好的融资手段和发展平台，能够提高公司的知名度和品牌效益，但不能把上市当作一个梦。

商业的现实思考

上市是企业发展的助推器，企业上市之后还是要回到业务发展上来。因此，企业经营者要明白，可以通过上市促进企业发展，但绝不能将其当作终极目标。

第 14 课

服务哲学——优先满足客户的利益需求

将客户当成上帝一样精心服务，企业才能获得长久的支持与信赖；在客户最困难的时候，雪中送炭，尽力帮助客户渡过难关，如此，客户才会永远追随自己。

客户在前，股东在后

客户第一，员工第二，股东第三！

——马云

对企业来说，顾客就是上帝。有了客户，企业才有发展的动力，才会获取利润实现自身发展壮大。试想，一个企业没有客户、没有发展，股东凭什么投资？有了客户才有股东，因此企业更应服务好自己的客户。

马云的精彩故事

2009 年，马云在香港股东大会上演讲时，一开场他就谈到了阿里集团“客户第一，员工第二，股东第三”的理念。

他说：“我作为整个公司的创始人和 CEO，不断问自己一个问题，我们这批人为了什么？这个公司为什么存在下去？这些问题我们这两年越来越清楚而且意志越来越坚定，在座做企业的人需要知道为什么办企业、办企业的目的是什么。在座还有很多投资者，我要跟投资者分享你为什么投资这家公司，这家公司的价值是什么，这家公司为什么而存在，这家公司的经营哲学是什么，我想阿里巴巴永远是贯彻“客户第一，员工第二，股东第三”的理念的公司。

"B2B在香港上市的时候我讲"客户第一，员工第二，股东第三"，有一个投资者对我非常不理解，股东第三来上市干什么？我说这世界有很多股东第一的公司，你应该投那样的公司；但是这世界有阿里巴巴这样的公司坚信客户第一，因为我相信是客户给了我们钱，我们创造价值，我们对社会做出贡献，我们让客户成长起来，客户付我们钱，客户的钱使我们成长。股东的钱不是我们的收入，股东的钱是对我们的信任，所以我认为公司的目的是你为客户创造价值，客户给你钱。股东利益第三，股东利益是个结果，公司不是慈善机构，它必须挣钱，如果一家公司不挣钱，那这家公司就是不道德也不负责任的，为了挣钱而活着的公司，我觉得这样的公司意义不是太大。

"阿里巴巴希望我们所有的产品和服务对无数中小企业、无数中小企业的家庭都有贡献，同时，加入阿里巴巴的年轻人因为阿里巴巴这个平台得到成长，当然股东也能挣钱。我不反对钱，我希望10年以后阿里巴巴公司是全世界甚至全中国最赚钱的公司，但这不是我的目的，这只是我的结果。"

商业的哲学智慧

我们不得不佩服马云对企业原则的坚守与维护精神。他总是不失时机地在公开场合强调"客户第一"，在实践中他也实实在在地做到了凡事先为客户着想。的确，那些以客户利益为重的人，都得到了客户的信任和支持，最后发展了自己。

有一位卖工艺品的小贩，他每天开市卖的第一件东西，都以成本价格出售，这"开市不赚"的哲学，让他声名远播，因此每天都有很多人在他的摊子前排队买东西。

我带着不解问排队的人："既然只有开市的第一件东西不赚钱，你们为什么还在排队？"他们说："其实，老板在开门后卖给所有人的第一件东西都是不赚钱的。"

"没赚钱，你们又怎么知道？"我问。"他已经在这很久了，我们都信得过他。"众人异口同声地回答。

于是，我在第二天果然只花了500元就买到了一把昨天开价1000元的唢呐。

"为什么会有开市不赚的想法呢？"我问那小贩。

“最重要的是想着我的顾客！大家花钱买我的东西，让我能够生活下去，所以我就立下了这个规矩，以表达我对大家的感激。”他说。

小贩为客户着想，感恩客户的行为不但没有使他的生意亏本，反倒为他赢得了更多的信任和回报。

商业的现实思考

浮躁的世界需要智者。当大家都争先恐后地服务好股东，把股东当成自己的上帝时，聪明的领导者不妨静下来，认真反思客户对于企业的意义。服务好客户，自然会赢得股东的信任。

帮客户渡过难关是“冬天”的使命

我们不仅仅要让自己不倒下，我们还有责任保护我们的客户——全世界相信并依赖阿里巴巴服务的数千万的中小企业不能倒下！

——马云

企业发展遭遇“冬天”，大多数企业都在想方设法拯救自己，而将客户利益抛在脑后，殊不知，这种行为无异于舍本逐末。马云认为，当遇到金融危机时，企业第一应该考虑客户，第二考虑自己的员工，第三才是其他对手。的确，在“冬天”帮客户渡过难关的企业，才会迎来自己的“春天”。

马云的精彩故事

2008 年金融危机到来时，马云在给内部员工的邮件中写道：“对严冬的到来，阿里人应该拿出当年的豪情：If not now，When ?! If not me，Who ?!（此时此刻，非我莫属！）2001 年我们对自己说过：Be the last man standing！（即使是跪着我们也要是最后一个倒下！）

“凭今天阿里的实力也许我们自己不会倒下，但是今天的我们肩负着比以往更大的责任，我们不仅仅要让自己不倒下，我们还有责任保护我们的客户——全世界相信并依赖阿里巴巴服务的数千万的中小企业不能倒下！

“在今天的经济形势下，很多企业的生存将面临极大的挑战，帮助他们渡过难关是我们的使命——是‘让天下没有难做的生意’在今天最完美的诠释！我们要牢牢记住：如果我们的客户都倒下了，我们同样见不到下一个春天的太阳！”

在随后来临的金融危机中，阿里巴巴决定将自己的利润降低，全力以赴帮助中小企业渡过难关。

马云在《我的三个残酷的决定》的演讲中说：“阿里巴巴过冬一点问题都没有，我们拥有 150 亿元的现金，再穷阿里巴巴都会收支平衡，但如果阿里巴巴的创业企业失败了，那要阿里巴巴干什么，冬天过去了我们活下来了，但企业都死光了。所以我们认为这是个该花钱的时候，所以不是阿里巴巴挣多少钱，不是从每个客户身上赚多少钱，而是能够帮助更多的客户用电子商务渡过难关。

“我们少赚了 5000 万元人民币的利润，但是帮助了 5 万家中小企业，5 万家中小企业每家假如有 10 个人的话，50 万人就会因此有了希望和信心，而我们只少赚 5000 万元。假如每个公司只考虑一个季度的话，这个公司就永远走不长，我们的使命就无法达到。所以我去年做了一个比较难受的决定，我们的管理层说要不要降低利润，一季度我们可能真的没有利润，但是现在看来在经济这么难的情况下我们少赚了 5000 万元，但帮助了那么多的客户，很多客户更感谢阿里巴巴，我们赢得了更多客户。”

商业的哲学智慧

马云在经济危机时，首先想到的不是自己的企业能否渡过难关，而是担心自己客户的利益，想方设法帮助客户走出困境，这样，在危机之后，阿里巴巴又增加了许多客户。

的确，做企业不能只为自己赚钱，而要首先帮助客户获取利润，帮客户渡过难关。只有时刻以客户利益为重、赢得客户信任和依赖的企业，日后才能得到长久发展。

作为世界上最大的工程机械和矿山设备制造商，卡特皮勒公司在生产柴油机领域占有相当地位。除特殊情况之外，卡特皮勒公司一般都是通过独立的经销商来经销产品，100 多个独立经销商负责销售产品并提供技术和服务支持。

卡特皮勒公司的 CEO 唐纳德·费德斯认为，在当地寻找合适的经销商更利于公司产品的销售工作，本土化的经销商较为熟悉当地客户的消费习惯，且拥有广泛的客户群体。

事实上，卡特皮勒公司和经销商有着良好的关系。经销商将卡特皮勒的产品销售给客户时会极为珍视客户的反馈意见，并及时将这些意见反馈给卡特皮勒公司，以便其改进生产。

而且，卡特皮勒从不会压榨经销商。20 世纪 70 年代，阿拉斯加的一家企业要求直接从卡特皮勒公司购买设备，否则就会选择其他品牌的产品。卡特皮勒公司坚守原则，坚持客户通过经销商购买设备。卡特皮勒认为，损害经销商的利益，等于自毁前程。

当经销商途径出现危机时，卡特皮勒公司首先想到的不是如何减轻自己的责任，而是想方设法帮助经销商渡过困难时期。正是因为卡特皮勒公司谋求长远发展，乐于帮助经销商，它才能够在 48 小时内为世界各地提供售后服务。

商业的现实思考

俗话说，雪中送炭方显真心。企业只有在发展平稳时想着客户，在客户陷入危机中时帮助客户渡过难关，才能赢得客户的信赖和支持，才能在残酷的商海竞争中为长久发展积攒人脉和力量。

先让客户赚钱，再求回报

我觉得一个公司要想赚钱，就是要先让客户赚钱。我们要把阿里巴巴的会员服务好，我们更愿意把钱投到会员身上，会员赚钱了，我们才会赚钱。

——马云

商业社会残酷的现实不断提醒企业，要想获得长期发展，必须竭尽全力为客户创造出最大的利润。卓越的企业家时常会告诉自己的员工，不要盯着客户手中的钱，而要帮客户多赚钱，只有客户利润多了，自己才能分得一杯羹。

马云的精彩故事

阿里巴巴推出的每一款产品都是为了帮助客户盈利。最初，客户的质疑给阿里巴巴的营销带来很多障碍，然而，等到发现使用阿里巴巴的产品真的能为自己带来丰厚的利润时，他们便争先恐后地把钱放在阿里口袋里。

马云说："电子商务最大的受益者应该是商人，我们该赚钱因为我们提供工具，但让我们提供工具的人发了大财，而使用工具的人还糊里糊涂，这是不正常的。所谓新经济，就是传统企业利用好网络这个工具，去创造出更大的经济效益，使其成倍地增长，这才是真正的新经济的到来。今天新旧经济是两张皮。"

2004 年阿里巴巴推出"搜索关键字竞价拍卖会"服务，只要是"诚信通"会员，就可以通过拍卖的方式获得在每个产品类目下前三名的位置，上限价为每月 16 万元。当时的 16 万元对于中国中小企业而言，不是一笔小数目，可这一活动开始后却受到大量用户的追捧。有个用户为了提高竞拍成功的概率，甚至带着笔记本电脑出去吃饭，利用午饭时间突然出价。那位客户说，他这样做的原因是获得了阿里巴巴的竞价排名后，会接到很多订单，光是加盟和保证金就有600万元，产品的销售利润就更大了。相比之下，16万元的竞拍价根本不值一提。

这正如马云所说："先把人家口袋里的5元变成50元，到时人家赚了45元，一定愿意给你5元。所以要赚客户的钱时，你要先去想想客户有没有赚钱，这才是做生意之道。从商者很多时候被金钱蒙蔽了双眼，想尽一切办法要把别人口袋里的5元放至自己的口袋里，结果败得很惨。你为什么不想想办法去帮助别人创富呢？如果客户能通过阿里巴巴赚到100元、1000元，他们不会拒绝分给阿里巴巴1元。"

马云经常提醒阿里员工不要有太强的功利心，脑子里首先要想的是如何帮助客户赚钱。他相信，客户只有得到了利益，才会心甘情愿地买单。所以，无论是阿里巴巴，还是淘宝，一定要先竭尽全力为客户创造利润，然后再考虑自己盈利。

商业的哲学智慧

企业为客户付出多少心血，客户就会给企业带来多少回报。这一商业定律被马云证明了，也被稻盛和夫证明了。

在稻盛和夫的经营理念中，他认为企业组织的核心竞争力恰恰在于是否能够实现全方位"利他"。在面对客户时，他始终心怀"利他"之心，故而成就了世界500强企业——KDDI公司。

1984年，日本政府决定对通信产业实施民营化管理，以打破日本电信电话公司（NTT）的垄断地位。而稻盛和夫认为，京瓷公司理应为降低日本国民的通信费用而做出自己的贡献。

稻盛和夫说："从世界范围来看，日本的长途话费因为垄断贵得出奇，降低长途话费，为民众做贡献，不正符合我的事业目的吗？"经过长达半年的思考，稻盛和夫终于确定自己"动机纯良，了无私心"，于是创立了KDD公司（KDDI的前身）。

然而，对于销售额不足2300亿日元、员工不到12000名的京瓷公司而言，向NTT

公司发动正面挑战，未免显得有些底气不足。京瓷董事会开会时，董事们异口同声反对：“京瓷公司现在发展得很好，何必要到陌生的领域去冒险呢？如果新事业发展不成功，反而会大伤元气。”

最后，稻盛和夫反复做思想工作，终于让董事会通过了参与通信事业的决议。之后，全体员工从“为民众谋福利”的精纯动机出发，全身心地投入到通信产业开发的工作当中。如今，创业条件最差的 KDDI 公司已经发展成为仅次于 NTT 的日本第二大通信企业。

稻盛和夫所推崇的“利他”就是先全方位地为民众着想，持续无私地为他人谋求利益。这样做的结果便是：社会必然会回馈他。

商业的现实思考

欲先取之，必先予之。因此，理智的企业应该先努力让自己客户的腰包鼓起来，只有这样，客户才有能力和信心继续与自己合作，带给自己利润。

市场竞争的原则是让用户受益

我觉得市场竞争的原则是要让市场受惠，让用户受益。不怕烧钱，更不怕竞争，但最怕伤害用户的利益，特别是老人、孩子的利益。

——马云

企业和用户是商业社会中最为基础的单位。用户的满意是企业发展和壮大的基础。一个企业要想得到长远发展，就必须在竞争中充分考虑用户的利益，得到用户的支持、信任之后，企业将更具有竞争力。

马云的精彩故事

2014年2月27日，马云在来往扎堆中提到打车软件之争，他写道："几天前，我妈和我说她在路上打出租车，很久没有车停下来。她说她们这年龄的人不会用手机打车软件，不仅不能享受到"竞争红利优惠"，连起码的打车服务也没有了。我父亲说要不是我公司参与这个竞争以及看到很多年轻人喜欢，他早骂上门来了。

"我觉得市场竞争的原则是要让市场受惠，让用户受益。不怕烧钱，更不怕竞争，但最怕伤害用户的利益，特别是老人、孩子的利益。

"这事还真得认真思考和对待。打车软件的朋友们，你们还想打多久啊？建议你们坐下来喝杯茶，商量一下，下一步如何干才更聪明。呵呵，竞争千万不能伤及别人。

"两个蛮汉打架，街上看热闹的人多，绝对不要认为别人在看比赛，别人是在看笑话。"

近来，快的、嘀嘀的竞争愈演愈烈，补贴金额一路走高。年轻消费者和司机因此获益，但老人和孩子等不会使用打车软件的人，却成为受害者。在快的、嘀嘀软件出现后，部分出租车司机开始出现挑客现象，明明是空车，却不接受路边的客人。

马云此举无疑是告诫经营者，客户才是他们的上帝，在获取利润时，不要忘了客户的利益，如果客户有了不满情绪，最终受到影响的还是自己。

商业的哲学智慧

日本松下电器创始人松下幸之助先生说："我们必须随时想到社会大众认为什么事是正确的，然后朝大众所赞同的正确方向去努力。我想这样做一定会让社会接受，因此我们要信赖社会大众，去做大众了解和支持的事。再没有比这更好的经营方法了，这么经营，就像走在平坦的大道上。”的确，企业以服务客户为使命时，就会得到客户的信任和支持。反之，如果企业对客户的利益和诉求置若罔闻，失去客户的支持时，就只能关门大吉了。

吴炳新、吴思伟父子创建三株公司后，三株公司的销售额在3年的时间内达到了80亿元。为了扩大发展规模，三株不断地建立子公司和办事处，到处招聘销售人员，却在根本上忽视了客户的利益。

三株公司在发展壮大的过程中，为了提高销售额，有些员工假借专家的名义夸大产品效果，诋毁其他品牌的保健品。在半年的时间里，三株公司遭遇投诉事件10多起，一些地方卫生部门甚至吊销了三株口服液的药品批准文号，而成都事件和常德事件给了三株公司致命的打击。

在成都事件中，分公司的一个员工在宣传产品效果时，擅自将一位患者的病例加入其中，患者并不知情，由此引发了公司与患者之间的纷争。

在常德事件中，一位名叫陈伯顺的老人在喝完三株口服液之后死亡，家属向三株公司索赔。面对死者家属的要求，三株公司坚持口服液并不存在问题，公司与死者家属的官司直接影响了三株口服液的销售，公司的经济损失达40亿元。

虽然最后三株公司胜诉，但是，屡次罔顾客户利益的做法使三株公司失去了消费者市场，最终换来的是三株公司的灭亡。

商业的现实思考

顾客是企业的上帝，有了顾客的支持和信任，企业才能健康迅速地发展。而优质的服务正是防止客户流失的最佳保障，是企业在市场竞争中取胜的利器。聪明的企业无论任何时候都要记得做到：为顾客负责，让顾客受益。

建立诚实可靠的信用系统

商业社会其实是一个很复杂的社会，但有一样东西自己能够把握，那就是诚信。因为诚信，所以简单。越复杂的东西，越要讲究诚信。

——马云

墨子说，言不信者，行不果。诚信经营是一家企业最基本的道德规范。企业服务有诚意，才能赢得客户的信任，才能得到源源不断的潜在客户资源。企业建立诚信系统的过程必然是痛苦的，但诚信系统一旦形成，企业将拥有强大的竞争力。

马云的精彩故事

国外做 B2B 的目的是给大企业节省时间和资金，马云做 B2B 是为了帮助小企业赚钱致富。马云认为，在 B2B 行业，最核心的取胜宝典不是技术和资源，而是诚信。

为了保证交易的绝对透明，2002 年 3 月，阿里巴巴推出了“诚信通”服务。所谓“诚信通”，即通过和信用管理公司合作，对网商进行信用认证。马云认为这是买卖双方诚信的保障。

在进行交易之前，买卖双方可以在“诚信通”里查到对方的资料和档案，里面有企业的详细资料和信息，有会员间的相互评价，这些都可以证实对方的信用度。档案中的记录无论好坏都是无法更改删除的，会伴随会员一生，这样无形中就约束了那些想要投机取巧的会员。在苛刻的监督下，会员们考虑到长远发展利益，于是都规规矩矩，不敢胡作非为。

“诚信通”推出后，B2B 的交易安全系数果然快速上升，交易量也不断上升，随之而来的是“诚信通”会员一增再增，马云不得不扩招员工，以应对不断扩大的需求。“诚信通”一个接线生半年内通过的电话，就能做成100万元的生意。

马云说：“阿里巴巴中文站的‘诚信通’现在成了火爆品牌。‘诚信通’其实很简单，以后谁要和你做生意，先看你在网上的‘诚信通’活档案，你获奖了可以放上去，法院对你们判决了也可以查到。我希望全中国每个企业都有一份网上的活档案，这是信誉的档案！我们不评论企业是否诚信，诚信是做出来的。一个企业在网上的诚信记录由它的客户来写，不断加入的新客户可以看到你的诚信档案，让他们来评定你是否具有诚信。所以，只能是‘诚信通’客户才能进行诚信的评论，每一次评论都有详细的记载，到目前为止还没有竞争对手在记录中恶意中伤的事情发生。如果你的档案里有不好的记录，我们要张榜公布出来。你做了坏事，我就让你活着比死还难受。”

商业的哲学智慧

马云说：“小企业成功靠精明，中等企业成功靠管理，大企业成功靠诚信。”联想集团创办人柳传志对此深表认同。柳传志说：“联想今日的成功，离不开诚信。”如今，坦诚相待、开诚布公已经成了联想人的基本道德准则之一。

1987年，柳传志决定采取承包方式对联想内部员工实施奖励。联想集团销售部门的员工听到这个奖励措施后都振奋不已，工作时更加积极主动。

年底时，大多数销售人员都顺利完成了销售任务。经过财务部核算，销售部门的员工平均每人可领6000多元的奖金。

1987年的6000多元相当于柳传志一年工资的60倍。在看到财务部门下发的奖金核对单时，销售部门员工不禁喜出望外。

就在销售部门员工等着发奖金时，问题出现了。当时国家针对奖金税出台了一项政策，政策规定：奖金超过3个月工资以上的部分，必须缴纳300%的税。

这个政策让柳传志犯难了。思前想后，柳传志还是决定兑现对员工的承诺。

于是，柳传志四处奔走借钱，终于从合作机构负责人那里借到了20多万元现金。

拿到这笔钱后，柳传志第一时间通知财务部门给员工发放奖金。

虽然销售部门员工得偿所愿了，但是柳传志借钱发奖金的事情却被他人举报了。税务局狠狠地处罚了柳传志，对此，柳传志却说："只要能够及时给员工兑现承诺，我受点处罚没关系。"

因为柳传志能为自己的员工着想，所以当年拿到奖金的那批销售人员至今还追随着柳传志。这些人表示："跟着这样讲诚信的老板做事，心里踏实。"

商业的现实思考

诚信是企业的生命，失去诚信的企业注定不会走得长远。作为企业的领导者，一定要有诚信这个基本的道德品质。企业领导者拥有诚信，员工才愿意追随他，客户才愿意与之合作，企业才能获得更好的发展。

成功始于口碑，服务决定未来

每天对客户多了解一点、服务得好一点，每天把自己放在客户的角度上面去做，做好自己的口碑，才是做企业的真谛。

——马云

口碑对于企业的生存发展具有重要意义。口碑代表了客户对一家企业产品、服务的信任，也代表了这家企业客户群体的大小。然而，良好的口碑却是建立在不折不扣、实实在在为客户着想和服务基础上的。

马云的精彩故事

一个小企业主问马云："面对中部地区中小企业发展的不利因素，中小企业如何挺身走出来?"

马云说："我觉得不应该是'中小企业如何挺身走出来'，而应该是'我要如何做好自己的口碑'。生存是小企业的第一要素，今天你的任务就是让企业生存下来。也不要去找理由找借口说人才都去了外地，你想想，你有什么独特的价值能留下你的人?并不是每个人都喜欢背井离乡去创业的。

"眼睛盯上自己，自己门口的客户都没做好，就想做天下的生意，那是做不起来的。所以我觉得，小企业，不要先想着做强自己的品牌，而应该先想着做好自己的服务，做好门前的客户，做好自己的口碑。心里想着外面的客户，想着未来，这样脚踏实地地做，我觉得才会做下来。

"星巴克在为用户服务，你也在为用户服务，决什么高低呢?你做得好了，自然而然会成为一流的企业，所以有这个想跟谁一决高下思想的人，都不太容易成功。你要想到的是，如何学习星巴克把客户排在第一的想法，如何让客户感到他被放到第一位。

"我觉得，我们做任何事情，不要带着莫名其妙的跟谁比，超越谁的想法。而是说，我比昨天更懂得了客户，我比昨天更了解了用户的心理，我比昨天更懂得服务好客户。这些东西是做企业的关键，别动不动就超越谁，打败谁，和谁一决高下。你以为这是打仗和玩游戏吗?

"做企业的目的，不是眼睛盯着对手如何强大，如何做生意，而是眼睛盯着客户。每天对客户多了解一点，每天对客户服务得好一点，每天把自己放在客户的角度上面去做，才是真谛。"

客户是企业的上帝。一家企业通过真诚的服务拥有了庞大并且坚定的客户群体，这本来就是一种潜在的巨大财富，即使面临对手打压，企业也不会立刻倒下。

商业的哲学智慧

马云深深懂得，如果自己不去服务照顾顾客，别人迟早会去做。企业经营中，如果用心为顾客服务，必然会赢得良好的口碑，最终获得成功。

被誉为“台湾的经营之神”的台塑集团董事长王永庆先生，创业初期卖过大米，他以优质的服务赢得了客户的信赖，也为日后的经营积累了丰厚的资本。

当时，每当客户买完大米后，王永庆会主动帮客户把大米抬到家。一些客户用米缸装米，王永庆会帮他们先把缸里的陈米倒出来，把米缸擦净，再把新米倒进去，把缸里原先的米洒在新米上面……

在服务的过程中，他会同客户拉家常，询问客户家中的人数，其中有几个成年人，几个小孩，并以数字的形式记录下来，由此推算缸里的大米够吃多长时间。当客户家里的大米快要吃完的时候，他会和客户主动联系，询问是否需要送些大米过去。

就这样，许多客户对王永庆的售后服务产生了依赖。在王永庆的服务下，客户无须担心何时需要买大米，因为他会用心记下来；客户的陈米不会出现发霉的情况，王永庆会事先叮嘱客户先食用之前剩下的大米。

渐渐地，老顾客纷纷介绍王永庆给自己的熟人朋友，“王永庆卖的米好”的口碑就这样一传十，十传百，王永庆的米越来越供不应求。大量的忠诚客户让王永庆在激烈的竞争中不断前进，这样的服务品质让他受益一生，最终成就了台塑集团。

商业的现实思考

在企业经营过程中，结合客户的实际需要，让客户离不开优质的服务，是一种极高的境界。企业只有深入了解客户的多方面需求，极力满足它，并持之以恒地服务，才能获得良好的口碑。长此以往，企业便能在竞争中立于不败之地。

第 15 课

竞争哲学——心中无敌，则无敌于天下

竞争，讲的是一种策略、一种气度。我们不但要跟别人比，更要跟自己比，当你无所畏惧，心中无敌时，你便可以无敌于天下。

知己知彼，百战不殆

我们与竞争对手最大的区别就是我们知道他们要做什么，而他们不知道我们想做什么。我们想做什么没有必要让所有人知道。

——马云

知己知彼，百战百胜。一家优秀的企业在商场厮杀时，绝不会盲目进攻。对于它来说，了解对手的优缺点，一招取胜才是智者所为。的确，了解了对手，从一定程度上说，商业竞争就已经胜券在握。

马云的精彩故事

在淘宝网与 eBay 的竞争中，马云正是靠知己知彼的战术取胜的。

他说："我们与竞争对手最大的区别就是我们知道他们要做什么，而他们不知道我们想做什么。我们想做什么没有必要让所有人知道。"

在这场"商战"开始之前，马云就密切关注 eBay 的业务和活动。他说："因为 eBay 是上市公司，所以资料很透明，他们公司所有的高层资料我们都会详细分析，他们在世界各地的各种打法，他们擅长的各种管理手段和应招特点，我们都会仔细研究。"而当时阿里巴巴并未上市，eBay 也未将淘宝放在眼里，所以 eBay 对淘宝几乎一无所知。

马云不仅做到了知彼，也做到了认清自己。他发现eBay的长处是资本、人才和对未来电子商务的理解，而淘宝的优势在于对中国的人才和中国市场的理解。对此，他做了一个十分有趣的比喻：“eBay是大海里的鳖鱼，淘宝则是长江里的鳄鱼，鳄鱼在大海里与鳖鱼搏斗，结果可想而知，我们要把鳖鱼引到长江里来。和海里的鳖鱼打，进了大海我们一定会死，但是在长江里打我们不一定会输。”

因为做到了知己知彼，所以在面对比自己强大的对手，当别人都放弃电子商务时，马云却信心满满。在后来淘宝与eBay的厮杀中，马云指挥得有条有理，最终淘宝大胜eBay，成为我国最大的网络购物平台。

商业的哲学智慧

在商海竞争中，企业只有认真去了解了对手的优势和劣势，才能在竞争中掌握主动权。同时，只有认清了自己的优点和缺点，才能在竞争中做到扬长避短，获取更大的胜利。

美国《华尔街日报》有一篇文章这样写道：没有别人比妈妈更了解你，可是，她知道你有几条短裤吗？然而，乔基国际调查公司知道！妈妈知道你往杯中的水里放了多少块冰块吗？可是，可口可乐公司却知道！

为了在经营管理上真正做到知己知彼，国外某些公司对消费者有关情况的了解，竟然超过了母亲对儿女的了解，而且，有的甚至是连消费者本人都不甚知道或者从来没有了解过的东西或事情。例如，可口可乐公司经过深入细致的调查后发现，人们在每杯水中平均放3.2块冰块，每人平均每年看到该公司的69条广告；麦当劳公司通过市场调查准确地知道，在某个国家，每人每年平均吃掉156个汉堡包，95个热狗；而汉宝公司更绝，它曾经秘密地调查过消费者在使用卫生纸时是叠起来用还是折起来用，连各自的比例是多少都有记录。

在美国有73%的企业都有非常正规的市场调研部门，这个部门专门负责对产品的调查、预测和咨询工作，并且在每一个产品进入新市场时都进行专门的市场调查，及时了解消费者的使用情况。

前不久，一位衣冠楚楚的外国人小心翼翼地敲开了北京市朝阳区一家普通居民的大门。在主人的热情引导下，客人进屋后不仅仔细地观察了这套居室的布局和厨房、卫生间的结构，而且认真仔细地了解家中各种家电的品牌、功能，还向主人询问了有关购买和使用这些家电的具体情况。看来，这位客人对所有家电都十分感兴趣。主人十分惊讶，一问才知道，原来这位客人竟然是瑞典伊莱克斯公司的首席执行总裁！

跨国公司的执行总裁竟然亲自深入普通老百姓家搞市场调查，在我们许多人看来也许是不可思议的事情，但是，外国人却把这看作是一个必需的工作程序。由此可见他们对“知彼”的重视程度。

商业的现实思考

知己知彼是商业竞争中取胜的前提，而深入细致的市场调查则是知己知彼的重要手段，是做出正确的经营决策的主要依据。因而，企业经营者应重视市场调查，只有这样，才能在竞争中多一分胜算。

感激你的对手促进你的成长

人要被狠狠PK过，才会有出息。碰上优秀的对手是我的幸运。

——马云

商场如战场，与强大的竞争对手一较高下，是所有称霸商海的企业的必经之路。

的确，一个强大的竞争对手会迫使你不断提高自己的产品质量、服务水平，会激励你不断往前发展，还会使整个竞争过程充满挑战与乐趣。

马云的精彩故事

2003 年 7 月之前，易趣网是国内 C2C 在线拍卖领域的老大。2002 年 3 月全球 C2C 霸主 eBay 网，以 3000 万美元购买易趣网 33% 的股份。过了 3 个月，eBay 网又向易趣网投资 1.5 亿美元，将剩下的 76% 股份收为己有，实现了对易趣网的完全控股。这种情况下，国内一致认为，易趣网在在线拍卖领域的霸主地位已无法撼动，甚至原本打算做电子商务的创业者面对劲敌时都临阵退缩了。

面对严峻的形势，马云并没有退缩，在这之前，他已经在杭州开始秘密研发另一个 C2C 网站，准备挑战行业霸主。2003 年 7 月，马云先后在杭州、上海、北京三地召开“阿里巴巴投资淘宝新闻发布会”。他郑重宣布：阿里巴巴投资 1 亿元，进军 C2C 领域。

当别人都认为马云与易趣网竞争是自找苦吃时，马云却说：“我们为进军 C2C 市场准备了 8～10 个月的时间，确实成立了一个部门来专门运营这项工作。去年已经有很多大型品牌厂商进行了很多尝试，大概两三个月以前，就有很多的厂商进来开店，他们都反映效果非常好，才促使我们现在推出来。”

易趣淘宝之战整整打了 4 年，最后淘宝网成为国内 C2C 市场在注册用户总数和成交额两层意义上的“双冠王”，取代易趣，坐上龙头老大的宝座。

马云曾说：“人要被狠狠 PK 过，才会有出息。告诉大家，碰上优秀的对手，首先你很幸运。淘宝很有运气，阿里集团很有运气，我们今天碰到的对手是世界一流的对手，学习他们、超越他们。我想告诉大家，我们的模式并不比他们差。”

商业的哲学智慧

积极健康地与对手竞争是一件刺激的事情。对手如同一面镜子，可以照出自身的水平，对手水平越高，在竞争中自己的水平提升得越快，对手水平不断提高，自己的能力也不断提升。有对手才有挑战，企业成功了，最该感谢的应该是自己的强大对手。

在“二战”前，可口可乐是美国软饮料行业的霸主，无人可望其项背。1899 年，百事可乐毅然进入饮料行业。在可口可乐的主宰之下，百事可乐要想得到顾客喜爱，简直希望渺茫。百事可乐的味道比可口可乐略逊一筹，销售策略又是薄利多销，所以人们都认为它是一种二流软饮料。一直到 1940 年，百事可乐都默默无闻。

但是，1988 年百事可乐却荣登全美十大顶尖企业榜第七名，成为可口可乐最强劲的对手。

原来，在商界名流斯蒂尔任百事可乐公司总经理期间，曾带领百事可乐进行了全方位的变革。他策划了一个攻击可口可乐的计划，计划主要分为两个阶段，第一阶段从 1950 年到 1955 年，采取了下列措施：第一，改进百事可乐的味道；第二，重新设计并且统一包装和商标；第三，重新设计广告，改变百事可乐的形象；第四，集中力量占领可口可乐忽视的外卖市场。

经过 5 年努力，百事可乐克服了主要弱点，销售额显著上升。接着，斯蒂尔开启了第二阶段的行动。首先，攻击迅速发展的售货机和冷冻饮料细分市场；其次，引进新规格的瓶装饮料，这为“外卖市场”和“冷冻饮料市场”的顾客都提供了方便；最后，百事可乐公司对那些愿意购买并且安装百事可乐自动售货机的销售商给予资金援助。正是这些措施使百事可乐的销售额不到 10 年增长了 4 倍。

1985 年，可口可乐突然宣布改变沿用了 99 年的配方，采用新配方。这一举动引起了消费者的抗议。借此机会，百事可乐加大宣传力度，运用各种营销手段，奋起直追，很快就超过了可口可乐。虽然可口可乐及时恢复了老配方，但百事可乐超过可口可乐的事实已经无法改变。

百事可乐应该感恩强大的可口可乐，假如没有如此强劲的对手，百事可乐也许不会变革，那么它也不会有当今的规模和地位。

商业的现实思考

企业要学会对强劲对手感恩，因为越是强大的对手，越能促进你的成长。就像可口可乐和百事可乐一样，正是因为劲敌的存在，它们才在毫不松懈的追求中，和对手一起培育消费市场，一起创新，一起发展。

心中无敌，才能天下无敌

真正做企业是没有仇人的，心中无敌，天下无敌。

——马云

在企业竞争中，不惜一切代价拼个你死我活不应是智者所为。竞争的最高境界是把竞争当成一种乐趣，把竞争对手当作朋友。同行竞争的目的是为了提升自己，为什么不依靠对手的力量发展自己呢？一时逞匹夫之勇不如锁定长远目标，互相鼓励，互相分享，共同营造健康的竞争氛围。

马云的精彩故事

2010 年，“云锋基金论坛暨苏商投资年会”在江苏南京举行，马云参加会议并发表演讲。讨论到企业竞争时，马云认为，商战中一定要争得鱼死网破是愚蠢的，真正睿智的企业家会依靠对手的力量发展自己。

他说：“企业现在最多的是竞争，包括在我们这儿也有很多抱怨，阿里巴巴、淘宝建了两个市场，很多人杀价，天天杀价，我出 5000 万元，他出 4000 万元，这是最愚蠢的商战。我教一个傻子也会干，这不是企业家。比价算什么英雄？竞争最高的境界是什么？竞争是一种乐趣，让对手很痛苦，你很快乐。如果你痛苦他开心，你肯定走错了。竞争的乐趣就像下棋一样，你输了，我们再来过，两个棋手不能打架。真正做企业是没有仇人的，心中无敌，天下无敌。你眼睛中全是敌人，外面就全是敌人。你竞争的时候不要带仇恨，带仇恨一定失败。

“企业不要关心什么 CPI、央行加息这些事情，永远不要关心总理关心的事，不要埋怨形势，伟大的企业都是在经济形势不好的时候诞生的。我记得金融风暴刚开始的时候，我参加中国企业家组织的会，我在报纸上看到，北京公园里有一只野鸭被冻在湖上，大家想救这只鸭，这是救不好的。为什么？冬天到了，野鸭都飞了，你还在那里，是笨的。你必须也学会飞。在路上的人一定是辛苦的，没有必要你杀我、我杀你。互相鼓励，互相分享，更加透明一点，更加开放一点，我们的企业才会做得更好。”

商业的哲学智慧

马云的竞争智慧让人拍案叫绝，在竞争中，企业如果能明白竞争的最终目的是不断地完善自己，那么将会抛弃仇恨，天下无敌。日本夏普公司就是在竞争中把“师夷长技以制夷”思想用得炉火纯青的典型。

1962 年，大型计算器发展迅速，当时，商业、科学技术方面迫切需要利用计算技术来解决各种问题。但是大型计算器价格偏高、使用不便，而市场上的电动计算器已经不能满足新的要求。于是美国威尔公司发明了小型、灵活、便宜的电子计算器，它填补了以往计算器的缺陷，但这个发明并未引起美国企业界的重视。而威尔公司在发展电子计算器技术方面也遇到了很大困难，使得其他公司相信电子计算器已经没有什么前途可言。这种失策给了日本的夏普公司一个捷足先登的机会。

于是夏普公司从美国引进样机，1964 年仿制出新的电子计算器并开始向世界各地推销。3 年后，夏普采用 MOS 大规模集成电路及数字管，电子计算器性能有了很大改进，价格降低了一半，夏普公司的电子计算器一时独霸世界市场。

短短几年内，日本夏普公司借助自己的技术优势，把它在晶体管收音机、电视机及其他家用电器方面积累的设计技术和生产经验，用于仿制电子计算器，获得了巨大的成功。

夏普公司的飞速发展惊醒了美国企业家。1971 年，美国公司利用它在半导体工艺方面的技术优势，发展了单片电路，并采用发光二极管显示。这次重大的技术革新，使美国重振声威，再度夺得技术优势。然而，日本夏普公司并没有停滞不前，而是迎头赶上，紧追不舍。他们集中技术力量，在美国技术的基础上，于 1973 年又推出了“单板电子计算器”，把集成电路、键盘和液晶显示都制作在一块钢玻璃基片上，打了一场漂亮的反击战。

在竞争中，只有学习对手的优势，并且利用自身资源快速超越对手，才能形成一种良性竞争的健康局面。

商业的现实思考

面对竞争，抱怨、鱼死网破只会让形势更糟。睿智的企业领导者应该引导员工保持健康心态，目光长远，善于和竞争对手分享技术、交流经验，这样才能达到竞争的最终目的。

面对竞争，弥补缺陷胜过挑战对手

竞争者是你的磨刀石，使你越磨越快，越磨越亮。

——马云

在商场上，一个企业无论多么强大，都不可能打败所有的竞争者。特别是两家实力相当的企业想互竞争时，如果一味打击对方，只会造成两败俱伤。真正理性的企业会明白：自己不能打败所有对手，却可以从对手那里学习其优势，弥补自己的劣势，提高自己。

马云的精彩故事

在担任《赢在中国》栏目的评委时，马云作为创业者导师，给了选手们非常有意义的建议和启发。

一次马云问其中一位选手："如果淘宝网与你所创办的小公司竞争的话，你会怎么做？"

"直面对手的竞争。"这位选手毫不犹豫地说。

马云点评道："我觉得你很有能力，也很年轻，不投你的原因是你想做的东西太多，想得太多。年轻人创业的时候都会犯的一个错误就是希望每个人来用我的产品和服务，这是不可能的，定位要准确才能做好，对所有的创业者，包括你也有一个建议：少做就是多做，不要贪多，做精做透很重要，碰到一个强大的对手或者榜样时，你应该做的不是去挑战它，而是去弥补它，做它做不到的，去服务好它，先求生存，再求战略，这是所有商家的基本规律。你还没有站稳脚跟就向人家挑战肯定是不行的，先生存再挑战，这样赢的机会就会更大。"

马云曾经说道："我认为选择优秀的竞争者非常重要，我们要善于选择好的竞争对手并向他学习。"的确，遇到一个强劲的竞争对手对自己来说是幸运的，因为强劲的竞争对手身上必然具有过人的优势，与其一味地挑战其优势，不如静下心来，好好学习对手的过人之处，弥补自身不足。唯有如此，企业才可不断向前发展。

商业的哲学智慧

马云的想法总是能出奇制胜地将企业的劣势转化为优势。当面对比自己强大的竞争对手，正面竞争不占优势时，企业如果能及时调整战略，弥补自身不足，日后再超越对手也不失为一个良策。

麦当劳和肯德基是国内两大知名的西式快餐连锁店。1987 年肯德基在北京率先进入中国市场，1990 年麦当劳也强势进入深圳。这样，两家西式快餐店，一南一北，平分秋色。

进入中国市场后，在肯麦两家企业的竞争中，肯德基逐渐加大本土化进程，积极研制适合国人口味的菜谱，这一举措使肯德基获得了大量的回头客，截至 2013 年，肯德基在中国 800 多个城市共有 3800 多家连锁店，几乎覆盖了所有的一、二、三线城市。然而，麦当劳坚持走正统西餐路线，所以它的本土化扩张效果不甚理想。尽管只比肯德基晚 3 年进入中国市场，但到 2013 年时，麦当劳在中国仅有 1700 家连锁店。

麦当劳面对竞争中的不利地位，认真反思自身在中国扩展不佳的原因。麦当劳的高管认为，麦当劳在竞争中不占优势的主要原因是自家的口味更偏向西化，没有迎合中国广大消费者的喜好。因此，2012 年 12 月至 2013 年 2 月，麦当劳在中国四个城市推出三款中式快餐——牛肉饭、鸡肉饭和一款中式卷饼，进行市场满意度测试。此举被认为是麦当劳进行大刀阔斧改革、弥补自身缺陷、迎合中国人口味的开始。

中式快餐很受欢迎，而恰巧竞争对手肯德基当时正受到“速生鸡”、禽流感的影响，这给了麦当劳扩展中国市场一次绝好的机会，目前麦当劳正快速地发展，与肯德基形成良好的竞争局面。

商业的现实思考

善学者，假人之长以补其短。当企业在正面挑战中无巨大优势时，不妨反其道而行之，学习对手的长处，弥补自身缺陷，这样方可不断提升自己的竞争力。

找准对手的软肋，蚂蚁可以战胜大象

不是淘宝做得足够好，而是 eBay 给了我们太多机会。我们充分利用了 eBay 的弱点，给了对手致命打击。

——马云

企业的成功都建立在对手惨败的基础上。虽然说在企业走向卓越的路上，强大的对手不好对付，但是只要认真去了解对手，抓住对手的弱点，发挥自己的优势，给予对手致命一击，成功的机会就会牢牢地被自己抓在手中。

马云的精彩故事

2003 年 6 月，eBay 完成对易趣网的收购，在中国 C2C 市场占据统治性地位之后，迅速把美国的商业模式大规模复制到中国，eBay 中国市场的盈利似乎指日可待。

此时，以马云为首的阿里巴巴团队正在进行淘宝网的封闭式开发。不久之后，淘宝网迅速出台。最初，马云开发淘宝网的目的是防止 eBay 未来一统 C2C 后，来竞争阿里巴巴的 B2B 市场。

2004 年，淘宝网大力推行的免费策略和营销并没有给 eBay 造成警示，eBay 正专注于将易趣与全球平台对接的工作。这给了淘宝网一个发展的绝好机遇，淘宝利用 eBay 整合期的动荡，积聚了较高的流量和商家。

eBay 将中国网站全球化，并认真分析中国市场的特殊性，同时没有考虑到用户对平台变动造成的不适应与不满。在对接中，当碰到中国用户与国外用户出现同名的情况时，eBay 优先选择保存国外用户的名称，这让国内用户十分气愤。

eBay易趣全球化的种种负面影响，在淘宝的策划下，被媒体和论坛迅速放大。eBay国内用户的不满情绪持续升级，此时淘宝网开始大力做宣传和推广，激发网民尝试淘宝网的免费服务，越来越多的用户纷纷转向淘宝。

惠特曼意识到淘宝网的威胁之后，开始把矛头指向淘宝，甚至说："易趣发展要什么我就给什么。"2005年1月，惠特曼决定在中国增加1亿美元投资，目的是迅速置淘宝网于死地——在网络媒体上采取排他性签约以"封杀"淘宝推广广告，并降低网上交易使用费。

但此时淘宝网早已名声在外，不仅成功留住了前期圈住的用户，还采取注重口碑传播、支付宝全额赔付、追加3年免费等组合策略，积小胜为大胜。2005年，在交易额上淘宝已经超过了eBay易趣。此后，淘宝网一步步将eBay易趣的商户抢过来，最终在竞争中大获全胜。

商业的哲学智慧

马云认为，企业在市场竞争中不讲究方法，盲目地跟着竞争对手的脚步走，这种策略不仅不可能让企业在市场上形成竞争力，还会随时被竞争对手挤出市场。现在，一个企业要想成功，必须积极抓住竞争对手的致命弱点，而不是一直躲在竞争对手的背后。

张瑞敏就指出，要想赢得竞争，就要利用自己的优势对抗对手的弱点，从而突出海尔品牌的产品优势，让消费者在对比中接受海尔产品。

在商业竞争中，海尔人会对竞争对手的特点进行深入而细致的了解和研究，研究竞争对手的市场竞争力、优势与弱势，为制定新的竞争策略奠定基础。为此，海尔人会从竞争企业、对手的产品以及自身的产品三个方面入手。

海尔人会首先重视对竞争对手进行研究，具体包括企业类型、企业历史、资金实力、产品线、企业对新品的期望值等。海尔会从以上几个方面来判断竞争的难度，确定哪些竞争对手是"鸡蛋"，哪些是"石头"。如果对方是"鸡蛋"，则可以考虑去竞争，如果对手是"石头"，则绝不会"碰"。"避其锋芒，攻其不备"就是这个道理。

接下来，海尔则会研究竞争对手的产品，包括产品的定位、功能、科技含量、概念、卖点、包装、价格等方面。海尔人将这些企业的产品与本企业产品进行对比，得出产品在定位差异性、概念切合度、使用便利性、功效价格比等几个方面的优劣对比结果。

最后，海尔人会从自身产品出发，寻找产品的优势，从而做到扬长避短。一旦找到了对方的弱点，海尔人就会毫不客气地进攻。他们采用"集中优势资源于一点"的策略，对对手的某一个弱点进行"压倒"式进攻。这里的"压倒"，海尔强调了三种方式：第一是在卖点诉求上压倒竞争对手，这就要求自己的卖点要更准、更狠或者更时尚、更生活化；第二是在广告规则上压倒竞争对手，你用半版我用整版，你用整版我就跨版；第三是在广告投放量上压倒竞争对手，以此彰显企业实力和产品潜力，获得经销商的青睐。

多年来，海尔就是通过对竞争对手弱点的准确把握，并且利用自己的优势进攻，让海尔在市场上一路高歌猛进，获得了大量的市场份额。

商业的现实思考

企业竞争需要理性。如果能够做到抓住对手软肋，发挥自身优势，给予致命一击，则企业在竞争中会有更大的胜算。

总结对手的优点，优中取优

阿里巴巴干的事情其实与沃尔玛有相似之处。

——马云

强劲的对手并不可怕，真正可怕的是睿智的竞争者。在商业竞争中，理性的企业不会急于投入精力和财力想方设法置对手于死地，而是认真分析对手的优点，并把对手当成自己学习的榜样。

马云的精彩故事

马云一贯说自己拿着望远镜都找不到对手，然而在一次采访中，当别人问他阿里巴巴最大的对手是谁时，他不假思索地回答："沃尔玛！"

沃尔玛的成功是由于其控制了供应链上每一个环节的成本。与其他同行善于和贸易型公司合作不同，沃尔玛更倾向于和成产厂家直接交易，沃尔玛自己做采购，采购、管理和交易成本十分高，沃尔玛的利润来源于传统供应链的低效率和多级加价。

看到沃尔玛借终端力量榨取上游供应商的利润，马云受到了启发：阿里巴巴涉足产业链的目的是要提高传统供应链的效率，还利润于原始厂商。想要降低沃尔玛对上游供应商利润的榨取程度，可以将采购与销售链条放在网上进行。

在马云看来，中国的几个大渠道商如国美、永乐等，为了获取利润，给了制造商太大的压力，制造商的利润只有3％，而渠道商拿到多达15%的利润。马云认为，可以发展一种机制来平衡这种状况。阿里巴巴希望自己可以构建一个平台，这个平台可以让厂家和消费者互动起来，增加厂家的利润，减少消费者的压力。

马云设想了一种模式：把阿里巴巴的买家和卖家引到淘宝网，让这些卖家把产品批发给消费者，这就是后来B2C的一种模式。

受到沃尔玛的启发，马云运用他超常的智慧和眼光，实现了他曾经的预言：各种电子商务形态在未来都将融合，结合在一个大平台上运行。连通B2B和C2C平台之后，一种全新的B2C模式将会产生。如今，包括联想、耐克、苹果等厂商都在淘宝网上开设了网店，而索尼手机、马克华菲等厂商还专门为淘宝网的B2C平台推出了特定的产品。

马云用 B2C 打通 B2B（阿里巴巴）和 C2C（淘宝网）的界限，发展网上零售业务。截至 2013 年年底，淘宝网注册用户超过 5 亿个，交易总额突破 10000 亿元人民币。

商业的哲学智慧

聪明的企业家在竞争中看到的只有学习的榜样，没有竞争的对手，唯有不断学习，企业才能不断进步。

柳传志说："任何一家企业学做'大饼'都需要经历长时间的探索过程。企业领导者只有学会低头向别人求教，才会缩短探索的过程。"

20 世纪 90 年代，国外品牌电脑纷纷进驻中国，这使得国内的电脑企业感受到了一种前所未有的压力，联想集团也不例外。

为了在竞争中存活下来，柳传志决定向国外企业学习。

柳传志的第一个学习对象是戴尔公司。戴尔公司进入中国市场后，创造出了一个全新的商业模式——直销模式。这种模式深受中国消费者欢迎。柳传志决定在戴尔直销模式的基础上，创造一个独属于联想集团的商业模式。

经过多番学习和论证，柳传志终于确定了联想集团的商业模式——直销 + 分销模式。在这种模式之下，联想集团很快打开了自己的销路。

柳传志的第二个学习对象是 IBM 公司，柳传志决定参考 IBM 公司的品牌营销策略来宣传自己的品牌。柳传志经过研究发现，IBM 公司开展的品牌宣传活动针对性很强。在这种启发下，柳传志开始对联想集团的客户群进行细分。最后，联想集团细分出了交易型客户和关系型客户两大客户群体，并开始根据这两大类客户群体的消费特征实施有针对性的宣传活动。

半年后，联想品牌得到了交易型客户的高度认可。自此，联想集团打开了 PC 电脑市场的销售大门。

商业的现实思考

企业领导者一定要懂得把对手当作学习的榜样，不断学习对手的长处，增强自己的实力，只有这样，企业才能在未来的市场竞争中取胜。

第 16 课

危机哲学——危机是自我蜕变的机遇

面对危机，我们看到的应该不仅是危险，更是机遇。只有善于在危机中寻找机会，才能让企业活得更长久。

危机是危险中的机会

把握每一次危机，危机来的时候，我就有一种莫名的兴奋，我的机会来了。

——马云

商海是一个危险与机遇并存，利益与诱惑俱在的舞台。在危机之中沉着冷静、看到机遇的企业，最终会站在行业之巅；恍恍惚惚、自怨自艾的企业，只能成为别人吸取教训的例子。其实，对于企业来说，危机未尝不是一件好事，因为危机中往往蕴含着机会。

马云的精彩故事

马云是处理和利用危机的高手，他说："危机是危险中的机会。这个所谓的金融危机，是人类社会进入商业社会全球化的阵痛，人类社会要进入商业社会，走向全球化，就必然面临这样的挑战。"

面对危机时，他的应对方法是不放弃、当机立断，然后积极地采取改革措施来应对危机。2008 年世界爆发金融危机，马云参加企业家组织的年会时，面对中小企业主忧郁的眼神，他说："假如你认为金融危机是一个灾难，灾难已经来临；假如你认为它是一个机遇，那么机遇即将形成。去年我跟大家讲，灾难可能会来，现在我告诉大家，机会的形成已经开始，大家开始准备吧！

“2002 年互联网危机，那次我的口号是成为最后一个倒下的人。即使跪着，我也得最后倒下。我那时坚信一点，我困难有人比我更困难，我难过对手比我更难过，谁能熬得住谁就赢。放弃是最大的失败，永远不要放弃自己的信心，永远不要放弃当第一的梦想。

“所有人做 10 年以后的梦想，做 3 年以后的规划。21 世纪的第一次阵痛告诉我们，只有更加开放，才能走得更久。连‘猪坚强’都能活，你为什么不可以？”

马云认为，优秀的企业家必须比别人更能适应严酷的商业环境，金融危机将会在未来两三年内继续肆虐，这个时候比的是谁更有耐心，谁更有信心坚持下去。他说：“另外，假如说我认为再有灾难的话，即将到来的灾难，是信心危机、信任危机。在旧的商业体系被破坏，而新的商业体系没有形成的空隙中，很多问题会爆发出来。在救灾难、救危机的过程中，所有的人会团结在一起，政府和企业家会想尽各种办法使损失减小，但是矛盾、问题还会出现，所以做企业永远不要失去信心。”

事实证明了马云看法的正确性。金融危机在此后的几年中仍然存在，但很多企业不但挺过来了，反而实现了快速发展。

商业的哲学智慧

马云是阿里巴巴集团在商海航行中的掌舵者，面对风浪、危机，掌舵者满怀信心，化危机为转机，使阿里巴巴迅速驶向远方。事实上，善于化危机为转机的企业还有很多，中美史克的成功便是其中颇为传奇的一例。

康泰克是中美史克的支柱型产品，它在抗感冒方面药效良好，年销售额在 6 亿元左右，且在市场上获得了良好的口碑。2000 年 11 月，中国国家医药监督管理局要求暂停使用和销售含 PPA（苯丙醇胺）的药品，因 PPA 增加用药群体患出血性中风的危险，中美史克的康泰克和康得包含在其中。

消息一出，各大媒体竞相报道，社会大众紧密关注中美史克的动态。品牌面临危险，中美史克委托中国环球公关公司着手处理危机事件。经过认真分析和周密调查，中美史克决定妥善处理与社会各界的关系：坚决支持政府对PPA的处理决定，立即停止生产和销售康泰克；向公众表明公司珍视社会大众的健康；积极、负责地面对各大媒体，及时召开新闻发布会，诚恳地回答媒体记者的问题，阐明实事求是的负责态度。

中美史克很好地处理了此次危机事件。大众仍旧眷恋康泰克，在康泰克的基础上，中美史克推出了新康泰克产品，用PSA（盐酸伪麻黄碱）取代PPA。在大力宣传新康泰克疗效的基础上，中美史克成功地化危机为商机，新康泰克取代康泰克占据重要的市场地位。

商业的现实思考

危机是一把双刃剑，它可以刺伤企业，也可以成就企业，关键在于企业的行动。其实，面对危机时，如果企业领导者善于将危机化为转机，那么，企业不仅会化险为夷，而且会获得飞跃式的发展。

居安思危，有备无患

任何繁荣就像生态系统，就像春夏秋冬。对于企业来说，繁荣如果在夏天，意味着冬天很快就来了。

——马云

中国有句古语：居安思危，思则有备，备则无患。在商海沉浮中，一家企业可能瞬间由盛夏进入寒冬，做好充分准备的企业会顺利度过寒冬，毫无准备的企业往往无法走过这个冬天。所以，企业如果能够在繁荣时居安思危、做好准备，即使危机到来，也能从容应对。

马云的精彩故事

2013年马云参加《与卓越同行》栏目时，作为嘉宾，他回答了许多观众的问题。

提问者：我有一个关于商业模式创新的问题，商业模式创新不像技术创新，技术创新不会对原来的技术产生毁灭性的影响，但你做一个新的商业模式的话，意味着原先的商业模式改变甚至是毁灭，不管是数据时代还是互联网时代，怎么样看待我所擅长的以前的东西，和现在产生的新的东西这样的矛盾？

马云：做企业做人都要有危机感，我告诉你阿里巴巴的无线准备怎么创新，我们告诉无线团队，你的职责是灭了淘宝，你灭了淘宝的时候，你就是成功的时候。而不是说你去帮助淘宝更强大，在你好的时候，必须想办法打败你自己，在你不好的时候，想办法把自己做强。在竞争过程中往往会犯四个错误：第一错误，你看不见，没对手；第二错误，看不起，这破公司；第三是看不懂，哟，它还真起来了；第四你跟不上。基本上这四步死掉。

这已不是马云第一次强调企业要在平稳发展时期具有危机意识了。2008年马云在题为《阿里巴巴的成功是一个生态链的成功》的演讲中也告诫阿里员工要居安思危。

他说："阿里巴巴的目标是世界互联网三强，世界十大网站之一。我们会成为最好的B2B公司，一定超过美国的B2B公司，就像中国移动已经成为全世界最大的通信公司。当年我们曾经质疑连BP机都搞不好的公司，今天就成了世界最大。在互联网，在中国这块土地上，一定会产生奇迹，一定会有这样的机会。

但是现在，我们还是一个比较小的公司，才8年的公司。这个行业比较新。我不觉得现在是繁荣时期，股市繁荣并不意味着真的繁荣，很多公司没等到繁荣起来，就可能死掉了。任何繁荣就像生态系统，就像春夏秋冬。对于企业来说，繁荣如果在夏天，意味着冬天很快就来了。因此，夏天的时候要挡得住诱惑，多为冬天考虑。"

商业的哲学智慧

马云居安思危的危机意识，使阿里人时刻保持一种紧迫感，促使他们不断完善产品，提高服务质量，最终实现了阿里集团的快速发展。

居安思危、有备无患的企业发展定律还在恒安集团得到印证。

20 世纪 90 年代初，是恒安成立后的第一个辉煌时期。恒安集团的纸业占据国内市场40% 的份额，产品供不应求。面对这样的“盛况”，董事长许连捷应该高兴坏了，但他在供不应求的盛况后面，看到了恒安集团未来发展的隐患——社会上一些游手好闲的人甚至通过威胁手段要订单。“这些订单在外面一转手就能卖上千元。”许连捷说，正因为恒安集团的市场份额大，他不能眼巴巴看着这些以赚钱为目的的不法商贩把恒安集团的品牌砸了。此外，当时国内卫生巾市场技术含量低，门槛低，已经是国外淘汰的第一代产品。“看到恒安的产品销售得这么火爆，大家都想做这个产品，恒安的好日子还会长吗?”许连捷意识到，产品要升级，营销模式要变革，不然恒安集团过不了几年就会衰败。于是他开始到日本、马来西亚等东南亚国家考察。

1993 年，许连捷多花 1 亿多元，从意大利引进当时世界领先的生产线，打造至今仍具极强影响力的安尔乐卫生巾，而当时国内，其他卫生巾生产厂家还在计划生产第二代卫生巾。接下来，恒安集团的产品又是供不应求。许连捷说：“如果没有 1993 年的转型，估计恒安就不存在了。”

商业的现实思考

孟子曰：“生于忧患，死于安乐。”在商海沉浮中，没有危机意识的企业，只能昙花一现。企业领导者如果经常给员工灌输居安思危的思想，在夏天就做好过冬的准备，那么企业一定会在对手挣扎时快速发展。

要完善世界，先改变自己

我们要坚持改革开放，必须坚持变化，必须推进自己公司内部的改革，我们不革自己的命别人就革我们的命。

——马云

企业要想获得更大的发展，应不失时机地改变策略，改变岗位结构等等。马云曾说：“改变别人先改变自己。要完善世界，先完善自己，要帮助好别人，先帮助好自己。如果你不能帮助好自己，一切都是瞎扯。”的确，作为一家企业，不要总想着改变世界，只有改变自己才能去影响世界。

马云的精彩故事

分拆淘宝战略还在谋划中时，面对阿里内部人员的不理解，马云语重心长地说：“今天淘宝的局势非常危险，我举个例子。今天的淘宝很像是抗日战争刚结束时候的延安，那时候国民党认为只要把延安灭了，共产党基本上就没了。今天的电子商务、今天的淘宝网更像是当年的延安，蒋介石派出胡宗南进行围剿，胡宗南不行李宗南，李宗南不行就是张宗南，总有一天要把你灭掉。

“我前段时间看了一本书，是原国防部长张爱萍将军的儿子写的回忆录，里面有个故事：在延安，张爱萍被任命为独立骑兵团团长，在当时那是非常现代化的部队，相当于二炮。他们每天带着骑兵四处打仗，百战百胜。有一次在回来的路上听说隔壁村里面有几十个干部被土匪卷到山上去了，张爱萍就带着一个团的骑兵追土匪，追到山上，土匪跑得精光，然后他带着获救的干部下山，觉得得胜而归，结果在路上被那些土匪打了一个伏击，差点全军覆没。

“今天淘宝可能就是这个状态，各路英雄、各路列强都在环伺着我们，无论国内的还是国外的。当然我不是说竞争不好，有些招法他们打得还是有当年淘宝风范的。

“我们要坚持改革开放，必须坚持变化，必须推进自己公司内部的改革，我们不革自己的命别人就革我们的命。这就是今天淘宝竞争环境里面的巨大危机。因此，必须我们自己改变淘宝，以面对空前严峻的形势。”

商业的哲学智慧

改变世界的人，都是从改变自己开始的，企业也不例外。马云先改变阿里巴巴，分拆淘宝，最后淘宝、天猫影响了中国人的购物方式。同样，善于通过改变自己，然后改变世界的还有华为集团。

在华为，有许多具有专长的员工，但任正非认为，企业员工只有改变自己，均衡发展才能提高企业的竞争力，进而影响世界。因此他呼吁华为员工“改变自己，抓短板，均衡发展”。为了更容易地说服华为人，任正非运用管理学中的木桶法则做了比喻。

木桶法则是指：一个由许多块长短不一的木板组成的木桶，决定其容量大小的并非最长的那块木板，而是最短的那块木板。任正非把公司的每一个成员都比喻成这样的木桶，就是希望华为员工不要寄希望于某一方面的优势，而要积极改变自己，实现均衡发展。

一个木桶缺了任何一块木板，都不能装满水。同样道理，一个人要想在职场中具备独当一面的本事，也要善于改变自己，完善自身，并培养各方面的才能，成为一个全才。

正因为这样，任正非在 2000 年提出“2001 年管理十大要点”时，才将“改变自我、均衡发展”作为华为管理工作的第一个要点。那么，华为又是如何解决这一问题的呢？从任正非的多次讲话中，我们总结出了华为主要采取两种办法。

第一，实施干部轮换制。华为实施岗位轮换的方式有两种：一种是业务轮换，比如让负责研发的员工去搞中试、生产、服务等，让他们理解什么才是商品；另一种是岗位轮换，让不同岗位的干部发生职位变动，这样在无形中促进了员工的变化，形成均衡发展。华为曾动员200多个硕士到售后服务系统中去锻炼就是典型的例子。

第二，改变研发的价值体系，使其实现均衡发展。任正非指出，研发的评价体系要均衡，在研发体系中不存在谁养谁的问题。为什么国内的一些友商做不过华为，就是因为它们是按照项目进行核算，部门之间互相不来往。如果他们能够集中精力，完全有可能在一些产品上超过华为。任正非要求华为不要说哪个产品赚钱，哪个产品不赚钱，赚钱的不能趾高气扬，不赚钱的也不要垂头丧气，这样下去，公司很快就会崩溃。所以，任正非要求每个部门都适度改变自己的弱势，均衡发展，今天不赚钱的项目要加大投入，今天赚钱的项目也要加大奉献。评价要从长远的角度进行考虑。

不难看出，任正非的内部改革措施，实际上是预先改变企业，完善各个部门、员工的工作，使企业整体更具有竞争力。因此，华为集团在中国能有现在的影响力也不足为奇了。

商业的现实思考

对于企业而言，再多的优势都掩盖不了自身的缺陷，再多的业务也弥补不了自己的短板。只有正视自己，改变自己，企业才能获得长远发展。

最大的对手是自己

我就是戴着望远镜也找不到对手。最大的对手是自己，对手是在你心里。你要去找对手，没法找。

——马云

在商海中，企业能做到独孤求败是一种境界。所以，一旦停下发展的脚步，企业就会迅速被超越被淹没，唯一的方法是把自己当作自己的对手，不断批判、不断完善自己。

马云的精彩故事

《对话》节目中，马云和主持人的对话如下：

主持人：你用望远镜也找不到对手。这句话事出有因吗？

马云：并非事出有因，事实上好像也是这样吧。不是我们做得好，而是运气好，是别人不看好我们。1999 年、2000 年阿里巴巴网站起来的时候，多少人骂我们不知道怎么赚钱。免费，这模式肯定不行。当时张三要打败我们，李四要打败我们，然后我记得 2000 年哈佛大学研讨会给我们写了 A 案例，后来又有了个 B 案例，两个案例我都参加了。结果每一次研讨会就把我跟另外一家公司放在一起，最后说那一家公司会赢，阿里巴巴会死。但是 4 年过去了，跟我比的公司都死掉了，我还活着。

主持人：每次你都去接受这样的打击？

马云：我每年都去，然后我坐在最后面，因为他们不知道我在后面听，分析来分析去，最后说阿里巴巴不行了。那我当然很生气，后果也很严重，那没办法。

主持人：那你现在应该就是一种独孤求败的感觉，是不是？

马云："没有，其实最大的对手你戴望远镜是找不到的。你往自己身上一看，你就知道这是对手。你的狂妄，别人对你的不认同……你自己认为连续几年做得很好的时候，往往这个对手越来越强大。我知道，我看外面看不到，对手是在心里的。所以我这句话没错，你要去找对手，没法找。我真不知道在海外进出口业务上面谁是我们的对手，中国内贸上面我们也觉得没什么对手。但是对手就在自己的心里。

主持人：这种没对手的状态，你觉得对你来说是一种危机呢，还是一种欣喜？

马云：特大的危机。没有对手就像没有磨刀石一样。没有对手是很可怕的。因为一旦碰上好的对手，你所有的精力、能力都会被调动起来。你没看见我这一年，2004

年是我特别开心的一年，因为我在我的淘宝网找到了很好的对手，越打越开心。5 年没有对手是很寂寞的。

商业的哲学智慧

阿里巴巴发展到没有对手，的确是一件让马云自豪的事情。但马云更为明智的地方在于把自己当成对手，每一次阿里巴巴实现巨大飞跃之后，对手变得更为强大，战胜强大对手之后，阿里巴巴自然更加无敌。在自我完善、自我批判精神的引导下，阿里集团到达了行业之巅。

任正非一直强调把自己当成对手，自我批判，甚至将自我批判精神看成他对华为人最大的期望。为此，任正非要求华为人将自己当成对手，认真发现自己的不足，学会自我批判，在自我批判的同时要用鸡毛掸子掸掉思想上的灰尘，这样才能让自己进步。

2008 年某地的一线人员在一次偶然的机会中听到客户不经意地说了一句："我们的机房空间有限，却要安装你们三套网管系统，或要摆几台电脑。我不明白，都是华为的设备，为什么不能统一网管，搞得这么麻烦?"

当时由于传送、接入、城域、IP 等产品领域各自为营，网管自然没有统一的解决方案，于是就出现了有几类设备，就要摆几台网络管理终端的情况。

听到客户的抱怨后，华为决定开发统一的网管解决方案，以协助客户优化管理。不过，在开发过程中出现了专家互相"打架"的局面：传送网管的技术专家坚持按"设备"管理方案；接入网管的专家坚持按"特性"管理方案……几方人员互不相让，讨论了十几轮，依然没有结果。

这时，一位主管说："我们每个域专家不能只看到自己方案的优点，每个人都把自己当成自己的对手，自我批判一下，别人的方案究竟有没有真正出色的地方?"大家听完愧疚不已，开始心平气和地交流，最终融合原有设计，解决了架构难题。

在 2009 年的网络技术专家反思会议中，当专家们再次提及这次经历时，不少人感慨道："之前的确是因为自己太自大，习惯于从自己的角度考虑问题，没有把自己当成自己的对手，批判自己。"

华为的网络技术专家由最初的互不相让，到后来的相互接纳，是因为他们把自己当成竞争对手后，严格要求自己，认识到了自己在思想上的狭隘性。正因为他们敢于自我批判，所以能做到开放心态、通力合作，最终解决了架构难题。

商业的现实思考

马云说："竞争者是杀不掉的，他们一定是自己杀掉自己的。环境会杀掉他们，产业的变化会杀掉他们，自负会杀掉他们，看不起自己会杀掉他们，自己踩错点更会杀掉他们。所以我认为最大的对手还是自己。你不要忙着去替社会清理这些事情，它自己会清理的。"所以，只有敢于把自己当成对手，自我批判、自我完善的企业才能不断获得发展。

用今天的努力，消除未来的灾难

你说3年以后有这个灾难，你每天的工作就把这个灾难灭了，3年以后这个灾难果然没了。

——马云

机遇总是偏爱有准备的人。一家企业，需要一个高瞻远瞩的领导者，他不仅能制定企业发展的长远战略，还能尽早预见到未来的灾难。只有这样，企业才能及时做好应对灾难的准备，用今天的努力，消除未来的灾难。

马云的精彩故事

2010年3月18日，阿里巴巴召开战略投资portfolio公司交流会，在会上，马云就本次投资的原因和意义发表了演讲。

他说："现在概念特多，云计算还没到，物联网都已经搞得很大了，而且搞得天翻地覆了。我自己认为阿里巴巴做云计算，不是因为概念，而是不做我们要死人的。我们做是因为我们必须要它，我们不做这个，5年以后阿里巴巴会出问题。

"不是我们想要更多的概念，不是想再创造一家上市公司，不是因为我们特先进，跟这个没关系。为什么淘宝会赢，大家可能讲什么免费政策，这些都是术，真正的道是我们不做淘宝，阿里巴巴就不会有今天。

"做支付宝也不是我们想进入金融，不是想赚更多的钱，而是说不做支付宝，淘宝就活不下去了。我们每次做这个叫'没办法'，你一定得做。今天的云计算跟之前一模一样。你是发自内心觉得要做，不是因为股东要你做，不是市场概念要你做，不是投资者要你做，不是竞争对手在边上做所以你要做，而是说我不做要死人。

"当然有一点，今天不做，今天就要死人的事情，我一般也不想做了，那我宁可死掉，做好也要死的；但是今天不做，3年以后要死人，那今天一定要做。

"CEO第一难就是难在这里，你们都是一把手、二把手，最难的是你要判断3年以后的灾难是什么。在所有人兴高采烈的时候，你要判断未来的灾难。相反，所有人都在考虑灾难的时候，你要判断再过多少时间。穿过这个山就是一个峰，而且这个峰你自己要believe。这样，机会就来了。

"所以当CEO的难处是在这个地方，是没有功劳的。你说3年以后有这个灾难，你每天的工作就把这个灾难灭了，3年以后这个灾难果然没了，你不知道要干什么，其实你已经把这个灾难消灭掉了。但是你搞了3年灾难还是出来了，你就倒霉了。成功的CEO是没有功劳的，有的时候他是孤独的。"

商业的哲学智慧

其实灾难的可怕之处不在于它的毁灭性，而是它的突然到来给人的恐惧感。如果我们能够像马云那样预见到灾难，并通过努力提前消除它，灾难也许会变成企业一次腾飞的机会。这个定律在自然界也适用。

一个国家森林公园引进了几百头健壮的驯鹿，并且给它们提供了野外所没有的优越环境，希望它们能够繁殖更多的小鹿。但是，几年过去了，森林公园的管理人员发现驯鹿并没有像他们预期的那样越来越多；相反，很多驯鹿都是没精打采，体质越来越弱，甚至连驯鹿的数量都减少了很多。

在征求生物学家的意见后，森林公园的管理人员引进了10来头狼，并将它们和驯鹿放在一起。过了几年，驯鹿的体质变强了，鹿群规模也得到了壮大。

对此，生物学家解释称：刚开始，驯鹿为了逃避狼群的追杀，必须打起精神，时刻防备起来，不断地锻炼自己的奔跑速度和体力。后来，在长期奔跑中，那些身强体壮的驯鹿自然因为身体矫健，躲过了灾难，而那些体质较差、跑得慢的驯鹿自然就成了狼群的美食。而且，在危机感的压迫下，驯鹿为了种族延续，会自然而然地去努力繁殖，并带领小驯鹿提前适应在狼群中生存的生活。就这样，经过几年的时间，国家森林公园里剩下的都是体质较强的驯鹿，而且数量也大幅增加。

商业的现实思考

人无远虑，必有近忧。企业领导者需要提高员工的灾难意识，让员工像受惊的驯鹿一样保持警惕，提高能力，将灾难消除于当下。

未雨绸缪，永远走在行业前沿

今天我还是这个梦想，唯一的区别是我向我的梦想前进了一步，但是我还在往前走。

——马云

古语曰："宜未雨而绸缪，勿临渴而掘井。"在这个日新月异的时代，想要在商海中长久驰骋的企业，必须尽早规划未来的发展前景。唯有如此，企业才能引领潮流，站在行业发展的制高点。

马云的精彩故事

发展到今天的阿里巴巴，就像一艘大船，尽管小心翼翼地航行在布满浮冰的海面，但随时都有撞上冰山的危险。

马云说："我今天时常问自己，如何能让这艘船安全航行。这很不容易，我们在中国创造了1200万个直接及间接就业机会，如果我们这艘船沉了，1200万个就业机会就命悬一线。作为舵手必须未雨绸缪，一旦察觉到异常，就要提前6个月做变动，否则就会像泰坦尼克号撞冰山那样，很快沉掉。"

可是现在，这艘船该驶向何方？

马云认为，在当下，阿里巴巴要想成为伟大的公司，必须抓住三大机会，即处理三大"抱怨"：创造就业；扩大内需，让农村和农民都富裕起来；改变中国的环境。

马云说："有人说，创造就业不是你的问题，是政府的问题。我认为这就是我的问题，1999年成立公司时，我对17个创始人说，我们在这里是因为我们想帮助小企业成长。它们是创造就业机会的主要力量，它们有无限的创造力。这是我们的使命。”

马云对创造就业的使命十分重视。淘宝网上的900万个小卖家，是马云的成绩。此外，他喜欢通过注资的方式，帮助小企业扩大规模，创造更多的就业。

马云认为，第二个机会是要抓住扩大内需的政策，把目光转向中西部。东部沿海地区富人较多，每个企业都想从他们身上赚钱，竞争必然激烈。但中西部地区有很多人想致富，如果帮助他们致富，阿里巴巴就能从中获取利润。

他说：“中国的潜力不在广东、北京、上海，而是在中西部。这些地区的人想要致富，想成功，有上亿的农民希望能获得成功，若我们能帮助他们成功，我们便有了机遇。”

第三个机会是环境保护，这也是马云的另一个信仰。2013年5月10日，马云正式卸任阿里巴巴集团CEO一职，次日，他便接受了一份新工作——大自然保护协会（TNC）中国董事会的主席。

随着国人环保意识的日益增强，环保产业将是未来行业发展中的新星，必然具有广阔的市场。阿里巴巴抓住这一机会，可谓十分明智。

商业的哲学智慧

马云总是在对手没有想到时就开始为阿里巴巴的前景作谋划，他一次次成功地把阿里巴巴这艘大船引领到行业发展的顶端。他同那些商海巨子一样，未雨绸缪，使自己的企业永远走在行业前沿。

2000年，IT行业泡沫破裂前夕，任正非在《华为的冬天》一文中写道：

公司所有员工是否考虑过，如果有一天，公司销售额下滑、利润下滑甚至会破产，我们怎么办？我们公司的太平时间太长了，在和平时期升的官太多了，这也许就是我们的灾难。泰坦尼克号也是在一片欢呼声中出的海。而且我相信，这一天一定会到来。面对这样的未来，我们怎样来处理，我们是不是思考过。我们好多员工盲目自豪，盲目乐观，如果想过的人太少，也许就快来临了。居安思危、未雨绸缪不是危言耸听……

10 年来我天天思考的都是失败，对成功视而不见，也没有什么荣誉感、自豪感，而是危机感。也许是这样才存活了 10 年。我们大家要一起来想，怎样才能活下去，也许才能存活得久一些。失败这一天是一定会到来的，大家要准备迎接，这是我从不动摇的看法，这是历史规律。

华为公司老喊狼来了，喊多了，大家有些不信了。但狼真的会来了。我们要广泛展开对危机的讨论，讨论华为有什么危机，你的部门有什么危机，你的科室有什么危机，你的流程的哪一点有什么危机。还能改进吗，还能提高人均效益吗。如果讨论清楚了，那我们可能就不死，就延续了我们的生命。

正是由于任正非在华为发展形势一片大好的时候，未雨绸缪，提出了“过冬论”，提前给华为员工一个心理预警，不久后的 IT 行业泡沫破灭的寒冬，华为才幸运地生存了下来，直到今天成为中国移动通信设备行业的佼佼者。

商业的现实思考

生于忧患，死于安乐。一家企业面临的最大危机是没有危机感。因此，企业应当时刻保持危机意识，居安思危，未雨绸缪。唯此，企业才能在商海大潮中傲然屹立，乘风破浪。